The Death of Progressive Education：

How teachers lost control of the classroom

The death of progressive education
How teachers lost control of the classroom
by
Roy Lowe

Copyright ©2007 Roy Lowe
All Rights Reserved.
Authorised translation from the English language edition published by Routledge,
a member of the Taylor & Francis Group.

Japanese translation rights arranged with
Taylor & Francis Group
Through Japan UNI Agency, Inc., Tokyo.

ロイ・ロウ 著

進歩主義教育の終焉
―― イングランドの教師はいかに授業づくりの自由を失ったか ――

山﨑洋子・添田晴雄 監訳

知泉書館

凡　例

1. 原著で用いられている 'England' は「イングランド」、'Britain' は「イギリス」、'United Kingdom' は「連合王国」、'English' は「イギリスの」、'British' は「イギリスの」と基本的に訳出した。ただし、「英国国教会」、「英国児童研究連合」、「英国バレエ団」など、定訳として一般に用いられているものについては、'Britain' や 'British' であっても「英国」と訳した。
2. 原註はアラビア数字で、訳註は＊とアラビア数字で表記した。原註は巻末にまとめ、訳注はページ末に記した。
3. 原註について、原著者の了解を得て修正・加筆したものがある。また、日本語文献という観点から、原著とは異なる場合もあるが、本文では読点・句点の前に、インデントをとった引用文では句点の後に入れた。
4. 文中の〔　〕は訳者が補った言葉である。
5. 原著において強調を意味するイタリック文字については、訳語の上に傍点・・・を付けて表記した。
6. 文頭や段落の字下げに関しては、日本語表記に従って、1マスあけた。
7. 原語の併記が必要だと判断されるものには、該当箇所の後の（　）に原語を入れた。
8. 原著には略語一覧（List of abbreviations）が掲載されているが、邦訳書ではこの一覧を省いて索引に収録し、その原文と略語を記した。なお、原著における略語は、基本的に日本語訳をあてて訳出した。例えば、'DES' は「DES」と表さず 'Department of Education and Science' (1964-92) であることを確認し、「教育科学省」と記した。
9. 邦訳書がある場合は、原則としてその訳語を採用した。
10. 原著の誤植や誤記については、原著者に確認し、修正表記した。
11. 索引は原著を参照しつつ、訳者が作成した。

日本の読者のみなさまへ

　私の日本の同僚で友人の4人の方々——山﨑洋子（武庫川女子大学教授），添田晴雄（大阪市立大学准教授），梶井一暁（鳴門教育大学准教授），土井貴子（比治山大学短期大学部講師）——が，進歩主義教育に関する私の著作の翻訳に多大な労をとってくださり，また多くの貴重な時間を割いてくださいました。このことは，私にとって大変光栄なことであり，また名誉なことです。私はそのおかげで，教育の潮流についての思索を日本の広範な読者層と共有することができます。そしてそれゆえに，私は彼らの大きな恩恵にあずかっております。
　さて，私は本書で私自身の終生の信念を映し出しました。その信念とは，教師であれ，学校管理者や親であれ，教育に関わる者はみな，学校教育のより深い社会的な意味について理解すべきであるということ，人々が学校教育の歴史についての一定の知識を有している場合にのみ，このことが可能になるということを悟るべきだということです。私たちはみな，教育という営みが，特定の学生たちによる職業的成果などというものをはるかに超える広範囲な結果をもつ社会的営為である，ということを認識する必要があります。教えることは，単なる知識の伝達ではありません。つまり，それは有能な成人として働くことができ，社会的・政治的な文脈を有した生活において，十全な役割を果たすことができるような子どもたちを育成することなのです。このような理由から，子どもたちがどのように教えられるか，また誰がそれを決定するかという問題は，非常に重要なのです。いかにして事態が歴史的に進展してきたかを理解することによってのみ，これらの問いに答えることができる，と私は思います。
　ところで，私は，教師としての長い職歴において，特別に興味のある問題を研究する機会を得てきたのですが，次のことを絶えず信じてきました。第1に，教師は真に重要であるということです。そして第2に，

教育は教室や演習室での知識情報の伝達という単純な行為以上のものでありうるし，またそうであるべきだ，ということです。
　キール大学（イギリス）の初代学長でオックスフォード理想主義学派に連なるA・D・リンゼイは，私が学生であったとき，大学を「友人たちとともに行う真理の探究」の場と定義しました。キール大学は，私のキャリア形成の出発点となった大学です。私にとって，この教えが現実になったという事実によって，私の教師としての職歴と人生全体が非常に豊かなものになりました。また，私は，11歳のときに文法を教わり，17歳の私にキーツやワーズワースを紹介してくださった英語の先生と，生涯にわたって親しくさせていただきました。さらにまた，教職に就いた初期のころから，非常に多くの同僚と留学生たちを友人にもちました。ですから，私は教育の仕事に従事してきた自分自身を，真に恵まれていると思っております。自分の人生の現時点においても，学校あるいは大学レヴェルの教育界で主導的な地位を占めていく人々が留学生や友人のなかにいるのは，私には大きな喜びなのです。
　幸運なことに，私はこの訳書の刊行が示しているように世界中の人たちと親しくなりましたが，何度も訪れることができた日本では，他のいかなる国よりも多大な親切と暖かい友情を賜りました。そこでは，日本の私の同僚も学生諸氏もともに，開放的で温かな教育へのアプローチこそが真の友情を育む，ということを示してくださいました。その指導上のアプローチは，研究者が有している喫緊の関心事よりも学生たちの必要性を優先する考えでした。とりわけ武庫川女子大学を訪問した私は，数多くの学生諸氏や通訳および同僚の方々と真の友人になることができました。彼ら彼女らは，決して忘れることのできない温情と誠実さとを私に示してくださったのです。
　したがいまして，この邦訳書によって，日本の同僚と学生のみなさまが，イングランドの教育の近年の進展やその現状および可能性についての私の考え方により親しんでいただけるならば，それは私にとって格別の喜びです。日本でも私が本書で叙述したことの多くが様々な局面で起きているようです。教職の自律性と独立性が失われていく歴史的・政治的状況を理解し，「進歩主義教育」が真に意味するものを洞察するために，本書がささやかなりとも貢献できるならば，訳者の方々の多大な労力は，

それ以上の価値があるものとなりましょう。彼ら彼女らに，謝意と称賛を捧げたいと思います。

2012年6月

イギリス　バーミンガム
ロイ・ロウ

謝　辞

　ここで幾人かの方々に，謝意を申し上げなければなりません。まず第1に，第二次世界大戦後の一般民衆への教育統制についての本を書いたらどうかと数年前に示唆してくれた，友人のモーリス・ホワイトヘッドに感謝いたします。彼が最初に励ましてくれなければ，この研究と本書の執筆という長い道程に乗り出すことはなかったでしょう。それは魅惑的な探求でした。彼の適切な方向への最初の一押しに感謝いたします。

　第2に，ロンドン大学教育学研究所の同僚たちに感謝したいと思います。彼らはそれとなく，思いやり，励ましと優しさを示し，いとわずに意見交換をしてくださいました。そのおかげで，この仕事の全体がはるかに容易になりました。ゲリー・マッカロー，デイビッド・クルック，リチャード・オルドリッチ，ビンセント・カーペンター，トム・ウッドイン，デニス・ディーン，ジョン・ホワイト，そして最近ではジェーン・マーティン。以上の方々からは，いろいろなご尽力を賜りました。彼らにも大変感謝しています。

　そして第3に，今までと同じく，私が研究をしてきたさまざまな図書館と文書館の職員の方々に感謝いたします。彼らはいつも変わらず私を助けてくださり，労をいとわず，私が必要とする資料に確実に接近できるよう，親切に導いてくださいました。私は，連合王国公文書館，ロンドン大学教育学研究所図書館，バーミンガム大学図書館で多くの時間を費やしました。これらの場所で私を手助けしてくださった職員の方々には，特に感謝申し上げます。

　私の以前の著作がすべてそうであったように，本書の出版社もラウトリッジです。この研究を遂行する機会を与えてくださったことに対し，出版社の方々にも感謝いたします。とりわけ，アナ・クラークソンは，いつもながら強力な推進役を務めてくださいました。また，エイミー・クロールは，私の世代が陥りがちなコンピュータの不具合の後で数章分

を復元するのを手伝ってくださいました。彼女には本当に絶えずお世話になりました。

　また，妻にして最良の友であるキャシーに感謝します。彼女はこの本が取り扱っている時期の大半を教師として過ごし，各章を綿密かつ批判的に精査してくれました。彼女の支援と忍耐，励ましと理解にも感謝しています。筆者との結婚生活には骨の折れることもあったでしょう。また，本書で述べたことのなかには筆者自身についてのこともあり，それらは親戚関係にも及ぶでしょう。ですから，私は本当に感謝しています。彼女がいなければ，この本は完成しなかったことでしょう。

　最後に，3人の娘，2人の義理の息子と6人の孫を含む私の大家族に感謝します。彼らはこの企画のいたるところで，愛情と励ましを与えてくれ，バランスのとれた展望をもつことを可能にしてくれました。最年長の孫の7歳のフィンに，学校についての本を書いていると話しますと，彼はしばらく考えた後でこう尋ねました。「おじいちゃん，どうしてそんなことをしているの」と。私は答えに詰まりました。彼にとっても，より多くの読者にとっても，本書が遅まきながら何らかの答えとなっていることを願ってやみません。

2006年11月

バーミンガムにて
ロイ・ロウ

目 次

凡　例 　　　　　　　　　　　　　　　　　　　　　v
日本の読者のみなさまへ 　　　　　　　　　　　　　vii
謝　辞 　　　　　　　　　　　　　　　　　　　　　xi

序 　　　　　　　　　　　　　　　　　　　　　　　3

第1章　イングランドの民衆教育──歴史的遺産　　9
民衆教育に対する制約 　　　　　　　　　　　　　　10
進歩主義の登場 　　　　　　　　　　　　　　　　　16

第2章　第二次世界大戦後の教育事業──保守的改革　27
新エルサレム計画──国民教育の理想 　　　　　　　30
進歩主義の陳情団 　　　　　　　　　　　　　　　　33
カリキュラム論争──反体制派の声 　　　　　　　　43
イギリスのマッカーシズム──学校と共産主義者の脅威　53
専門家の反応──論争は分極化する 　　　　　　　　60
結　論 　　　　　　　　　　　　　　　　　　　　　68

第3章　黄金期だったのか──1960年代および70年代初期　71
初等学校の教室での革命？ 　　　　　　　　　　　　74
「息子はグラマー・スクールのカリキュラムを学んでいますか？」
　　──中等学校のジレンマ 　　　　　　　　　　　82
カリキュラム改革への教師の関与 　　　　　　　　　84
試験改革とカリキュラム 　　　　　　　　　　　　　86
教室での展開 　　　　　　　　　　　　　　　　　　89
新しい教育社会学？ 　　　　　　　　　　　　　　　93

ブレーキをかける——能力主義的エリート　　　　　　　　　　96
　　複雑な構図　　　　　　　　　　　　　　　　　　　　　　102

第4章　教師の指導力の消失——1974～79年　　　　　107
　　社会的・経済的状況の変化　　　　　　　　　　　　　　108
　　労働党の政権復帰と変化の兆し　　　　　　　　　　　　114
　　挑戦が危機に変わる　　　　　　　　　　　　　　　　　118
　　「イングランド教育史上の転換期」?　　　　　　　　　122
　　状況は変化したのか?　　　　　　　　　　　　　　　　129
　　教職は服従させられたのか?　　　　　　　　　　　　　135

第5章　変革の10年間——1979～89年　　　　　　　137
　　変革の背景　　　　　　　　　　　　　　　　　　　　　137
　　新急進右派の計略　　　　　　　　　　　　　　　　　　140
　　サッチャー政権の政策推進　　　　　　　　　　　　　　145
　　保護者の権限拡大　　　　　　　　　　　　　　　　　　149
　　地方教育当局にかかる圧力　　　　　　　　　　　　　　150
　　教育科学省の権限　　　　　　　　　　　　　　　　　　152
　　学校査察業務の新しい役割　　　　　　　　　　　　　　156
　　試験の改革　　　　　　　　　　　　　　　　　　　　　158
　　取り込まれた進歩主義　　　　　　　　　　　　　　　　161
　　服従させられた教師　　　　　　　　　　　　　　　　　162
　　1988年教育改革法の成立——新しい合意の確定　　　　165
　　教室の現実　　　　　　　　　　　　　　　　　　　　　167

第6章　「教育に関する新しい共通認識の構築」
　　　　　——教育改革法の施行　1989～97年　　　　　171
　　追い込まれる専門職　　　　　　　　　　　　　　　　　172
　　「金賞」教師の発見——挑戦的な登用の試み　　　　　176
　　組織の官僚制化　　　　　　　　　　　　　　　　　　　178
　　新しい秩序が引き起こした財政的影響　　　　　　　　　181
　　「1930年代への回帰」——マグネット・スクールの推進　182

目　次　　　xv

　進歩主義とナショナル・カリキュラム　　186
　教育政策の進展　　191
　「チェックマーク・リストの焼却」――ナショナル・カリキュラム
　　の再考　　199
　急進右派の固執　　207
　「怠惰な無能者」――教師への非難　　211
　学校査察体制の立て直し　　213
　新労働党の打つ布石　　216
　結　論　　218

第7章　新労働党と1997年以降のカリキュラム　　221
　「政策立案の蔓延」　　224
　「基礎基本ばかりでそれ以外がほとんどないカリキュラム」
　　――読み書き・計算能力指導の推進　　229
　「総合制中学校の次の時代に向けて」――中等教育段階における
　　専門分化と私学化の動き　　233
　「熱心な奨励と責任追及の交錯」――教師に喝を入れようとする
　　政府の企て　　238
　将来のカリキュラム計画を抵当に入れる――民間資金主導政策　　239
　「個に応じた学習に向けて――大規模な失敗を繰り返さない」
　　――新労働党と指導方法　　243
　政府の介入と学校カリキュラム　　245
　恣意的な情報操作の迷走――新労働党とメディア　　248
　教育信条と不適切な学校管理が混ざり合った毒素――クリス・ウッド
　　ヘッドの話術の意味　　251
　急進右派的な言葉遣いの取り込み　　255
　教師の勤労意欲の課題　　257
　「身をかがめろ！　振り子がやってくるぞ！」――カリキュラムへの
　　影響　　266
　新たな歴史的正当性を構築する　　273

結論と展望　　281

訳者あとがき	287
原　註	297
主な参考文献	311
本書事項年表	313
イングランドの学校系統図	316
索　引（事項索引，人名索引）	317
監訳者・分担訳者略歴	334

進歩主義教育の終焉

――イングランドの教師はいかに授業づくりの自由を失ったか――

序
Introduction

　本書は，第二次世界大戦後のイングランドの教師たちが，教室で行うことについての統制力を失っていく過程を記述し，説明しようとする試みです。この間，政体としての国家とその外郭機関は，学校のなかで起きていることに対して着実に統制力を強化しました。それにともなって教育実践の場では，教える内容と教え方双方の点で重大な変化が現れました。これを認識して本書は書かれています。本書の後半では，教育実践と教育ポリティクスに存在する，入り組んで複雑に変化する関係をたどろうと思います。教育実践が進歩主義教育から徐々に後退していくことを示す際に，私は必然的に，相互に関連するいくつかの根本的な問いに関わることになるでしょう。学校で子どもに教える事柄を誰が決定すべきか。その教育を提供するための最良の方法はいったい何か。どうすれば教育は最もうまく組織されるのか。どうすれば教育は最もうまく行われるのか。教育内容には何が含まれるべきか。これらは，幼い市民である子どもたちの通う学校教育に責任をもついかなる社会においても，重要な問いです。このことは，とりわけ現在の連合王国では際立っています。そこで，私は，近年の学校が操作されてきた政治的・社会的状況について洞察すること，そして，その原因となるものがいかに教育者と教育実践に影響を及ぼしてきたかを示そうと思います。そしてこのことによって，（子どもたちに正規の教育を与えることを委ねられている社会として）私たちがここからどこに行けるのか，つまり何が可能であり，何が見込まれ，何が望ましいのか，という問いに少しでも光を投じることができればと願っています。

　またこの歴史的分析の試みは，必然的に私が教育に関わってきた半世

紀間の私自身がもっている知識を用いることになります。それは，まず1944年に初等全年齢学校*1)に入学した子どもとして，続いて田園地方のグラマー・スクールを経て私自身のキャリアを上げるために進学した新しい大学での学生として得た知識です。私は自らの職業を総合制中等学校とグラマー・スクールの教師として開始し，その後，教師教育に関わる大学の教師として長年働いてきました。必然的に，私はそのころの専門職に起きていた変化の本質に関する見方を発展させてきました。しかし，本書はある種の自伝を意図したものではありません。また，失われた黄金時代を顧みるノスタルジックな描写を意図したものでもありません。必要に応じて私自身の体験を描いていますし，ある程度それを反映していますが，それは時代を超えて未だに残っている歴史的難問のひとつということができます。そしてその難問は，教育者たちの熱望，教育ポリティクス，そして教室のなかで実際に起きている事柄の複雑な因果関係に関わっています。本書は，私が難問だと思うものを解きほぐそうとする試みなのです。

　おそらくその問題は，2つか3つの顕著な指標基準を参照することによって最もよく確かめることができるでしょう。それらの指標基準は，初めから容易に確認できますので，私はこの基準となる出来事を解釈していくことによって，歴史的正統性をほぼ充たしているものを浮かび上がらせようと思います。まず第1に，1940年代には重要な1944年教育法（戦時中に法令集に入った唯一の国内法）ができました。この法律は，大規模な再建努力によって，ひとつの重要な社会的要素である教育制度の再編をもたらしました。その教育法自体は，カリキュラムという主題について沈黙を守りました（カリキュラムという言葉はその法令のどこにも出てこなかったのです）。それは，一連の評論家たちが指摘してきましたように，教室でなされてきた細々したことは，余りにもはっきりしているので説明の必要がないか，あるいは教師たち自身の唯一の

---

　*1)　初等全年齢学校（an all-age elementary school）とは，5歳以上の生徒の全員がともに通う学校である。その後，1920年代になると幼児学校（Infant School）が創設され始め，5歳から7歳の幼児は幼児学校に入るようになった。中央政府に提出されたハドゥ委員会の報告書は，11歳でさらに区別することを提案したが，1949年までは，13歳までの生徒の1/3が初等全年齢学校に通っていた。

責任であると考えられていたからです。第二次世界大戦後の国家的再建は，学校という場所の提供，教師の供給，そして狭い範囲ですが（また，1950年代に次第に加熱していきますけれども），教育制度の確立といったことを重視しました。学級規模，教員養成，生徒の選抜についての政治的論争は，たとえそれらに言及されたとしても，そこでは教育学（pedagogy）の問題を考察する傾向は全くありませんでした。振り返ってみますと，教師が実際に行ってきた（あるいはすべき）ことについての問題は，まるですでにわかっていることだ，と思われていたかのようなのです。

1950年代になると，カリキュラムに何らかの影響を与える新しい論点がはっきりと現れ始めました。もっともこれらはまだ影響力のある議論にはならなかったのです。それどころか，納税者の間で国の学校教育費についての議論が現れたように，中等のモダン・スクールおよびテクニカル・スクール[*2]の継続可能性と，〔3種の学校を統合する〕総合制中等学校化への強い要求とが前面に現れ，やがて急速に変化する経済状態に応じた教育改革の必要性が出てきたのです。1951年に導入された新しい中等教育修了資格（GCE）[*3]試験に関しては，どのような形式にするかということよりも，むしろどのような生徒がそれを受験するかという議論に焦点が合わせられました。ディヴィッド・エクルスが，クラウザー報告書に関する下院での議論で，あの注目すべき意見を述べたのは1960年3月のことでした。それは，「カリキュラムという秘密の花園」と彼が呼ぶものに，中央政府はもう関心を向けてもよい時期だろう，というものでした。

以上のことはすべて，1960年代に出てきた変化です。若い教師たちの新しい世代は，大半が（初等，中等段階の両方の）教育の改革にある程度関与していたか，その他の改革に関与していたかのどちらかでし

[*2] 1944年教育法によって導入された中等教育段階の3種の学校（グラマー，テクニカル，モダン）である。成績優秀者は，グラマー・スクールに入り，アカデミックな学習を積む。本書第2章訳註＊10）（41頁）参照。

[*3] 中等教育修了資格（GCE = General Certificate of Education）とは，イングランド，ウェールズ，北アイルランドに1951年に導入された，大学の試験機関が実施する統一的な試験である。中等教育修了資格Oレヴェル（GCE-O Level, General Certificate of Education-Ordinary Level）は，16歳生徒の成績上位20パーセントを基準としていた。

た。ですから，カリキュラム改革の重要な推進者となりました。もうひとつは，地域の教師センターや新設された学校審議会[*4]が中心的な機関となり，カリキュラム改革に教師を巻き込んでいく地方教育当局[*5]の積極的な伸展があったことです。このことは，それまでのものよりも，より公共的でより開かれたカリキュラム構造と教育方法の仕組みに関して，2つの論争を生みました。この10年間に，試験改革の問題も前面に現れてきました。ニューザム報告書（1963年）やプラウデン報告書（1967年）のような重要な報告書も，事態は教室のなかで変化しつつある，という意識を煽りたてました。しかし，これらはまだ専門家内部だけの独占的な議論でした。政治家は主にさんざん議論されてきた問題，つまり中等学校の選抜の問題と，継続学校教育レヴェルの機会拡大を多くする必要性についての問題に焦点を合わせていたのでした。

　キャラハン首相の1976年10月のラスキン演説は，重要な分岐点，すなわち政府が学校教育の日々の詳細な事柄に立ち入って関与し始めた瞬間であった，と広く考えられています。キャラハン首相は，国家が支出する教育費が年額60億ポンドを超えないようにしたいと主張し，人々の「金銭感覚」に訴えかけました。彼は，教育制度内にいる人々がこのことを支持するように手はずを整えること，そしてこのことが中央政府の権利であ（り，責任でさえあ）るということを明らかにしました。この瞬間以降，一連のイニシャティヴによって，つまり最初は労働党政府，それに次ぐ数年間はサッチャー保守党政府，そして最近では新労働党を筆頭にした主導性によって，学校で実施されていることを統制するのはもはや教育職（teaching profession）だけの責任ではない，ということが確実になったのです。1985年から1986年の争議行為と，それに続く過酷な1988年教育改革法によって，教育職は半永久的に弱体化してしまいました。その結果，ナショナル・カリキュラムが作り出されただけでなく，7歳，11歳，14歳時の試験と学校査察報告が義務づ

　[*4]　学校審議会（Schools Council）の詳細については，主に本書第3章（85頁）参照。
　[*5]　1902年教育法によって，それまで地域の教育業務を司っていた学務委員会（School Boards）が廃止され，地方教育当局（Local Education Authorities, LEAs）が創設された。1972年地方自治体法（Local Government Act）によって，各地方当局は教育委員（an educational committee）を指名せねばならなくなった。

けられ，さらにはリーグ・テーブル*6)の公表という事態にまでなりました。事実上，一挙に，教師たちは彼らの政治上の雇用主とその雇用主のより広い国民一般に対して責任を取らされることになったのです。1990年代と21世紀の最初の数年間に進行してきたこれらの事態は，この新しい共同事業を強固にすることにのみ役立ちました。予測可能な未来に，時計の針を逆に戻そうとする行政上の兆しは何もありません。なぜなら，最近の政府の教育目標設定の強調は，教育実践の主導権を教育職から遠ざける方向に機能し続けているからです。

　さらにこのような教育制度を介した方法で，そしてその成果が伸展していくにつれて，教室内の実践も微妙に変化してきました。これは，部分的には，教師の仕事の内部に存在する社会的・経済的状況の変化の結果です。しかしまた，部分的には，この新しい釈明責任態勢の直接的な結果なのです。その態勢は，以前にはなかった専門性，すなわち教師の実践を正当化したり，かつてよりも直接的に学級経営に細かなことを課す命令や規制を確認せねばならない態勢になったことからでもわかります。このことは，教授上のいわゆる「進歩主義的」アプローチの限界状況や「進歩主義」の結果に，どの程度つながったのでしょうか。それは，本書が明らかにしようとしている重要な問いのひとつです。

　以上のことに焦点を合わせることは，必然的に，本書がカリキュラムの変遷の単線的な歴史叙述ではないということを意味しています。それはむしろ議論と説明を創出しようとする試みです。そのため，本書のなかでは私が重要だと思うテーマにこだわっていますし，特別支援教育についてはほとんど何も述べていません。特別支援教育は，ここ数年のそれ自身の歴史によって効果を発揮しています。そして，それは重要な検討事項です。また，教育成果におけるジェンダー比較についても，さら

---

　*6)　親憲章（Parent's Charter, 1991）が政府によって公布されたため，それ以後，学校は子どもの試験結果や全英テストの結果を親に毎年報告することが義務づけられた。教育技能省はすべての学校の学業成果あるいはリーグ・テーブルを，無断欠席や他の業績などを含む学校の成果指標として公開した。1980年代には，リーグ・テーブルは親が学校を選択する権利をより保証する手段のひとつとなり，その学校のどのくらいの生徒がナショナル・テストで好成績を取っているかが掲載されたため，子どもを他の学校に転校させる際の判断材料として使われ始めた。1997年から初等学校にも学校の成績順位を示すリーグ・テーブルという制度が入った。連合王国ではイングランドだけがこのリーグ・テーブルを実施している。

に性別アイデンティティの問題がカリキュラム論争に影響を及ぼす様相についても，私はあまり多く述べてはいません。これらの2つは最も顕著な割愛です。多分，他にも省略されている問題はあるでしょう。

　しかし，私が本書で試みようとしていることは，上記で手短に述べてきた点，つまり1945年以降のカリキュラム改革のあの不当な記録を肉付けし，それが実際どのくらい正確であったかという問いを追跡していくことなのです。教育職の人々がいかにして，そして，なぜ自分たちの運命を統御できなくなったかを説明するために，私は社会の奥深くにある変化を際だたせることを試みたいと思います。また，その時期に一貫してずっと存在し，そして第二次世界大戦以後の教育政策においてさらに厳しい現実を示唆している政治的緊張と，そこに内在しているものを確認しようともしています。そして，このことを押し進めながら，21世紀を突き進んで生きていく子どもや孫のための最良の教育的取り組みに関して，私たちは自らの近年の歴史から何を学びうるのか，という問いを提起しようとしています。どのように子どもを教育するのが最良なのかというやっかいな問題に取り組み，そして，教師や教師が関わっている人々，また政治家などとの間に存在する微妙な関係を洞察するならば，そこで私たちは何を知ることができるのでしょうか。これらが本書の核心にある検討事項です。これから生きていく人々がこうした複雑な問いに何等かの考えをもつことができるよう，少しでも役立てば幸いです。

第1章
イングランドの民衆教育
―― 歴史的遺産 ――

Popular education in England: the historical legacy

───────

　イングランドにおいて，国家が教育を提供することに関心をもち始めたのは，19世紀でした。当初から，学校で行われることを誰が決定すべきか。また正規の学校で子どもを教育する最良の方法はそもそも何か。こうしたことに関して，いろいろと競合する見解がありました。これはそんなに驚くべきことではありませんでした。なぜなら，それ以降と同様に，当時にも子ども期の本質，子どもにとって必要なもの，学校教育の目的と役割について対照的な見解があったからです。

　第1に，子ども期の本質それ自体が十分には理解されておらず，おそらくそれゆえに論争になったのでしょう。一方では，子どもは生まれながらに本質的に邪悪であり，救済と改善が必要である，という見解がヨーロッパ文学を通して広がっていました。そして，それが多くのキリスト教徒の思考の土台をなしていました。この考えは，成長しつつある子どもは大人の介入によってのみ，いかなる個別の状況があったとしても，特定の世界観に依存して形作られ，矯正され，しつけられ，また救済されうる，という見解でした。この考えには，必然的に，子どもたちは「学校で教育される」必要があり，学校教育は特定の目的に向けてなされるべきである，という信念がありました。また他方では，子ども期についてとても理想主義的な見方をする人々がいました。子ども時代は無邪気さをもっている時期であり，その無邪気さは子どもが成長していく現実によってゆっくりと壊されていくと見られていました。この考え方のひとつは，詩人ワーズワースによって表されています。彼は新プラト

ン主義者の見方に同意していました。堕落してしまった大人を否定するような見方によって，子どもという存在の本質に対する多様な洞察が可能になり，無邪気な子ども時代を追憶することができるようになったのです。彼は次のように述べています。

> かつては牧場も森も小川も，
> 大地も，目に映るありとあらゆる光景が，
> わたしにとって
> 天上の光に包まれ，
> 夢のなかの栄光とみずみずしさに包まれて見えた。
> だが，今はかつてとは違っている。
> どちらを向いても，
> 夜も昼も，
> もはや今では，かつて見えたものを見ることはできない。

　ワーズワースの『抒情詩』，「幼少時代の回想から受ける霊魂不滅の啓示」のなかで，彼はルソーよりも先に，ルソーが小説『エミール』で表現した子ども時代についての見方に近づいていたのです。このように子ども時代の本質や子どもに必要なものについての見方は異なっていましたし，今でもまだ異なっています。ですから，学校教育の本質についての論争が今もなお続いているのです。

民衆教育に対する制約
The constraints on popular education

　子ども時代の本質についてのこうした対照的な見方は，民衆教育の発展に影響を及ぼした多くのもののほんのひとつに過ぎませんでした。強い影響力があったのは，教育者たちと学校設立に関わる人々の間にある政治的・社会的緊張でした。教育史家たちは長年の研究によって，国家が学校教育の提供に関わり始めた時，国家は特別な目的のために，また特別なやり方でそれを行ったという解釈を明確に定着させてきました。教会は，19世紀の発展しつつある産業都市のなかにあって，絶え

ず増加している労働貧困者たちを失いたくありませんでした。それゆえ，19世紀の間じゅうずっと，宗教の問題と教場での宗教の位置づけの問題が，とても緊迫した様相を呈していたのです。この緊張に関連していますが，フランス革命後も革命が完全に消え失せたわけではありませんでしたので，革命進行の恐怖も続いていました。事業家たちは，自分たちの工場への労働力の供給の確保に不安をもっていました。民衆教育は，19世紀の長い間にわたって，最小限に留められ，規律感覚を受け入れるものになりました。つまり，〔やがて来たる〕労働日のリズムと時間調整を進んで受け入れるだけの教育になってしまったのです。それゆえ，教室で教え込まれた秩序感覚は，工場での生活のための準備である，と考えられたのでした。

　この考えの核心には，リチャード・ジョンソンがかなり以前に「社会統制」として同定した概念とそれを補強した重要な考察があります。彼は，1970年の論文「過去と現在」のなかで次のように結論づけています。

　　初期ヴィクトリア時代の人々が貧民教育に執着していたことは，権威，権力，統制の主張（あるいは再主張か？）についての関心として，とてもうまく理解されている。この関心は，教育手段の掌握を通じて，労働者階級の思考，感情，行動の様式を決めようという非常に野心的な試みに表されていた。信頼できる教師に監督され，遊び場の壁に囲まれることによって，学校は新種の労働者——うやうやしく，快活で，勤勉で，忠実で，穏やかで，敬虔な人々——を飼い慣らすために存在した。[1]

　この叙述から，いくつかのことがわかりました。第1に，民衆教育は，その大半の供給者にとっては当初からその範囲を制限し限定する必要があった，ということです。第2に，その教育にはまた，社会の秩序と規律を教える運営形態を含んでいなければならないということです。同様に，視学官を使ってこれらの条件をうまく保証するのは，政府の役割であったということです。民衆教育の本質と内容を決定する際に，権限がどこにあるのかについては，何の疑問の余地もありませんでした。

こうしたことは 19 世紀の基礎学校*1)運営の重要な特性となり，それは今日まで存続してきた学校教育をめぐる重要な一連の前提を生み出したのです。

　このことはすべて，私と同時代の教育史家によって十全に立証されました。その要点を強調するには，よく知られた引用をほんの少し行うだけで十分でしょう。1807 年の下院でなされたディヴィス・ギディの有名な発言は，それを思い起こすに値します。それは公費助成の教区立学校を設立しようとするホイットブレッドの教区立学校法案に対するものでした。ギディは，民衆の学校教育を徹底的に拒絶する激しい発言をしました。

　　貧しい労働者階級に教育を施すという事業は，理論上どんなに正しく見えても，彼らの道徳と幸福には有害となるだろう。それは彼らを農業や農業以外の骨の折れる仕事の良き働き手にではなく，御しにくく手に負えない者にするだろう……教育を施すことによって，彼らは煽動的な小冊子や不道徳な書物やキリスト教に背く出版物を読むことができるようになる。彼らは目上の者に無礼になり，そして議会は数年のうちに強力な武力を彼らに向ける必要があることに気づくだろう。[2]

　民衆の学校教育は，学校が基礎的な読み書き能力と計算能力を授けるようになるにつれて変更を余儀なくされてきました。しかし，上記で引用したような考え方は，19 世紀のほとんどの民衆教育の規程を特徴づけているのです。ジェームズ・フレイザーは，1861 年の時点までにこの考えを得ていました。彼は民衆教育の報告書を作成してきたニュー

---

　*1)　基礎学校（elementary school, 初歩学校とも訳されている）は，イギリスの国民教育の基礎を築いた 1870 年基礎教育法（The Elementary Education Act of 1870）（起草者の名前をとってフォスター法とも称される）によって整備された，5 歳を就学開始年齢とする学校である。実際には，5 歳以下で在籍する子どももいたため，彼らも国庫補助金の対象とされていた。基礎学校は中等教育への接続の道がないため，ロンドンなど都市部では，19 世紀末ごろになるとハイアー・グレイド・スクール，20 世紀初めになるとセントラル・スクールが設立され，次第に年限が拡大されていった。1944 年教育法（Education Act of 1944）（起草者の名前をとってバトラー法とも称される）では，これらの学校が母体となって，11 歳までの初等教育（primary education）と 15 歳までの中等教育（secondary education）に整備された。

キャッスル委員会の副委員長として，自分の考えの根拠を次のように述べたのです。

> たとえ可能であるとしても，農民の子どもを 14 歳や 15 歳まで学校に引き留めておくことが子どもの真の利益にとって望ましいとは思われない。それに，そんなことは不可能でもある……10 歳か 11 歳かで……その子どもがその年齢になった時の最終の状態を判断することを，私たちは覚悟しなければならない。私はあえて主張したいのだが，子どもが 10 歳になるまでに，知的学業として子どもが把持せねばならないすべてのことを，完全かつ徹底的に，決して忘れないような方法で子どもに教えることは可能である……。子どもは通常使わなければならない言葉を正しく綴ることができるだろう。自分の楽しみとなり，聞き手に知識を伝えることができるくらいに十分容易に……普通の物語を読むことができるだろう。家から少し離れた所へ引っ越したなら，読みやすく理解しやすい手紙を母親に書くことができるだろう。彼は……そこいらにある普通の店の請求書が正しいことを確認するために……十分な計算知識をもっている。外国の話を聞けば，地球上に位置するその国の居住可能な地域についての何らかの見解をもっている。そして，すべての基礎として，……彼は平易なサクソン語の説教の隠喩と論法を聞くのに十分な聖書の知識をもっている。また彼に求められる創造主と同胞に対する義務が何であるのかを知るのに十分な，カテキズムで教えられた真の心の平静さももっている。眼前の流動的なイギリスの基礎教育の将来やその可能性として，もはやこれ以上に明るい展望を私はもたない。たとえ私が以前にもっと希望ある考えをもっていたとしても，私がこの 6 か月間に見てきたものは，そんな希望が決して実現しないことを私自身に知らしめたのである。[3]

このような状況のなかで，ロバート・ロウは改訂教育令[*2]を導入し

---

 *2) 改訂教育令（Revised Code）は，改訂法典とも訳される。この法令は政府の学校補助金制度を改め，有資格教師に支払われていた給料を学校経営者に直接支払うように改変した。以後，学校経営者は，生徒の平均出席率や勅任視学官実施の試験成績に基づいて，教

たのです。それは基礎学校ですべきことを決定づける法令でした。この教育令は19世紀の終わりごろまで続きますが，その導入の1年後に彼が下院で次のように述べたのは，全く意外なことではありませんでした。

> 下院に対して，私はこの制度が経済的であるとは約束できないし，効率的であるとも約束できない。だが，そのどちらかであろうと請けあうことはできる。安上がりでなければ効率的であろうし，効率的でなければ安上がりであろう。[4]

この改訂教育令は，当時の政府の支配の下に確かな形で定着していきました。それは，読み書き計算に焦点を合わせただけのカリキュラムでした。そして，何が教えられなければならないか，それがいかに教えられるべきかということを取り扱っていました。この時，ロウは，出来高払い制を導入し，基礎学校教員の給与を視学官の年次学校訪問時の結果に対応させるということによって，それを実現したのです。これを確認する例は，学級規模が真の革新的なレヴェルにまで小さくならなかったという事実にあります。このことは，1944年教育法が導入した新しい初等教育制度に進むまでの期間，大半のイギリスの子どもたちが通過していく基礎教育段階には，その範囲と様式の点で依然として限界があった，ということを意味しました。この解釈は，次の章で述べる1940年代後半に私が全年齢基礎学校で受けた学校教育の本質を説明するのに，とても役立ちます（1944年教育法は1960年代初期まで十分に施行されませんでしたので，多くの子どもたちは，その制度が効力を有してからも，長い間，古い教育制度をいくらか変えた課程を終えたのです）。ここでまとめますと，大半のイギリスの子どもたちへの基礎学校教育は読み書き計算に偏った，注入であったということです。多くの場合，50人以上の生徒を抱える学級は，その制度の直接的な結果として，暗唱や

師に給料を支払うようになった。ロウ主導のこの法令を批判した人物には，勅任視学官で詩人のアーノルド（Matthew Arnold, 1822-1889）がいる。彼の批判についての邦訳とその解説については，アーノルド著，小林虎五郎訳『再改訂法典——出来高払い制批判』（東洋館出版社，2000年）参照。

模写，教師中心の授業に依存し，問い答えるということさえ非常に限られていました。私の祖母は，20世紀初めの40年間，ウエスト・ミッドランドの工業地帯の居住区の基礎学校の教師をしていました。かつて私は彼女に60人もの生徒のいる学級でどのようにして秩序を保ったのか，と尋ねたことがあります。それはたやすいことだと彼女は答えました。彼女は机の上に鈴を置いていました。あまりにも騒々しくなると，彼女はその鈴を鳴らしたのです。生徒たちが反応しない時には，ムチをもって彼らのなかに入っていきました。祖母が教師をしていたころには，これが普通に受け入れられていた慣習だったのだと思います。それは，ジェームズ・フレイザーが1861年に述べたあの極めて限られた希望が，一世紀の後まで基礎教育段階の学校内部の多くの人々に共有されていた，ということを示唆しています。

　中等学校は，基礎教育段階の学校とは全く異なった起源をもっていました。少なくとも1944年までは別々の顧客層をもっていました。中等学校は，中流・上流階級の子弟に堅実な教育を与えるために設立されましたので，基礎教育段階の学校とは別の上昇志向性をもち，学校組織と教授の伝統に関してはやや異なる体系を発展させたのです。中等学校の目的は生徒たちに大学進学や専門職に就くための準備をさせることでした。また国家から直接資金を供給されていませんでしたから，政府への直接的な報告義務はあまりありませんでした。学級は基礎学校のそれよりも小規模で，カリキュラムはやや幅広くなっていました。19世紀の終わりごろには，女子のグラマー・スクールの数は増え続け，そして地方教育当局が中等教育に責任を負うようになった1902年教育法[*3)]以降になると，地方自治体の中等学校が多く設立されました。その多くは女子校でした。

　しかし，地方自治体の中等教育段階の学校でもまた，改革しようとする教師たちの影響力に制限を加える強い圧力がありました。まず第1に，オックスブリッジへの入学という現在まで続く試験や1917年導入の学校教育修了証明といった，外部試験が増大していく際の影響です。

---

　　*3)　1902年教育法によって，地方教育当局（LEAs）が創設され，教育体系が再編された。そして，各カウンティが中等学校と教員養成カレッジを設立するようになった。序章訳註*5)（本書6頁）参照。

それは，国の各地でカリキュラムの統一という状況が生じたということを意味していました。実際，ロバート・モラントが導入した1904年中等学校規程は，パブリック・スクールが確立した19世紀後半のカリキュラム・モデルに，すべての政府補助金交付学校のカリキュラムを強力に従わせることを確実にしました。この中等学校規程は，授業内容（instruction）は，〔万人に〕「共通」であり，「完全」でなければならないと主張していました。その詳細はこと細かに明記されていました。

> 教育課程には，英語，英文学，英語以外の少なくとも一言語と，地理，歴史，数学，理科，絵画の授業，手工および身体運動を，また女子校では家事の適正な実施を共に用意すること。英語，地理，歴史には1週間に4時間半以上を配当し，言語がひとつの場合は3時間半以上を，ふたつの言語の場合は6時間以上を配当すること。理科と数学には7時間半以上を配当し，そのうち少なくとも3時間は理科に充当させること。理科の教育は，理論的かつ実際的でなければならない。[5]

その上，後期ヴィクトリア時代とエドワード時代に，学年に応じて使用される各教科の教科書が30以上も出てきました。そのことによって，逸脱不可能なひな形がほとんどの教師に用意されました。ある年代のイギリスの男子生徒の文学的な好みや経験さえも，教科書によって決定されました。したがって，要約しますと，1944年教育法可決以前のイングランドに出現した基礎学校セクターと中等学校セクターの教育制度は，別々ではありながらも，かなり相関的な2つの学校教育制度であったのです。また，それぞれが独自の伝統と慣例をもちながらも，制度自身に課された強制ゆえにそうした役割を果たしたのです。これらの点で，両者はともに体制に極めて順応的であったのです。

進歩主義の登場
The emergence of progressivism

イングランドでは，教育の提供を妨げる圧力や抑圧が執拗に存在した

にもかかわらず,学校でできることについてより楽天的な見方をする人々が制度成立初期からいました。ケヴィン・ブレオニーらの進歩主義教育の研究者が明らかにしていますように,進歩主義の言葉を曖昧にするような多様な意見と意図を最高のものとして一括りにする危険性はありますが[6],またあるアメリカの評論家は,教育に適用された「進歩主義」を「からっぽで有害な概念」[7]だと言いましたが,便宜上,彼らを「進歩主義者」と呼びましょう。

　一方の側には,重要な人物がいました。彼らの考え方と教訓は,産業化社会のあらゆるところの学校教育に影響を与えました。最もよく知られている人物はスイスのペスタロッチでした。彼は,複雑な学習課題は教室のなかでは基礎基本に切り分けることができるという信念に加えて,実物教授＊4)を唱導することや子どもの生得的善に対する確固たる信念をもっていました。それゆえ,ペスタロッチは,スイスのイフェルドンの学校で大勢の教育先駆者の訪問を受けたのでした。彼らの多くはイングランドからやってきました。アンドリュー・ベル＊5),ロバート・オウエン＊6),マリア・エッジワース,ヘンリー・ブルームらはみな

　＊4)　スイスの教育思想家であり教育実践者でもあったペスタロッチ (Johann Heinrich Pestalozzi, 1746-1827) の実物教授 (object lessons) は,イギリスには1830年代に導入され,19世紀末になると基礎学校の教授法の主流を占めるようになった。教師には,子どもに提示した実物の質,部分,用途の3項目の下に分析し,それらを有機的に関連づける能力が求められた。宮野安治・山﨑洋子・菱刈晃夫『講義　教育原論——人間・歴史・道徳』(成文堂, 2011, pp. 111-113.) 参照。

　＊5)　ベル (Bell, A., 1753-1832) は英国国教会 (Church of England) の牧師であったが,インドで相互教授 (mutual instruction) の方法を考案し,この成功によって名声を上げた。その後,イングランドに帰国し,相互教授の方法を国教会派の学校や教員養成カレッジに普及した。モニトリアル・システムは,ベル・ランカスター法とも称される。宮野安治・山﨑洋子・菱刈晃夫,前掲書 (pp. 83-89.) 参照。

　＊6)　オウエン (Robert Owen, 1771-1858) はウェールズで生まれ,結婚を機にスコットランドのニューラナークの工場の共同経営者となった。その工場に幼少の子どものための性格形成学院 (1816年) を付設した。これは世界で最初の保育・幼児学校である。彼はモニトリアル・システム普及の当初は,その方法に賛同していたが,人間の環境に存在している「事実」を教えていない点を問題視し批判した。性格形成学院では,子どもの興味や個性を尊重し,自然観察,音楽,ダンスなどを取り入れ,極めて現代的な教育を実践した。アメリカで試みたニューハーモニーでの協同入植事業が失敗したため,彼は空想的社会主義者,ユートピア主義者と称されているが,世界各地に存在する生活協同組合 (Co-op) の理念の生みの親であり,彼の社会思想や教育思想は今日も影響を与え続けている。ロバート・オーウェン著,楊井克巳訳『新社会観』(*A new view of society : four essays on the formation of human character*, 1813-1816) (岩波書店, 1954年) 参照。日本には,オウエン没後100年を記念し

イフェルドンを訪ねました。連合王国でペスタロッチの考えを広めるのに最も貢献したのは，ジェームズ・ピアポイント・グリーヴスとチャールス・メイヨー牧師という2人の教育改革者です。前者のグリーヴスは[*7]，イフェルドンから帰国して幼児学校協会の会長となりました。後者のメイヨーはチーム（Cheam）にある彼の学校を「イングランドにおいて，最も有名なペスタロッチ学校」[8]にしました。

　ペスタロッチの追従者たちとしばしば対照的であったのは，フレーベル主義者たちでした。彼らは19世紀半ばから，幼稚園の福音と幼い子どもたちの教育のために，厳密に規定された方法を普及しようと精力的に働いていました。ドイツからの亡命者のバーサー・メイヤー・ロングは夫と共同し，1854年に最初のフレーベル主義の学校をイギリスのタヴィストック・プレイスに創立しました。彼女の影響を受けて，マンチェスター幼稚園協会が1873年に設立され，2年後にはロンドン・フレーベル協会が設立されました[9]。ロンドンの学務委員会立フリート・ロード・ボード校の教師，ルイーザ・ウォーカーはフレーベル主義者の教育方法を幼児教育段階の学校に導入しました。その方法は，同時代の雑誌『教師の実際』では，「幼稚園主義の現代的実践の源泉」[10]であると記されたのでした。

　重要な役割を果たしたもうひとりの人物は，マリア・モンテッソーリでした。ケヴィン・ブレオニーは，彼女の追従者たちをこう叙述しています。

　　イングランドにおける個別指導の最も卓越した唱導者たち……。モンテッソーリは，主として個人に，同時に他の生徒の前で与えられる整った環境のなかで，個別指導を提供している。そしてそのことによって学級一斉教授に代わる指導法を，公立基礎学校の年少の子

て1958年10月に設立された，世界で唯一のロバアト・オウエン協会がある。現在，ニューラナークは世界遺産に登録され，18世紀の紡績工場を復元したり，展示施設を整備したりして観光客や宿泊者を受け入れている。

　[*7]　グリーヴス（James Pierrepont Greaves, 1777-1842）は，神秘主義者，社会主義者，菜食主義者として知られているが，彼の進歩主義の教育思想は数々の教育改革をもたらした。彼はイフェルドンで英語を教えていたが，そこでオウエン主義者に出逢ったため，イングランドに帰国し，1825年にロンドン幼児学校協会を設立して幼児教育に貢献した。

どもたちに関わる教師に与えている。[11]

　ブレオニーは，ジョン・アダムズ卿のような著名な教育者がモンテッソーリの考えを広めたことも示しました。アダムズはロンドン全日制教員養成カレッジの校長として重責を担っていました。また彼は教育学の分野で初めて教授になった人物です。アダムズは著書『新しい教育』のなかで，モンテッソーリは「学級教授に弔鐘を鳴らすために主張した」[12]と述べたのです。モンテッソーリ・メソッドが公立セクターの視学官たちに伝わると，彼らはいつもその方法に冷水を浴びせてきたのですが[13]，しかし，基礎学校の教師のなかには，ロンドンのアッパー・ホーンジー・ロード校のリリー・ハチンソンのようにモンテッソーリ法を実行し始める者が出てきました。ここで手短に要約しますと，明らかに，ペスタロッチ，フレーベル，そしてこのあとになるとモンテッソーリの名前が，〔20世紀初めまでには確実に〕イングランドの公立学校で教職に就いていた者に伝わったということです。教師たちは自らのおかれている状況を自ら理解していたのですが，しかし彼らはペスタロッチ，フレーベル，モンテッソーリらの考えを実践しようとする単発的で個人的な努力をしていた教師たちだったのです。

　これに加えて，私立学校や時には公立セクターの学校にも，多数の議会人の偏狭な教育構想を超えていく学校教育論を示そうとする人たちがいました。これについても実証できます。ロバート・オウエンは，ニューラナークで自らのモデル共同体の中心に教室を位置づけました。彼の息子，ロバート・デイル・オウエンは，『ニューラナークでの教育システムの概要』を著し，そのなかで，年長者クラスで教えられた暗算の授業は，次のようなものであったと要約しました。

　　ペスタロッチ氏が採用したものと類似していた……。他のすべての教授科目と同様に，ここでも生徒たちは自分が何をしているのか，そして，獲得しつつある知識がそのあとの人生でどのように有益に用いられるのかを理解するよう教えられた。[14]

　オウエン主義の学校は，19世紀の協同組合運動の重要な特徴となり，

各地で設立されました。こうしたなか，1839 年には，〔宗教に依拠するのではなく，理性を磨くことを掲げた〕リバプール・レイショナル学校協会[*8]に属していた中産階級の会員たちが活躍し始めました。彼らは，「人間の性格はその人の本性によって形成されるのではなく，その人のために形成される」という教訓にしたがい，次の目的を促進する学校の設立に着手したのです。

> あらゆる肉体的，精神的能力の十全な発達と適切な発揮……。それぞれの子どもの固有かつ本性的有機体の必要性から生じるものを除いて，いかなる差別もなく，誰もが同じ方法で，同じ程度にまで，すべての者は訓練されねばならない。[15]

よく似た原則は，数年後に現れた多数のチャーティスト・ホールズ・オブ・サイエンス[*9]の会議でも用いられました。

その最も著名な人物のひとりはハンプシャーのキングス・ソンボーンの教区牧師，リチャード・ドーズでした。彼は発展しつつある基礎教育段階の学校内部で，より広くより子ども中心の教育を提供することに着手しました。1842 年，ドーズはこの教区の人々の基礎学校を設立することに夢中になりました。どうやらドーズは，ヨーロッパ大陸の教育理論にも，国内の教育理論にも影響を受けていないようです。彼は「子

[*8] リバプール・レイショナル学校協会（Liverpool Rational School Society）はジェントルマン階級の作った 1839 年学校規則（Rules for the School）によって創設された組織である。この協会は，共通かつ平等の基礎教育を推進することをめざして「理性を磨く学校」運動を展開した。'rational' という用語の選択は，宗教・宗派の教義を教えず，人間の理性を発達させることを強調する教育論であることを意味している。*Report of Universal and Equal Education; or, Constitution and Laws of the Liverpool Rational School Society*, Liverpool Rational School Society (21st July, 1839) 参照。この運動は，19 世紀末のガーデンシティ運動やその運動の一環として設立されたキングアルフレッド校（1898-）に影響を与えた。このことは無神論，民主主義，カリキュラムの自由といった学校の理念に現れている。Ron Brooks (1992)：Professor J. J. Findlay, The King Alfred School Society, Hampstead and Letchworth Garden City Education, 1897-1913, *History of Education: Journal of the History of Education Society*, 21:2, pp. 161-178.

[*9] 人民憲章（People's Charter, 1938）制定の数年後，キリスト教徒はその原則を履行しようとし，チャーティスト・ホールズ・オブ・サイエンス（Chartist Halls of Science）の組織を多くの町に作った。これらはある種の機械学研究所であった。この組織は，講義や授業を大人に対して実施し，時には子どもたちに社会的原理を教えた。

どもたちを出席させる方が良いという情報に，親たちが何の疑いもなく納得するくらいに学校を良くすることが，私が自らに課した仕事であった」と述べています。それゆえ，W・A・C・スチュアートは次のようにドーズを解釈したのです。

> ドーズは，彼の学校で行われていた授業と読み書き計算のモニトリアル・システム[*10]による授業との違いをすぐに理解した。当時の村の学校……では，どの学校も同じようにモニトリアル・システムによる授業をしていた。彼は子どもたちに事実を習得させるよりもむしろ，思考させ，推論させようとし，通常のカリキュラムをもっと日常生活に近づけ，とくに理科を多く含むように変えた。とりわけ彼は，子どもたちが彼ら自身の経験に直接的に関わる問題を解こうとする時により速くより能率的に学ぶことを，はっきりと理解した。[16]

その学校では，子どもたちは定期的に植物学の実験と科学の実験とを兼ねた野外活動に出かけました。

19世紀が進むにつれて，はるかに広範な運動があったことを確認することができます。その運動は多数の学校での活動，とくに教員養成カレッジで行われていた研究活動に遅ればせながらも影響を及ぼしました。その第1は，19世紀後半に進展し，徐々に改革運動に似た様相を呈しつつあった児童研究運動でした。英国児童研究連合（The British Child Study Association）が1894年に設立され，2年後には子ども期学会（Childhood Society）が設立されました。この2つの組織は，子ども期の学習に対する異なった取り組みを代表していましたが，1907年に

---

*10）モニトリアル・システムは，俗にベル・ランカスター法（Bell-Lancaster method）とも称された。これは英国国教会（Church of England）の牧師であったベル（Bell, A., 1753-1832）が相互教授（mutual instruction）の方法を，また非国教徒（nonconformists/English dissenters）のランカスター（Lancaster, J., 1778-1838）がモニターによる教授法をほぼ同時期に開発したことに由来する。いずれも，大量の若年労働者に対して，善良さ，礼儀正しい習慣，敬虔の念などを植えつけ，読み書き計算を効率的に教える方法を編み出した。この方法はイギリスだけでなく，世界に広がった。宮野安治・山﨑洋子・菱刈晃夫，前掲書（pp. 83-95.）参照。

合併されて子ども研究学会（Child Study Society）となりました。直接的には教授方法と関係するわけではありませんでしたが，これらの組織は，イギリスの児童心理学の起源に影響を与え，また教員養成職に就いた多くの人々にも大きな影響を与えました。

　上記のことはすべて，19世紀後半に教育科学分野からの問いがあったということを実証しています。ディック・セレックは，1870年から1914年までの時期を同定しています。この時期は，それ以前のどのような先駆的な教育運動よりもはるかに厳密な科学的法則を基盤に「新教育」というものを確定し，その「新教育」を導入する努力をした時期である，と。セレックは新教育を次のように考察しました。

> 教員に出来高払い制の制約から自らを解き放つように呼びかけること……。それは教育を科学的根拠に基づかせようと願う人々を生み，それに加えて多くの予言者を生んだ。熱心で献身的なヘルバルト主義者である。……またフレーベル主義一辺倒ではなく，イギリス人を育てようとする温和で時には感傷的な幼稚園教員。「なすことによって学ぶ」という彼らの見解が受け入れられるようになれば，教育の未来は保障されると信じる手工や発見学習を用いた理科支持者。子どもの精神を鍛える仕事は子どもの健康を増進させる課題をもたねばならないと信じる体育支持者，学校給食支持者，健康診断支持者。そして人格の形成を最も重視する道徳教育支持者である。[17]

　エドワード時代にはこのような外部の運動が公的政策に影響を及ぼし始めました。これを実証する事実がいくつかあります。例えば，1905年に教育院当局から刊行された『教師の学習指導手引書』[*11]では，こう述べられていました。

> 公立の基礎学校での教授において，教育院が望む実践の唯一の画一

　＊11）　政府刊行の『教師の学習指導手引書』は，教師の立場や授業の仕方に関する書物である．'Suggestions' や 'Handbook' という言葉を冠して発行され，その最初のものが基礎学校（Elementary School）の教師に向けて刊行された1905年版である．

性は，それぞれの教員が，自ら考え，自分自身の力を最善の利益のために用いることができ，学校の特定の要求や条件に最適だと思われるような教授法を自ら編み出すことである。[18]

　この政策声明が実際に与えた影響については大きな疑問符がつくかもしれません。しかし，それは教室のなかにいる教師が教授方法の点でもカリキュラムの点でも自律性をもっているとみなされていくようになる，長い時代を予告していました。
　数年後の1911年，勅任視学官を辞めたエドモンド・ホームズが着目され始めました。彼は，自分が長年携わってきた初等教育制度に対する辛辣な批評書，『教育の現状と可能性』を1911年に刊行しました。彼の議論には，読み書き計算に対する強い疑念がありました。彼は固定的なシラバスを嘲笑し，試験がもたらす弊害に対して容赦しませんでした。彼の観察には，今日の私たちに訴えかけ，今なお議論されている問題と直接に関係するものがあります。彼はこう論評しました。

　　試験の有効性に対する西洋の信仰は，物事の見かけによって判断を下し，目に見える「結果」を過度に重視する。また，外面的な基準によって内面を測定し，「世間」が「成功」として崇めるものの観点で進歩を評価しようとする……これらは広く浸透した根深い性癖の徴候である。[19]

　ホームズは，自らの考える教育の外面と教育の内面と呼ぶものを大きく区別しました。

　　教育の外面を本質的なものと取り違える西洋人の性癖によって……多くの誤解が生じている。その主要なもののひとつは，今日よく見られる情報と知識の混同である……。質問された教科内容の本当の知識を何ももっていなくても，良い記憶力をもっている者がスラスラと正しくその情報を伝えることができる，ということが頻繁に起こりうる。[20]

それゆえ，ホームズは次のように続けたのでした。

> 事態が現状のままであれば……私たちの基礎学校の多くで行われている教育が子どもへの完全な不信に……基づくことになるのは，避け難い……。子どもは，自分が本当に思っていることや見ているものを表現してはいけない。もしそうしたら，試験官が期待する適切さ，間違いの無さ，正しさにおそらくそぐわない結果になる……。子どもは，そのような実験はあまりにも危険過ぎるので，それをしようとはしない……。しかし，子どもに自らの鋭敏な能力を使うことを禁じるのは，彼の成長の全過程を阻止することになるのである。[21]

このころ，数名の教師たちは，ホームズの発言に勇気を得て，ドルトン・プランを始めました。これはアメリカ人〔がマサチューセッツ州のドルトンで実験した〕子ども中心のカリキュラムによる授業計画です。それは学級一斉教授よりもむしろ個々の子どもの学習活動に基づいています。これを熱狂的に指示する人々のなかには，1924年にドルトン・プランの長所を絶賛する本を著した校長，A・J・リンチのような基礎学校教師もいました[22]。ドルトン・プランというモデルは，ヘレン・パーカーストというひとりの教師が個々の生徒の課題計画から考案したものです。彼女は，このころ，教授への斬新な取り組みを支持する運動を展開していたもうひとつの組織，新教育連盟[*12]を通じて，ドルトン・プランを公表しました。これが実際に大多数の学校に影響を与えたかどうかは明らかではありません。しかし，明らかにこのように既存の，とりわけ基礎教育段階の教育実践とは決して折りあいが良いとはいえない

＊12）新教育連盟（New Education Fellowship）は，国際的な新教育運動を糾合することを目的に，1921年にフランスのカレーで開催された国際会議において創設された。これを主導したのはベアトリス・エンソア（Beatrice Ensor, 1885-1974）であった。新教育連盟の日本支部は，エンソアの要請を受けた新教育運動の主導者・野口援太郎（1868-1941）らが1930年7月に組織した新教育協会を同年12月に支部として届け出たことに始まる。日本支部は，第二次世界大戦時に一時中断したが，1955年，小林澄兄を会長に再興された。新教育連盟は，戦後設立されたユネスコの設立母体でもあり，1966年から世界教育連盟（World Education Fellowship）と名称変更されて今日に至っている。日本支部は，2004年秋以降，世界新教育学会と改称された。

両戦間期，教室実践の改革を要求する声が高まりました。教師教育の分野で「進歩主義者」とみなされ，また変化を志向する議論を展開する数人の主導的人物が現れました。彼らのなかに理想主義者のパーシー・ナンがいました。彼の著作，『教育――その事実と第一原理』[*13]はこの時期に版を重ねました。そこでは，教室実践の中心に個性，自由，成長が据えられていました。同様に，ケンブリッジのモールティング・ハウス校で重要な研究を行った心理学者のスーザン・アイザックスは[*14]，教室における発見法と生徒の活動を論じる数々の書物と論文を著しました[23]。次第に，この種の考え方が政策文書に浸透し始めました。1931年のハドゥ報告書が主張した「カリキュラムは，獲得されるべき知識や蓄積されるべき事実よりも，むしろ活動や経験の観点から考えられるべきである」[24]というフレーズは，おそらく最も有名でしょう。

　このように明らかに教室のなかで従来の教育法に代わる方法が長期間唱導された，ということがわかります。また，この運動が大多数の学校での日々の実践に与えた衝撃を取り上げて叙述することもできます。しかし，それだけでなく，その複雑さをディック・セレック[25]，ピーター・カニンガム[26]，ケヴィン・ブレオニー[27]，そしてビル・マースデン[28]のような歴史家らの著作においても検証できます。その点で，私たちは彼らからも恩恵を受けているのです。彼らの著作は，「伝統主義者」と「進歩主義者」との間に長く存在した緊張関係を際立たせ，第二次世界大戦後のカリキュラムにおいて進行していくポリティクスを叙述しています。1945年以後の期間は，主要な特徴が一世紀以上ほとんど変わらない闘いのなかで，何か別のものが漸進する舞台だったのでしょうか。それとも，学校のカリキュラム統制をめぐる論争は，1945年以後

　　[*13]　この著作の抄訳は，パーシー・ナン，三笠乙彦『自己表現の教育学』（明治図書，1985年）に収められている。

　　[*14]　アイザックスのモールティング・ハウスでの教育実験（1924-1927）は，イギリスの幼児教育を発展させた。彼女はこの業績が認められ，パーシー・ナンによって1933年にロンドン大学に招聘され，ロンドン大学教育学研究所に新設された子ども発達学部の学部長となり，その基礎を築いた。1930年代初めからは新教育連盟にも積極的に関与し活躍した。邦訳書には，S・アイザックス著，榊瑞希子訳『幼児の知的発達』（Intellectual Growth of Young Children, 1930）（明治図書出版，1989年）がある。

に起きた社会的変化や政治的変化が非常に根深いという理由から，それ以前の古い闘いの複製に過ぎない，というのが真相なのでしょうか。これらは，私が後の各章で解釈していく内容を根底から支える中心的な問いです。

第 2 章

第二次世界大戦後の教育事業
──保守的改革──

The post-War educational settlement, A conservative revolution

---

　最近の人たちは，どうなってしまったのだろう。彼らはみんな，自分の能力をはるかに超えることをする資格があると思っているように見えるが，それはなぜなのだろうか。このことはすべて学校の学習文化に関係している。それは，失敗というものを想定しない児童中心主義の学習の強調の結果である。また，必要な努力をしなくても生まれつきの能力をもっていなくても，人気スター，高等法院の判事，才覚あるテレビ司会者，極めて有能な国家指導者になることができる，と人々に説く教育制度の結果である。さらに，歴史の教訓を否定し，人の人生を生まれた時から設計できると信じる社会的・空想的な理想主義の結果でもある。
（チャールズ皇太子／ウェールズ皇太子備忘録，クロイドン雇用裁判所において。2004 年 11 月 18 日付，ガーディアン紙，1 頁）

　第二次世界大戦終結直後の数年間は，教育立案者の前に教育問題が大きく立ちはだかることはありませんでした。その理由はさまざまです。イギリスの若者に何を教えるべきか。それを彼らにどのように教えるべきか。こうした問題が取るに足らないと考えられていたわけではありませんでした。しかし，それは急を要する問題によって覆い隠され，取り込まれてしまいました。この解釈を説明し理解するためには，まず 1940 年代後期の教育状況をいくらか説明する必要があります。
　まず第 1 に，1944 年教育法条項下で，その後すぐに初等教育段階に組み込まれる旧基礎学校で働いていた人々には，カリキュラムや教育実践は，革新と改革の思想を空想的なものにしてしまった，あの進化を求めた世紀と教授のほぼ必然的結果に陥っている，とみなされました。読

み書き計算がカリキュラムで優位を占め，教室実践が，ドリル，反復，朗唱，九九表の読み上げ暗唱に大きく依存する状態が続き，そこで行われているすべてのことに厳格な統制が加わりました。そして，その中心に教師がいました。このことは学級規模，多くの学校での腰掛け椅子の相変わらずの普及，多くの古い基礎学校校舎のすし詰め状態と陰気な環境，大半のかなりおざなりな教員養成が，そうさせたのです。

　1931年のハドゥ報告書は[1]，学ぶべき事実や蓄積するべき知識よりも，むしろ活動と経験の面からカリキュラムを考えるべきであるということを示唆したことで有名です。その報告書は，戦間期に建てられた新興住宅地の新しい学校で，幸運にも自己を発見することができた少数の子どもたちには，一定程度の影響を与えました。しかし，イギリスの大多数の生徒にとっては，教室で行われていることは，依然として後期ヴィクトリア時代を色濃く残すものでした。私は，1940年代の後期に初等全年齢学校に通いました。私の先生が戸棚の上に置いていた実物教授用の教具は[*1]，第一次世界大戦以前からそこにありました。しかし，それらはめったに使われませんでした。また私たちの主な勉強が筆記練習と九九表の朗唱，綴り字の試験，機械的な暗記学習であったということを，私は身をもって経験しました。当時の私には，自分の経験がそれほど普通ではないと思う理由はありませんでしたし，それは今もありません。

　同時期の中等教育段階でも，芳しくない状況は同様でした。そこでは，グラマー・スクールがすべてに対して優位を占めていました。19世紀後期の教育改革によってカリキュラムは拡大されていました。しかし，ロバート・モラントが推進した1904年中等学校規程によって，そのカリキュラムは終焉を迎えていました。この規程は3年間しか効力をもちませんでした。20世紀の長い期間，中等学校のカリキュラムは，ほとんど変わらないものになっていました。実際，1988年教育改革法によって導入されたナショナル・カリキュラムが発表された時，こんなことを指摘する論者もいました。中等教育段階のカリキュラムは，ひとつかふたつの用語の変更を除いて1904年中等学校規程と奇妙なくら

　　[*1]　第1章訳註[*4]（本書17頁）参照。

第2章　第二次世界大戦後の教育事業　　　　　　　　　　29

いに似ている，と。また，中等学校の教室で行われていることをあまり変えないでおこうとするその他の長期にわたる要因もいくつかありました。お決まりの教科書の流行，学校修了試験の圧迫感，一連の教科でよく使われた授業読本の販売。これらのことはすべて，国じゅうの中等学校の生徒が教室でとてもよく似た経験をする，ということを意味していました。大部分のグラマー・スクールの教師が大学で受けた特定の教科専門に偏った教え方は，この傾向を強めるばかりでした。

　以上のことがより長い期間にわたって存在する状況の何かを示唆しているとするなら，第二次世界大戦という特殊な状況は，また明らかに次のような理解を可能にします。すなわち，イギリスでは平時の状態に戻ることによっては，教室での実践は急激に変わらなかった，ということです。もっと正確に言えば，その時に求められたのはすでに試みられたよく知られたものに戻ることだったのです。第1に，大戦によって教育サーヴィスがひどく崩壊していました。最も衝撃的であったのは，戦争疎開の問題とそれを迎える共同体の双方に影響を与えたということです。イングランドの子どもたちのほとんどは，その影響を免れることができませんでした。歴史家らは疎開によって引き起こされた社会階級間の緊張について詳細に論じました。社会階級間の緊張は，長期にわたって心理学の影響力を細部にゆきわたらせました。そして，その影響力は，子どもという存在がより良い扱いを受けるに値するものであるという感覚を生み出し，また，戦後ベビー・ブームの原動力のひとつとなったのです。上述のすべてのことによって，消失したものの再建がまず最初に必要だと考えられました。主要都市では，多くの学校は，戦時利用のために軍事目的で徴用されていたり，多くの場合，空襲時の爆撃で甚大な被害をこうむっていたりしました。教職自体も著しく混乱していました。教師が戦争に行ってしまうと，多くの場合，女性やすでに退職していた教師がその後任者になりました。このように事態を安定化することは，それ以前に馴染みのあった状況に戻る，ということをも意味していました。

　より重要なのは，おそらく1944年教育法によって出てきた最優先事項でした。新しい初等教育段階の学校を創設し，すべての生徒が中等教育に進み，（大戦の勃発時に延期されていた）卒業年齢の引き上げをで

きるだけ早い機会に実施する必要がありました。そのため，教育政策の立案者はもっと大きな仕事を与えられました。この状況では，カリキュラム改革が政治における重大な最優先事項になる見込みは，ほとんどなかったのです。

卒業年齢引き上げのための準備に向け，国はその後の数年間に未曾有の教員数を必要としました。その明確な事態によって，教員を供給するための準備は複雑になりました。解決策として提案された臨時教員養成コースは，35,000人以上の臨時参入者を教育職に加えることに成功したのです。しかし，それはその後長引く教員養成に関する代価を払った上での成功でした。こうして採用された教育者は学級管理と教室の組織化に集中することを余儀なくされ，教室実践を変革する運動の唱道者には，ほとんどなりえなかったのです。

新エルサレム計画——国民教育の理想
Planning the New Jerusalem

しかし，もっと強い理由が現れ，それが改革の議論を教育学からそらせたのです。というのは，上述のような大戦直後の状況によって教育実践上解決しなければならないことが強調され，日々の教育活動よりもむしろ教育制度の構造のみに議論の焦点のほとんどが合わされたからです。教育院の教育諮問委員会の2つの重要な報告書，すなわち1938年スペンズ報告書と1943年ノーウッド報告書では，このことが予見されていました。これらの報告書はともに「知能のタイプ」を認め，かつ調和させるような教育制度を要求していました。教育制度の立案者は，当時の（ますます影響力を増しつつあった陳情団である）教育心理学者の人気に大きく影響され，生徒たちは，3つの主要な範疇，すなわちアカデミック，テクニカル，プラクティカルのカテゴリーのいずれかに属すると考えられました。そして，まず個々の生徒の学校を確定すること，それからこれら3種類の学校で提供する教育内容を中心に考えることに駆りたてられました。この提案は明らかにカリキュラムを含んでいました。しかし，まず第1に強調されたのは学校の位置づけ条項だけでした。そして，結果的に，3つのタイプの学校カリキュラムに関する正

確な違いということについての詳しい議論は，ほとんどなされなかったのです。

　生徒たちの進路についての議論，すなわち誰がどのタイプの学校に通うかということに議論が集中するのは，イングランドのあの有名な歴史に由来していました。それは学校教育の基礎教育段階の学校と中等教育段階の学校が部分的に分断され，大半の人々が中等学校から排除されていたという歴史です。この不均衡は，労働党で展開されていた教育政策の基盤のひとつとなった中等教育に対する不公平感と拒絶感を生み出してきました。1920年代の労働党を盛り返したスローガン，「すべての者に中等教育」を確立することは，事実上，（人生における機会とカリキュラムの両面で）グラマー・スクールが提供するものへの熱望が多くの労働者階級の家庭の夢となった，ということを意味していました。かつて，労働者階級の多くの子どもたちは，中等教育に付随する費用を支払う余裕がないか，あるいは新しい高等基礎学校でも困らないと考えていたかのいずれかの理由で，グラマー・スクールという場を拒否していたのです。が，しかし，政治家はグラマー・スクールを目指すべき理想であると考え続けました。国会の労働党員の大多数はグラマー・スクールの出身でした。またひとつにはグラマー・スクールは，それ自体が彼らに与えた人生の出発点であり，彼らはそこに自分の居場所を得ていました。ですから，1945年の選挙後も，グラマー・スクールが人々の理想となったことは，驚くべきことではありませんでした。

　エリートの教育形態に対する民衆の敵意は，戦争自体によっても失われていました。陸軍時事局は，軍隊内部での新しい理想主義の広がりを助長しました。ペンギンの商標をつけて刊行され始めた「スペシャルズ」だけでなく，BBCのブレインズ・トラスト[*2]や新しいレフト・ブック・クラブ[*3]のようなラジオの人気番組もすべて，新しい能力主

---

　　*2)　ブレインズ・トラスト（Brains Trust）は，1941年1月1日にBBC4で放送開始され，1949年5月に終了したラジオ番組である。リスナーからの質問にディスクジョッキーが回答する方法がとられ，当時の聴取率は29パーセント，投書数は毎週，4,000通から，5,000通ある人気番組であった。その後，1950年にBBCテレビに移行した。

　　*3)　レフト・ブック・クラブ（The Left Book Club）は1945年に始まり，以後，大きな影響力をもった。社会主義者の力を発揮するために，社会主義者の政権やプログラムにおいて労働党出身者の意見を形成するのを助けた。

義がこれまでの特権を一掃しているという意識を広げるのに役立ちました。これらすべてのことによって、政治家も教育関係者も、ますます重要な教育問題となっていく生徒の進路に焦点を合わせることになりました。ただ、例えば、1941年1月、『ピクチャー・ポスト』がA・D・リンゼイ（「教育理想の進展をめざしたリーダーのひとり」）の著した教育論文「イギリスの計画」を提案する特集号を刊行したのですが、その時、カリキュラムについて何も言及されなかったということは重視すべき点です。リンゼイはイギリスの教育制度の喫緊の4つの重要事項を確認し、未だに「貧困層と富裕層の制度が別々になっている」という事実に焦点を合わせました。彼はこの国の教育には階梯があり、貧困層の子どもへの教育があまりにも早く終わってしまうことが重要な問題である、と強調したのです。そして、その時、その時代にできる最良の知恵は何かと考えたのです。彼は、パブリック・スクールを国家の教育制度により近づけて統合することを要望しました。そして、ある別の話の折に、広く支持された見解を示してこのように述べたのです。

　　　非常にさまざまなタイプの中等学校が存在するのは、悪いことではない。悪いのは別の点である。どの子がどの学校に通うかについての決定は……能力や適性ではなく、財産と階級に左右されている。こうして創出された社会的分断が、著しい悪なのである。[2]

　同時代の賢者のこの的確な要約によって、第二次世界大戦後に、なぜ過不足ないカリキュラム内容よりもむしろ生徒の進路の問題が政治的議論の第1の焦点となったのかがわかります。

　この考えに着目すると、もうひとつの意味が現れてきます。それはこのころに起きていた現象です。当時、政治の関心は徐々にかつ容赦なく旧い基礎教育（新しい初等学校）セクターから中等教育セクターに移っていました。教育制度の観点から、知能のタイプ分けが必要であるということが強調されました。そして11歳時の試験における選抜の公平性にますます焦点を合わせていきました。このことは、文部省が1948年に刊行した『国民の学校』に、はっきりと反映されていました。この刊行物は、学校教育のために適切な選抜が避けられないのは、子どもたち

が成長するにつれて広がる彼らの生得的な差異にある，ということを強調しました。しかし，第二次世界大戦前に新教育を求めた人々の圧倒的多数は，基礎教育段階の学校で新教育〔の価値〕を確認し続けておりました。ですから，基礎教育段階の学校での論争は，ますます時代遅れで時代の要求に合っていない，とみなされるようになっていったのです。

　結局，1945年選挙後の最初の労働党政府は，途切れることなく進行していく危機にほかならないものを取り扱っている，ということに気づきました。完全雇用は，とりわけ対外貿易の面で絶望的な経済状況にあった現実に反していました。1947年の寒々とした冬は，国を弱体化させました。食料などの供給問題では，1950年代初期まで配給を続けざるをえませんでした。これに追い打ちをかけるように教育制度上の難題が現れ，復員兵は直面している難題にそれぞれ独自の仕方で貢献せざるをえなくなったのです。この難題は，出生率が1947年に未曾有の水準に達し，政策立案者たちの関心を，教育する場所の提供や臨時教室の準備に集中することを余儀なくさせました。そして，教員の供給を大戦後期にまで長引かせることを決定づけてしまったのです。このような状況を考えれば，その後の労働党政府が（1947年に実施することが計画されていた）学校離学年齢の引き上げを一時的にでも後回しにする考えをもったことは十分に理解できます。また，そのような動きは，彼らに政権をとらせた人々にとってはとんでもない背信行為になったという見方ができることも，同様に理解できます。しかしながら，政府は，学校離学年齢の引き上げを推進する決意を固めつつも，すぐに対応しなければならない現実的な緊急事態の出現によって，教室実践の革新のための再検討よりもむしろ数年間の教育政策の支配を確実にし，「新教育」を破滅に導いたのです。

進歩主義の陳情団
The progressive lobby

　こうした憂うつな状況にもかかわらず，もっと革新的な取り組みを教室という実践の場でしようとする動きがあり，それに同意する人々がなお多くいました。大戦前の進歩主義教育の論争に加わった者もいれば，

初参加の者もいましたが，要するに彼らは一斉に声をあげたのでした。何人かは，影響力のある地位にいました。

　第1に，第二次世界大戦直後の数年間に影響力をもっていたのは，現役の教育長らでした。彼らは戦間期に活動した新教育連盟[*4)]の運動に彼ら自身が感化され，自らの管轄下の学校で少なくともある程度は教育上の実験を奨励できる立場にいた人々でした[3)]。おそらく彼らのうちで最も著名なのは，アレック・クレッグでしょう。彼はロンドン・デイ・トレーニング・カレッジで教員になるために訓練を受けたグラマー・スクールの元教師でした。彼は1945年にウェスト・ライディングの教員〔教育長代理〕に任命され，その年が終わる直前に，教育長に就任しました。ピーター・カニンガムは，「子ども中心主義，カリキュラムの統合，学校環境の配慮のような進歩主義の原則は，彼の施政によって広まり，その発展と革新を特色づけた」[4)]と論評し，ヨークシャーにおけるクレッグの影響を見事に要約しています。しかし，次のことも注目に値します。カニンガムらが彼の影響力（芸術教育に焦点を合わせたこと，教師に教育上の実験を奨励したこと，「インフォーマル」[*5)]教授の支持）のゆえであるとしてきた主導権は，すべてのちの1950年代と1960年代にクレッグ体制下で実を結ぶことになったということです。

　クレッグとは対照的ですが，もうひとりの改革主義の教育行政官にスチュウート・メイスンがいました。彼は1947年にレスターシャーの教育長に任命された人物です。彼もまた進歩主義に直接的な影響を与えた，と実証することができます。メイスンは当初から，査察体制よりもむしろ助言体制を主張し，レスターシャーの多くの学校の，日々の実践とまではいかないにしても，学校の雰囲気を一変させることに成功しました。幼児教育の助言者として彼が最初に任命したひとりの人物は，フレーベル主義者で，「イギリスの保育学校協会の偉大なる指導者」のド

---

　　*4)　第1章訳註*12)（本書24頁）参照。
　　*5)　プラウデン報告書以降，進歩主義教育を唱導する人々は，'informal education' や 'informal teaching' という表現を頻繁に用いた。彼らは，正規の教育や形式ばった教授法を排除し，それに代わって，教師が目の前の子どもの状態（興味・関心など）を把握し，それを踏まえて，教師自身がトピックや教材を考案し，それらを用いて教育した。また，こうしたアプローチを採用することによって，教師の自律性，さらには教師の専門性を強化しようとした。

ロシア・フレミングでした。除隊して戻ってきたある教師は，1947年に次のように論評しています。

> 私は，フレミング女史が創り出した新しいわくわくするような環境に戻った……。顕著な変化は，主に子どもたちが教室のなかで動くことができる自由であった。それまでは，子どもたちは教室に入ってくると着席して動くことがなかった。教師は子どもたちから遠く離れた存在であった。また，子どもたちは，右手で書くことを強いられた……みな同じ速度で進まなければならなかった。このことと比べてみると，1947年ごろには数人の子どもが教室の隅に行って本を選ぶのを許可することができたし……干渉しないでそのままにしておくこともできるようになった。[5]

フレミングは，教育新聞を用いることを厭わず，そこで自分の考えを表明しました。1949年，彼女はタイムズ教育版への書簡のなかで，自らの信条を次のように述べています。

> 黒板とチョークと講話方式による旧式の形式主義的な教授法。この旧式教授法に固執する多くの人々には，無知と恐怖，不信がある，と私は思う。彼らは大人数学級が良い，と思って新しい教授法を拒んでいるわけではない。また，活動的な教授法が子どもたちの最良の興味をひくわけではないという知的判断によって，それを拒んでいるわけでもない……平均的な能力を有した誠実な教師の手中には，50人学級で行われる自由な学習活動を妨げる活動は何もない……地域によっては，貧弱な校舎，学級の規模や不十分なスペースによって遮られている影響力を過度に強調する恐れがある……的確な考えをする人々が適切な心構えをもてば，物質的な障害に対しても名誉の勝利を得ることができる。[6]

ハートフォードシャーでは，革新的教授を求めるジョン・ニューザムの取り組みがありました。彼の大きな影響力は教室環境にも，また校舎や教室空間のデザインにも見られました。ニューザムは，ケンブリッジ

シャー立カレッジの責任者であったヘンリー・モリスの友人で，同門です。ニューザムは1940年に教育長に任命されました。そして，1940年代後半には，自分がロンドンの新興住宅地の過剰人口の影響を受けているということを実感したのです。この新興住宅地のうちの4つは，ハートフォードシャーにありました。スチュアート・マクルーアは，ニューザムについてこう論評しています。彼は「子どもは，彼または彼女が教育を受ける環境全体によって教育される」という信念で，「魂を高揚させ，精神知能を高尚にする」[7]学校を欲していたのだ，と。すでにニューザムは，最新の教育運動に熱心な建築家チームを側近として抱えていました。しかし，最初のうちは文部省の離学年齢引上げ学校建築増大事業が抱えていたひどい現象から逃げられませんでした。ニューザムは離学年齢引上げ学校建築増大事業をそのチームに依頼していたのですが，ハートフォードシャーには，1947年から1950年までの間に離学年齢引上げ学校建築増大事業によるプレハブ施設が600以上も建設されたのです。しかし，これらのことにも，実は何らかの改革の可能性がありました。1951年に新設されたハートフォードシャーのある初等学校がプレハブ校舎の最初の学校となりました。そして，ニューザムのチームは，プレハブ校舎を生徒たちのニーズに合わせて改造したとして，離学年齢引上げ学校建築増大事業から報償メダルを贈られたのです。興味深いことに，彼ら3人の傑出した地方教育行政官がそろって共有していたのは，芸術教育の造形力が有している価値への信念でした。しかも，3人とも芸術教育そのものの発展と同様に，彼らが管轄する公立学校に芸術作品を供給することに着手していたのです。

　3人の地方教育行政官と同様に影響力があったのは，学校査察に従事していた数人の勅任視学官でした。彼らのなかにも現代的な考え方をする者がいました。最も良く知られているのが，かのクリスチャン・シラーです。彼の経歴を見れば，彼は進歩主義の「主流派」の人物の典型的な事例のひとつといえましょう。彼は進歩主義のある私立学校で教職経験を積みました。そして，イングランドの公立初等学校の実践に多大な影響を与え貢献したのです。シラーは，ケンブリッジ〔のシドニー・サセックス・カレッジ〕で数学を学んで卒業し，クレッグと同様にロンドン・デイ・トレーニング・カレッジのパーシー・ナンの教育を受

け，恩師のひとりで，グレシャムズ校からグロスタシャーにある進歩主義の私立学校，レンコム校[*6]の校長になって異動したJ・H・シンプスンとともに，自らの教職を開始しました。シラーはレンコム校で幾何の教育改革に熱中しました。そして，エリートを育てる〔パブリック・スクールへの進学準備校である〕私立初等学校グループの組織した数学協会の幾何教育委員のひとりになったのです。このことによって，彼は学校の勅任視学官に任命され，戦間期にグロスタシャーでアレック・クレッグとともに働くことになりました。シラーは1946年に最初の初等学校幹部勅任視学官となりますが，教授法に関する論争に彼が大きな役割を果たし始めたのは，経歴上はこの時からでした。彼は，数学，芸術，体操への斬新なアプローチこそが初等学校でのより良い学習の鍵である，との信念をますます強めるようになります。そして，選りすぐりの教師たちのための小規模な現職研修コースの設立に着手し始めました。彼らの多くは，その後，初等教育改革の指導者となり経歴を積んでゆきました。それにもかかわらず，彼は自分の創設した現職研修コースの正規試験の再考を拒絶したのです。そして，そのことで外部認証をともなう教育制度内の争いにますます巻き込まれ，これがのちの職歴に暗い影を投げかけることになりました。1956年，実はこのことが原因で彼は勅任視学官を辞し，ロンドン大学教育学研究所の上席講師の職に就き，転職後の仕事を広げていくことになります。

戦後期のシラーの親しい協力者はロビン・タナーでした。彼は，芸術教育のもうひとつの拠点となるゴールドスミス・カレッジを卒業した人物です。タナーは教師職を経て1935年に勅任視学官となり，リーズ，グロスタシャー，そして後にはオックスフォードシャーで働きました。タナーはこの最後の勤務先でイディス・モアハウスとともに働きます。彼女は，1946年にカウンティ立学校の指導主事に任命されていました。タナーと彼女は盟友となり，彼女は，1960年代から1970年代にかけて，児童中心主義の考え方を普及し重要な役割を果たしたのです。この関係で，タナーもクレッグと親交をもつようになり，やがてシラーとも

───────
　*6) レンコム校（Rendcomb School）は，パブリック・スクールを改良する仕方で1920年に設立された寮制の学校である。チャーン川（River Churn）を眺める丘陵地にあり，その自然環境を生かしながら新しい教育をめざした新学校として知られている。

親交を結びました。シラーは，クレッグと協力して教師になったばかりの人たち向けの初期現職研修コースの設立に関わりました。タナーは，美術，工芸，音楽や詩の探究だけでなく，自然の事物の学習もまた人間の可能性の十全な実現のために不可欠であると考えていました。彼自身も芸術家でした。クレッグがウェイクフィールドの奥地に設けた現職研修センターであるウーリー・ホールで，タナーは展示会をたびたび開きました。そこで自分の作品をともに飾ったのです。

　初等学校の指導主事でもうひとり着目すべき人物がいます。それは，オックスフォードシャーで働いていたJ・C・ガッグです。彼はイーストボーン教育カレッジで教師教育の仕事をした後，指導主事職に昇進しました。初等学校教員のための彼の著作，『初等学校の常識』は，「広まりつつある進歩主義的な考え方の利用を勧める」[8]ことを意図していました。ガッグは，同時に，教室での教授法改革が以前の教授法の完全な拒否を意味するわけではない，ということを保証したいと切望していました。タイムズ教育版への1947年の手紙で，彼は編集者に次のような謝辞を述べています。

　　貴紙の折衷案の事例を読んで，非常に元気づけられました。初等学校でのより自由な方法の奇抜さがその支持者の過剰な熱狂のせいである，ということはほぼ疑う余地はありません。活動，プロジェクト，興味の中心性に関する唱道者たちは，あなたがたが彼らを何と呼ぼうとも，これまでさまざまな文章のなかで非常に激しく〔古い教授法を〕攻撃してきました。それで，学級教員の50パーセントの者は，息をのんでその勢いが通り過ぎるのをじっと待ち続けたのです。今や，学校のすべての時間が活動に向けられるべきだと本気で提案する者はおりません。ただ，最近，例外も出てきました。活動によって教授する活動学習の方法についての一連の書物は，これまで用いられてきた形式張った時間割を完全に破棄すべきだ，という印象を確実に与えてきました。そうなると，本当の答えは，折衷案のなかにあるように思われます。[9]

　視学局内部には，同じ見解をもち，第二次世界大戦直後の数年間に，

教授法，とりわけ初等教育段階の学校の教授法の議論の促進に寄与した教育関係者らの，かなり緊密なネットワークがありました。ガッグはその一員でした。

　教育行政官，勅任視学官に次いで出てくる3つめの状況は，次第に増大する教員養成セクターで見られるようになりました。教員養成の3年間課程は1960年まで導入されませんでした。しかし，より多くの教員需要がありました。この需要は，数々の新しいカレッジが設立されたこと，そして既存のカレッジが新しいカレッジの急速な拡大の衝撃を実感したことに現れました。新しいカレッジに採用されたチューターたちの多くは，教室での授業改革に共鳴していました。そして，たとえ彼らが任命時には授業改革に熱心ではなかったとしても，現在行われている実践を強固に弁護することは，良くて時代遅れ，最悪の場合は妨害者とみなされると，彼らはすぐに気づいたのです。

　彼らのうちで最も著名な人物は，ニューキャッスル大学教育学部のチューターのメアリー・アトキンスンでした。彼女は『ジュニア・スクール[*7]の基礎要件』の作成に協力するよう北東部の初等学校教員たちに勧めた人物です。その本では，「ジュニア・スクールの伝統的な目的概念は，改革に対する最大の障害である」[10]とまで論じられました。もうひとりの著名な人物は，教師教育に携わっていたW・K・リッチモンドです。リッチモンドは，彼の著作『ジュニア・スクールの目標』のなかで，第二次世界大戦後の学校は昔の授業スタイルに戻って落ち着きつつあり，活動的な方法論を求める叫びが聞こえている，と論じました[11]。こうした人々以外にも著名な執筆者や論者がいます。例えば，M・V・ダニエルやナンシー・キャティを挙げることができます。ダニエルは重要な役割を果たした書物，『初等学校の活動』の著者であり，ハートフォード教員養成カレッジの校長でもありました。ダニエル

　　＊7）　イギリスの学校は，歴史的・宗教的背景，地域性，私立・公立の違いなどによって名称に違いがある。そのため，各学校を一義的に定義することは難しい。ここでいうジュニア・スクールは7歳から10歳までの子どもが通う学校であり，4歳から6歳までの子どもが通う幼児学校（Infant School）を終えた後の学校として位置づけられている。また，5歳児の1学年（Year 1）から10歳児の6学年（Year 6）までで編成される初等学校（Primary School）の一部を成している。現在の教育制度上の用語で言うならば，ジュニア・スクールはキー・ステージ2に相当する。（本書316頁参照）

は，「新しい地平を切り開くことを恐れている者たちを励ますこと」に努めました。彼女の本の多くは，実際の活動方法の詳細な記述に割かれていました[12]。ナンシー・キャティは，1928年にゴールドスミス・カレッジを退職したのですが，ゴールドスミス・カレッジが重視してきた芸術教育の責任者のひとりにまでのぼりつめました。退職後も彼女は長く活動し続けました。彼女の著作『ジュニア・スクールの学習と教育』（1941年）は，大戦後の教師世代にも影響を与えました[13]。さらにもうひとつの重要な見解は，ロンドン大学教育学研究所のチューターのドロシー・ガードナーによるものでした。ガードナーは，労働者階級のグラマー・スクールへの入学者調査をしたA・H・ハルゼー[*8]に協力した人物です。彼女は1950年のタイムズ教育版で，新しい授業スタイルへの移行は，調査研究によって実証されなければならないと論じました。そして，ジュニア・スクールの授業の中心に「調査方法」を据え，そこで働く教師たちをこう評しました。「学校教育の第一段階にいる子どもたちのより強いニーズを最も重視する勇気をもっているジュニア・スクールの教師たち。彼らには，知識水準を保ち，より注意深く取り組む同僚がいる。その知識水準は，自然な方法で子どもたちを学ばせて実現した学力である。このことにしばしば驚かされる」[14]と。

　教育出版物は，こうした人々や同じ見解をもつ同僚たちの意見をますます多く伝えるようになりました。『教育』，『教育ジャーナル』，『新世紀』[*9]は，こぞって進歩的なイデオロギーのための意見を集めて載せていました。タイムズ教育版からも条件づきながら支持が寄せられました。ただ，後に明らかにしますように，タイムズ教育版は評論や批判をきちんと掲載せずに，教室実践改革を激しく攻撃する人々の考え方を広めようともしていました。評判を上げるためにこうした発表の場が利用

---

　*8）　ハルゼー（Albert Henry Halsey, 1923- ）は，イギリスの社会学者であり，オックスフォード大学の社会・行政学の名誉教授である。近年刊行された邦訳書には，潮木守一訳『勃興と凋落――科学と文学のはざまで』（世織書房，2011）がある。

　*9）　『新世紀（*The New Era*）』は，新教育運動を糾合していた新教育連盟（New Education Fellowship, 1921-1966, World Education Fellowship, 1966- ）がその前年から刊行していた季刊雑誌である。1921年から英語版，フランス語版，ドイツ語版が刊行されてきたが，第二次世界大戦中ごろから英語版だけになり，今日に至っている。第1章訳註*12）（本書24頁）参照。

できること，これは大変重要なことを意味しています。というのは，それらの教育出版物は，批評家が危機を主張することを容易にしつつ，教室実践の現場で起こっているいかなる改革も，実際より広がりをみせておりまた急進的でもある，という印象を間違いなく世間一般に与えたからです。このように，教室実践の議論は，深く追求して考えることをしないまま政治的な色彩を帯び始めていきました。

本書の論証の文脈において重要なことは，このようなひとつの新しい取り組み（あるいは，いくつかの新しい取り組み）を唱導するほぼすべてが，初等教育段階の学校に焦点が合わせられていたことです。しかし，戦後の耐乏生活の現実，出生率の上昇，資格をもつ教師の不足などで，初等教育段階の学校はとくに困難な状況にありました。その結果，教育の専門家たちのこのような意見のやり取りの大部分は，少なくとも大戦直後の時期には耳を傾けられなかったのです。

一方，中等教育段階の学校で働く人々は，別の太鼓に合わせて行進していました。それは万人のための中等学校教育を実施するために，異なる種類の知能のタイプに着目したさまざまなタイプの学校の設立を意図するものでした。そして，すべてが「平等評価」できる試験の実施，診断，申立てという強力な制度によって補強されていました。このような政治的な拘束状態の打破がいかに困難であるかは，おそらく文部省自身の刊行した『新中等教育』（1947年）を詳細に引用することによって，最もよく理解することができるでしょう。『新中等教育』は，数年前のスペンズ報告書とノーウッド報告書が最初に記した，あの三分岐システム[10]の必要性を述べた自らの根拠を激しく攻撃するものとなったのです。

　　これまでの経験は，子どもたちの大部分が，具体的な事物を扱い，

---

　*10)　三分岐システム（a tripartite system）とは，学業成績に応じて，成績優秀者より順にグラマー・スクール，テクニカル・スクール，モダン・スクールの3種の学校に振り分けていく制度である。この制度は1938年スペンズ報告書において提言され，1944年教育法によって「すべての者に中等教育」を提供することが保障されたことを受けて整備された。能力別に振り分けることによる弊害が指摘され，1950年代末から1960年代終わりにかけて総合制中等学校運動（Comprehensive School movement）となった。1970年代末には3種の学校は総合制中等学校に置き換えられた。

そして自らの日々の経験に根づいた授業の課程にしたがうことによって最も容易に学ぶということを示してきた。それ以外の何らかの課程が必要であることを十分に示すような、特定の関心や素質を表している者は、11歳の彼らのなかにはほとんどいないだろう。自らの生き方にそって自由に発達できる雰囲気のなかで行われること、多くの分野があり、良い教育を提供すること。そんな学校でこそ、大多数の者は最も良い成果を上げるであろう。そのような学校は、彼らに一連の多様な「教科目」と技能を実際に試す機会や、最も魅力を感じるものを追求する機会を与えることだろう。この中等モダン・スクールが受け入れているのは、こうした機会を与えられている大多数の者なのである。

　他方、子どもたちのなかには、極めて早い年齢段階で、工業や農業の分野で働くことを決めてしまっている者もいるだろう。この仕事は理科や数学の特殊な素養を必要とする。その他の子どもたちには、モダン・スクールが提供するものよりももっと適した課程、とくに商業科目、音楽、芸術に重点をおいた課程が必要になるかもしれない。彼ら少年少女は全員、中等テクニカル・スクールで最良の就職先を見つけ出すであろう。

　最後になるが、能力と素質によっては、中等グラマー・スクールが提供する書物と思考に重点をおく、ある種の教育課程を必要とする者が一定の比率で存在するであろう。彼らは抽象的な学習に魅力を覚えている。彼らはグラマー・スクールの最大の特徴である「シックスス・フォーム」から利益を得るために、十分に長い正規の在学期間を準備されるべきである。

　中等課程の3つのタイプのすべての学校には、「書物」も「活動」もともに極めて重要なのである。つまり、いかなる学校も、「書物」あるいは「活動」のいずれかに偏った学習活動をするわけにはいかないのである。[15]

　端的に言って、この文言は文部省が普通中等教育のカリキュラムの意義を要約したものに他なりませんでした。もちろん、それは、グラマー・スクールが依然として最高の地位にあることや、後述しますよう

に，後に続く数年間に教授法の議論が広がり，それにつれてこのことが重大な意味を示すことになるということを意味していました。

カリキュラム論争 ——反体制派の声
The curriculum debate: maverick voices

第二次世界大戦後の数年間は，先述した「進歩主義陳情団」が学校カリキュラムについての合意を進展させつつある，という印象をまわりの者たちに与えていたようです。しかし，まさにその時期に，国のいたるところで，ずっと気まぐれで行き当たりばったりの広い範囲にわたる意見があった，という証拠を挙げることができます。1944年教育法は，カリキュラムの問題に関しては依然として沈黙を続けていました。大勢の歴史家が指摘してきましたように，教室のなかで行われていることは，独占的なものではないにしても主に教育の専門家の領域である，と広く考えられていました。それは，政府も行政機関もともに沈黙し続けていた論題でもありました。

この沈黙は，イングランドの人々には共有されませんでした。学校カリキュラムの提案を新しい文部省に書き送る市民の数が増えていきました。それはおそらく責任逃れの立法が引き金となり，また普通中等教育の到来によって拍車がかかったためでしょう。この時，彼ら市民が煽られた証拠はありません。しかし，公文書館[16]にある3つの豊富なファイルのなかには私たちに残されているものがあります。それらは学校で実施すべきこととすべきではないことに関するものですが，広範でしばしば調和を欠き，かなり反体制的で，著しく個人主義的な考え方をする社会を垣間みせてくれます。また，その本質において興味深いだけでなく，現代のイギリスで学校カリキュラムが，いかに，そしてなぜ発達したかを理解しようとする者に対して重大な問題を提起しています。以下で取り上げる手紙は，こうしたファイルの特徴を伝えています。そして，また解釈することを求めています。

これらの手紙のなかには，非常に時代遅れのようでありながらも，しかし依然としてその中身自体は政治的に重要な事柄を取り扱っているものがありました。また，まさにイギリスのビジョンを反映しているもの

もありました。例えば、「林業の男達」は、1946年7月、エレン・ウィルキンスンに手紙を送り、イギリスが木の国であることを指摘して、「樹木と林業という科目をすべての学校のカリキュラムに組み込むことはできないだろうか。……私たちの日々の糧は、地球の肥沃さによるものだ」と依頼しました。田園であれ都会であれ、あらゆる子どもがあらゆるタイプのイギリス固有の樹木を葉や花や果実で識別できるようにすることが必要だと、彼らは考えていました。そのほんの一か月後のことですが、政治的に対極の立場にあるイギリス海軍予備隊のニコルスン大尉が、子どもたちは全員あらゆる種類の海上の船舶を識別できるようにすべきである、と自分の立場を主張しています。「幸福と生存の多くを航海に依存しているこの島の住人の大多数が船や海運について無知であることが、私にとっては常に驚きであった」と彼は述べたのです。

　1945年5月、バーミンガム出身のエレン・ウィニクロフトは、このように論じる手紙を書き送りました。

　　事実を直視してみると、今日、完全に個別的で創造的な仕事をして生計を立てている若者は、ほんの少数しかいない。だから、われわれはより広い教育、決してより狭くならない教育をしなければならない。……すべての子どもたちに、基礎科目に加えて芸術的なことや、手仕事、多くのリトミック、筋肉を使う競技を学ばせよ。そして彼らをして教師に影響を与え、才能を見出す試験を彼らに施せよう。……人智学の訓練を受けた教師をすべての大規模学校にスタッフとしておくことは、心配無用であり大いに有益だと私は思う……彼らは子どもたちの背後に立って、子どもを適切に動かせる訓練を受けてきたに過ぎないからである。

　提案はひっきりなしに寄せられました。例えば、すべての学校での応急対応として、「生徒すべてのための家庭工芸と性教育」、職業体験としての工場訪問、平和を維持する鍵となる現代外国語に重点をおくこと、タイプの必修授業に必要なタイプライターをすべての学校に設置することなどです。1945年5月、H・G・サイムズはデボンから文部省に「怪我に対する有効な備えとして」手先の器用さを教えるとともに、チェス

の学習と研究を必須にすることを訴える陳情をしました。1946年9月には，すべての学校は，「開発しうる美しい精神の覚醒」のために著名な建築物の模型を備えるべきである，という提案がありました。サマーセットのカウンティ議会は，酪農家を育てるのがますます困難になりつつあるので，すべての中等学校で酪農を教授することを希望しました。そして実際にそうなりました。さらに例えば，必修の水泳授業，すべての学校でのメートル法体系（しかし，インチに基礎をおくメートル法であり，そのために十二進法を優先することを残していたのです！），算数の成果を上げるための鍵となる音楽を強調する「音楽規則と算術」の小冊子，学校での簡略化綴り字システム，産業関係史の必修教授，礼儀作法の必修教授，セシル・ロウズ[*11]（各授業を私の帝国頌歌で終わらせよ。あなた方が必要とするだけ私の頌歌の配給本をもっと印刷させよう）を中心にしたカリキュラムで帝国地理を毎週の必須授業にすることなどです。

　1947年11月，英国バレエ団は「王室舞踊アカデミーの新シラバスを正規のカリキュラムとして学校に導入すること」を求めました。これに対して，文部省は冷ややかに「われわれは，国庫補助学校にはいかなる特定の舞踊シラバスも推薦しない。また，教育政策のいかなる変更も期待されてはいない」と応じました。さらに，かなり露骨なのですが，1948年2月，ウェールズのナショナリスト・ウンデブ・キムルー・フィッド[*12]の長官のW・D・トマスは，ウェールズ語をイギリスのすべての学校で必修にすることを要求しました（「ウェールズ語を完全に使いこなすことを，教養のあるすべてのイギリス市民は身につけるべきである。……すべての学校でそれが必修科目になれば……イングランド自身が精神的に豊かになるであろう」）。この当時まだ労働党平議員であったジョージ・ウィッグは，1950年7月，ナショナル・カリキュラムの導入を検討するよう文部省に圧力をかけました。この時は何も起き

---

　　*11）　ロウズ（Cecil John Rhodes, 1853-1902）は，「アフリカのナポレオン」と呼ばれたイギリスの第6代首相（1890-1896年）である。
　　*12）　ナショナリスト・ウンデブ・キムルー・フィッド（Undeb Cymru Fydd = The Young Wales Union）とは，1941年に設立された青年ウェールズ組合である。ウェールズの文化やウェールズ語を守ることに関わった圧力団体として知られている。この組合はウェールズ教育委員会立中等学校の改革や，ウェールズ語のメディア規程の改革を求めて運動した。

ませんでしたが，実は，これはホワイトホール〔イギリス政府〕での突然の秘密裏の活動を生む陳情のひとつとなったのです。

またとくに記憶されるべきは2つの手紙のやり取りです。公文書館にある書簡ファイルには，まず，脚本家のジョージ・バーナード・ショーの遺書を保管したいくつかのセクションがあります。1951年7月，彼の管財人は，40文字からなる音素の「英国アルファベット提案」という彼の遺作が求めていることに注意を向ける手紙を文部省に送りました。その手紙は，文字を教えるために十分な調査をすることと，ショーのいうアルファベットをすべての学校で採用することを要求していました。『アンドロクレスとライオン』をこの新しい音素アルファベットで表記し，すべての学校で十分に利用できるよう複写印刷することが提案されたのです。そのために，有り難いことに，ショーの資産を使い，それによってこの工程をうまく進めていこう，という申し出がありました。徹底的に調査した後，文部省は何も行わないことにしました。2つめの手紙のやり取りも同じ年のものです。それは，グレィシー・フィールズのマネージャーで人気芸人のバート・アーザの書簡でした。彼はこう書いていました。

　　私たちは毎日，グレィシー・フィールズの写真を欲しがる子どもたちからの手紙を何十通も受け取っている。だが，その多くは1ペニー切手しか同封していない。だから子どもの1ペニーは無駄になり，写真がもらえないという失望が加わるのだ。

アーザ氏が最後の部分ではっきりと書いているのは，切手の適切な使用法，とりわけ切手を貼り，宛名を書いた返信用の封筒の使用法を子どもたちに教えるのに，学校は今よりもはるかに多くのことができるはずだ，ということでした。何千という子どもたちの幸福にあれこれの意見を取り入れて考えるのは，文部省の仕事だったからです。

こうした広範囲な提案がもたらす第1の論点は（引用した事例は，かなり大きな郵便袋のなかのほんの一部分に過ぎないことも強調されなければならないのですが），彼らの提案が私たちのイメージする社会を打ち壊す助けになるということです。私たちが理解してきた社会は，す

べての学校に割りあてられたカリキュラムに静かに黙って従う社会です。しかし，これらの書簡からは，むしろ学校で行われていることについて，かなり気まぐれで特異な理解をする社会，という印象が出てきます。また少なくとも幾人かの議員からは，良くて反体制的，最悪だと奇異に見える考えや計画を推し進めようとする社会，というイメージも出てきます。

そして，これらの書簡からわかる第2の観点は，学校のカリキュラム（と学校で行われていることの全体）が，成長産業になりつつあり，あるいはそのようなものとみなされつつあった，という点です。露骨な手紙を送ってきた幾人かの投稿者もいます。彼らは自分の商品を宣伝し，売上げを伸ばすことを見越したカリキュラムの改定を提案したのです。ユニバーサル・エンジニアリング・オブ・クロイドン社はすべての学校での風向計の設置を要望し，ピットマン・オブ・ヘイスティング社は，生きたカエル，イモリ，蛇の標本を大量に販売し，配達しようと申し出ました。アズベリー・アンド・ブロディー・オブ・バーミンガム社は速記の必修授業を希望し，ビンガム・エマージェンシー・トゥリー・プランティング・サーヴィス社は，すべての学校が再植林政策に関わるべきだと考えました。さらに，プレミア・パンチ・アンド・ジュディ社の経営者のロゥリー・ラットは，操り人形の必修授業をすべての学校でするように要求しました。1947年には，また別の製造業者が次のように提案しました。これは有益なものでした。「私たちは電気制御の交通信号の縮小模型を製造しており，路上技術の実演では，この縮小模型は何らかの有用な目的に役立つと思われます」。この投稿者はさらに進んで，この器具が学校でいかに有益であるかを実演するために，本人自ら文部省に参上しようと申し出たのでした。さらにまた，国際羊毛事務局は1948年に，すべての子どもに『羊毛の不思議』の本を配布すると申し出ました。

ここで挙げたものは，教育の「商品化」以上でも以下でもありません。陳情者らのこうした存在は，工業や商業の揺籃期のマーケティング手段にとって，教育制度がどれだけ格好の標的と考えられていたかを示す証拠です。学校を市場として標的にするということは，多くの歴史家が考察してきましたが，彼らが明らかにした時期よりもずっと早い時期

にそのことは始まっていたようです。これらの陳情が成功したにせよしなかったにせよ、陳情する価値があると彼らが考えた、という事実が本質的に重要なのです。

　ただ、これらの書簡ファイルをより詳細に調べてみますと、他の見方も出てきます。必ずしも同じ言葉で表現されているわけではないのですが、まず、そこにある多数のテーマは、明らかに学校カリキュラムの特殊な要素に対して共通の関心を反映させたものであり、それらのテーマが周期的に出現していたということです。このことをいくつか確認することは可能です。ひとつは、カリキュラムは子どもたちが実際に必要とするものにずっと深く関わるべきだ、という一連の提案です。これらのなかには、奇妙なことにその後の展開を予感させるものもありました。1945年6月、プリマス商業組合は、「初等学校を卒業する生徒たちの一般的な水準は著しく低い。他の科目から、算術、書くこと、綴ることに毎日5分を……」割りあてることを提案しました。これは文部省の反応を引き出した陳情のひとつでした。R・A・バトラーは、これが「智恵と真実に満ちたきちんとした」提案であり、「現代の傾向は、広範なカリキュラムになっている」と議事録に書き留めました。このことは次のことを示唆しています。近年のカリキュラムの傾向は、広いカリキュラム以上のものを盛り込んでいますが、それはカリキュラムへの政府の思いに特異な見方が加えられ、そしてそれに近年の政策が提案するというやり方をとっています。こうしたやり方は、しばしば推察されている時期よりも古い起源をもつかもしれない、ということです。

　手紙のなかで暗に示された学校批判は、世紀末までにはなじみ深いテーマとなるものが何であるかをしばしば予告していました。例えば、1946年7月には、R・C・ディキンズが、次のように論じる手紙を書いています。

　　職業を得ようとする志願者が、もし速記、タイプ、現代フランス語や現代ドイツ語の知識をもっていれば、楽に暮らせるだろう……。なぜ彼らは若者たちに有益なそれらのことを教えないのだろう……。株式取引、標準商業取引、応急手当、タイプ、速記、現代語、料理、繕いものについての生きた知識を、誰もがもつべきであ

る。

　もうひとつの手紙は必修のタイプ授業に必要なタイプライターの購入の義務化をすべての学校に要求するものでした。
　1951年1月，リンカーンシャーのラウスのE・A・マウアーからとくに強力な陳情書が送られてきました。この投稿者は次のように記して，悪しき母親を作り出すことを許したという罪で学校を非難したのです。

　　『世界のニュース』が報じたように，この少女たちがミシン針を使って裁縫をしたことがないなどということが，本当にありうるのでしょうか。11歳から14歳の少女の大半は，かつては調理，洗濯，買い物，時には主婦業を教わり，しばしば実地訓練を受けたものです……。こうした有益な科目の授業はもう行われなくなってしまったのでしょうか。きっと，ダンス，演劇，化粧法，性知識や他の無益で有害な科目など，現代的な授業に時間を割いたからでしょう。それとも，ゲームにもっと多くの時間を与えるべきだというのでしょうか。今の教育制度とそのカリキュラムの急激な改編に立ち入った綿密な調査結果が出たことは，本当にとても良いことです。

　この投稿者のように大戦前の社会に戻る必要がある，と考えるのは彼女だけではありませんでした。彼らのいう社会はより安定していた大戦前の社会ですし，ジェンダー役割を認める教育制度が大きな役割を果たしていた社会でした。
　さらにこれらの手紙のなかには，カリキュラムの平準化というテーマがいくつか見られます。これは30年後に極右再結集のスローガンとなるテーマです。1952年1月，クックハムのA・H・スペンサーは痛烈な批判を表明した手紙を送りました。それは，この時代のすべて教育は間違っているというもので，とても早い時期に出てきたものです。

　　教育として認められてはいるが，生計を立てなければならない子どもたちにとっては，そうした教育は，実際には娯楽かあるいは全く価値のないものである……読むことも綴ることもできずに学校を卒

業していく……不名誉……なものである。学校放送……音楽と運動……これはパーティ・ゲームなのだ……。しかもあの成人教育……私には，なぜこれを納税者が補助しなければならないのかわからない……。保育学校は……廃止するべきだ。それは不必要な出費である……。徒弟制度……子どもたちがもっと早い年齢で学校を出て徒弟に就かなければ，古い技能はたちまち完全に失われるだろう……。教育費を削減する際に，真っ先に調査するべきものとして，芸術教育を挙げるべきである。まず最初に指摘したいのは，「芸術」として補助金が出されている点である。「芸術」は，巧妙な歪曲，堕落，愚かさといった考えでなされている。ある有名な共産主義者は，絵画芸術の世界を牛耳っている（ピカソを参照のこと）……。学校を卒業する年齢は，14歳まで下げられるべきである……。良く学んでいる者が，なぜ14歳で卒業して徒弟に入らないのか，私には理解できない。

これは結局のところ極端な内容の手紙とみなされました。しかし，それは大戦終了後の数年間に文部省に寄せられたような，千差万別の急進右派の教育指針であったというわけでもありませんでした。このことは，〔1950年代の〕期間ずっと支持され，やがて『教育黒書』[*13)]でより巧妙に表明されることになる急進右派アジェンダの出現を望む意見が長期間存在していた，ということを示唆しています。

大戦後の数年間を顕著に特徴づけるもうひとつのテーマは，歴史への新しいアプローチとしばしば関連する公民科の教育です。これが1951年以前の労働党政権時代にとくに強く主張されたということは重要です。それは，世界情勢の意味の重要性が増しつつあり，島国根性が危険であるという見方に立っていました。カリキュラムがあまりにも狭いという考えから，世界史をすべての学校で教えることを望む投稿者もいま

---

*13）『教育黒書』とは1969年出版の『教育への闘い（Fight for Education）』に冠されたタイトルである。それは，プラウデン報告書（1967年）に盛り込まれた現代的教授法を攻撃するものであった。その後，このタイトルは，教育水準の低下や総合制中等学校を非難して現れた一連の不定期刊行物にしばしば用いられ，政府批判を象徴するものとなった。政府の刊行する『白書』や『緑書』とは性質が異なる。

した。ある投稿者は，ポツダム計画をすべての子どもに説明することを希望しました。「ポツダム計画が意味するもののすべてを若者たちが知ること。これ以上に重要なことがあるとは私には思えない」。また，別の投稿者は，「外交上の合意によって，ロシアとの友好関係が期待されている。その展望を強化しなければならないので」ロシア語を第一言語にすることが大切だと論じました。陳情のいくつかは，平和維持の重要な科目として現代語を挙げ，その教育をより重視することを迫りました。その他の陳情には，民主主義の鍵となる，民主主義社会における労働組合の役割が明確に述べられ，それをさらに重視せよというものがありました。この労働組合の精神の下にエレン・ウィルキンスンは[*14]，下院で圧力をかけられました。それは国際連合の役割と領域に関する特別授業を彼女が主張するのか否か，また帝国記念日を国際連合記念日に変える気があるのかないのかといったことについてでした。しかし，のちの章で見ますように，1951年に一旦労働党が政権を降りますと，この主張は弱まりました。多くの者には，労働党政権下での公民権運動は行き過ぎであると考えられていたからです。マーケット・ウェイトン社のR・シップマンは，学校で帝国記念日を復活させることが緊急に必要だ，と考える多くの者のうちのひとりでした。「われわれは帝国記念日を復活させなければならない。6年間の社会主義政権下では，国民の国家，すなわち帝国および共和国に自然にそなわっている誇りを示すことが，ほとんど犯罪のようになってしまった」。

またこうした投稿文には，田園の出来事に対する強い感情も見受けられます。疎開経験は，都市生活者と田園生活者との間に生じた緊張を際立たせました。文部省が受け取った手紙は，明らかにこのことを繰り返し思い出させるものでした。疎開が残した遺物のひとつは，学校のカリキュラムについてのとくに偏見に満ちた見方でした。例えば，1952年，M・コーディリア・リーは，疎開が抱える問題を文部省に知らせています。「疎開者，つまり大都市出身の子どもたちの多くは，しつけられていない犬猫のようにふるまい，疎開先の家具のいくつかをめちゃくちゃ

[*14] ウィルキンスン（Ellen Cicely Wilkinson, 1891-1947）は，ミドルズブラ（Middlesbrough）労働党のメンバーであり，1945年，アトレー率いる労働党政権下でイギリス最初の女性文部大臣となった人物としても知られている。

にしたのです。というのも，彼らはより良い教育を受けていなかったからです」。彼女が提案する解決策は，古いカリキュラムを一掃してしまうことになった新しい科目を廃止し，「社会的行動」を教えることでした。

　不思議なことに，都会と田園のこのような緊張は，とりわけ鳥の巣探しという問題についての一連の陳情に現れました。文部省は大戦後間もない時期に，地方の田舎に行って鳥の巣探検をする少年たちを取り締まるように，という一連の手紙を受け取りました。それは田舎の陳情団からのものでした。彼らは，都会の少年たちが田舎の実情を知らないために大きな害を与える，と信じて疑わなかったのです。つまり，農業陳情団は，巣を空にする少年たちが鳥の主な餌である地虫や昆虫をうかつにも殖やし，かくして，作物の収穫に悪影響を及ぼしていると考えたのです。彼らは，田舎で適切な行動をするように子どもに教える，ということを強制するよう望んでいました。このことは少々奇異に思われるかもしれませんが，田舎を都会に対抗させるより近年の政治問題とそれは密接に連動しています。とりわけある投稿者は，1940年代にこの問題が政治化していくかのような，うまい表現を使っています。「神の全被造物の優しさと気配りが学校で教えられても良い時期だと思いませんか。子どもたちは全員，動物に対する優しさを教わるべきです」。彼女は，大戦中に田園地帯にいたロンドンからの疎開児童の残酷さに衝撃を受け，こう続けました。「ロンドン学務委員会は，労働党の勢力下にありました。この国の動物たちは，大義のために動物の命を奪うのを止めた保守党の先駆者たちに，感謝しなければなりません」。これが不明瞭で劣悪な議論であるにしても，これらのファイルにある書簡は，相互に関連するいくつかのテーマが一貫してずっと存在していた，ということを的確に示しています。そのテーマとは，都市と田園のよく知られたイメージの間にある敵意と緊張，主要な支持政党がわかる程の党との密接な関係性であり，そして，学校と教育制度が今でも都市の鳴らす太鼓に合わせて行進しており，この問題にますます鈍感になっていく教育関係者たちが地方の住民の要求と関心を見失いつつある，という感覚です。大戦後のイングランドでは都市の著しい拡大が起こり，そのなかで村々が人口過剰な郊外になっていくのですが，この過程で教育上のひとつの

結果が現れたということ,このことを私たちは否応なく想起させられます。

イギリスのマッカーシズム ――学校と共産主義者の脅威
A British McCarthyism: the schools and the communist threat

　上述の節で用いた書簡は,周期的に繰り返されるいくつかの幅広いテーマがあることを示唆しています。このことを認めるならば,その本質には,不調和で,散発的でしばしば反体制派的な陳情運動があった,ということも示唆されます。学校カリキュラムの内容と本質が問われているのは明らかです。ただ,その競争の正確な本質と意義は,何気なく読んでいる者にはすぐにわかるわけではありません。しかし,保守党政府復権直後の1950年代初期のころの,上述のファイルに見られる論調と内容双方の変化を見極めることは可能です。そして,そこでは,諸々の出来事をとても皮肉に読み解いているということが示唆されているのです。この時期こそが,カリキュラム論争がかなり調和のとれたものになったまさにその瞬間です。ブライアン・サイモンが示していますように,イギリスも,ベルリン封鎖と1940年代後半の冷戦の高揚に由来するマッカーシー*15)的反動を免れることはありませんでした[17]。それは,地方と国家双方のレヴェルでの教育政策に多大な影響を与えました。しかし,あまり知られていないのは,カリキュラム論争にとってのこの問題の重要性です。1950年代初期以後に変化したこの政治的背景を反映させるかのように,学校カリキュラム論争には明確かつ政治的な縄張り争いが見られるのです。

　この初期の兆候は,1949年3月に労働党の平議員のF・A・コブが行った議会での質問記録に現れています。彼は,算数の授業で利潤という概念を教えるのを禁じることを文部省に求めました。

---

　*15)　マッカーシー（Joseph R. McCarthy, 1908-57）は,アメリカ合衆国の共和党上院議員である。彼は1950年代にアメリカ合衆国などに存在していた,ソヴィエトの共産主義者,スパイ,信奉者に対して反共運動を指揮した。それゆえ,この弾圧運動はマッカーシズムと称されている。

私たちは次世代の者に，利潤についてのすべてを，そしてそれゆえに利潤とは良いものだという思いで教え続けている。しかし，これまでその教育が目標に到達していたとは，私には思われない……。もしわれわれが学校で使う書籍の改訂に着手するなら，共産主義や全体主義などからの非難が私たちに向けられることはなくなるであろう。これに関して何か対策を打つことはできないだろうか。[18]

　1940年代後半については，次のことを実証することができます。それは帝国についてより多く学習することを要求していた人々が，当時流行していた考え方とは正反対の位置に自らをおいていたということです。実は，彼らはカリキュラムの国際主義を公民科でもっと反映すべきだ，という考えをもっていたからです。
　その後，マッカーシー的反動が現れました。それは多くの人が社会主義の6年間の悪い影響だ，と考えたことによります。その最初の直接的兆候は1950年に現れました。モリス・H・ドゥ・L・クームスは，自分が最も恐れていることを綴った手紙を文部省に送りました。「私は，私たちの学校の教師を誑かす共産主義者の報告書に大変心配している……イギリスの子どもたちがマルクス主義の理論を詰め込まれないようにするために，貴省が行っている何らかの考えを教えていただきたい」[19]。彼はさらに，共産主義者による行政機関の支配について，長々と非難を浴びせています。とはいえ，この手紙はやがてやって来る事態のひとつの前触れだったのです。保守党が1951年に政権を取り戻したその瞬間から，右派のトーリー保守体制側は，文部省の説明を求めるキャンペーンに乗り出しました。右派の人々は，学校の社会主義者が子どもに6年間ものプロパガンダをやっており，それは大きな損害だと考えました。そして，それらを改めるよう説得したのです。それは，学校のカリキュラムとその運営についての，極めて大きな結末を迎える組織的活動でした。
　ある投稿者は，学校で国歌（の全編）が歌われるべきだと主張しました。1951年11月にリバプールのL・N・レルトンは，すべての学校で国旗を掲揚することを要求しています。「なぜなら，私は，共産主義者の大義を支持して社会主義者の名の下に結集しているリバプールの男女

の教師数の多さに唖然とし，そのことを心配しているからです」。セブンオークスの H・ベセマー・クラークは，その 4 日後，ディリー・テレグラフ紙に掲載された最近の 2 通の手紙を複写して送っています。ひとつには，次のように書かれていました。

> 私は 10 年間，工業地域で教師をしている。その方法が……とても巧みなので，その正体を見破るのが難しいような教師たちによって多くの子どもたちが社会主義者に変えられている，というはっきりとした証拠をもっている。反保守主義のプロパガンダとして意図的に用いられている教科は，歴史，地理と時事情勢である。産業革命の授業は，実際に行われた欺瞞の好例を示している。それは搾取労働と悪臭を放つ工業地域での劣悪な住まいのはるかに恐ろしい例である。そこでは，身の毛のよだつような豊富な詳述が引用されている。この授業は常にうまくいき，純真な若者たちに圧倒的な影響力を及ぼしている……。炭鉱では，女性が上半身裸になって，当然のようにシルクハットをかぶったトーリー党の資本家たちにムチで打たれて働いていた。このようなことを生々しい記憶とともに固く信じている少年たち。とりわけあまり賢くないような少年たちを，時折，私は見かけたことがある。[20]

次の数年間，この陳情運動は執拗なほど続いてゆきました。1952 年のメーデーには，一通の手紙がディリー・テレグラフ紙に掲載され，次のように論じました。

> 共産主義者は，経済的惨事と，それゆえに私たちをソ連の支配のたやすい餌食にするあの混沌を，イギリスに引き起こそうとしている。彼らは基本的に，労働組合と教育組織・青年組織への潜入を狙っている……。教育職は，大学教授から基礎学校教師まで，共産主義者とその仲間たちに荒らされている。それゆえ，共産主義者の危険は大きい……物知りの共産主義者は全員，売国奴である……。共産主義者と教育当局の行う指導は，鉄のカーテンの背後にある既存のすべての教育体制下に存在しているものである。そこには，西

洋，とりわけグレートブリテンとアメリカ合衆国への反感がある……。私たちは，ソヴィエト共産主義とその目標についての真実を人々に教えなければならない。[21]

さらに，ジョージ6世の死亡記事は，バークハムステッド出身の保守党支持者と文部省との書簡をもたらしました。

あなた方が地方当局に何の指示も出せず，またそうしたくもないのは知っています。しかし，国王の死と王室一族についての昨夜のチャーチル氏の放送内容がすべての学校で読まれるように指示することはできないものでしょうか。この瞬間がこの国の歴史の転換点になるかもしれないと，私は考えています。王室一族と私たちの伝統とが維持されていれば，共産主義が勝利することは決してありません……今日の若者たちは知るべきことをほとんど教えられていないのです。

興味深いことに，これは通り一遍の返事以上のものを受け取ることになった数通の投書のうちの一通でした。大臣のフローレンス・ホースブラ[*16]は，これには個人的な返書を送る価値が十分にあると思い，こう述べました。

私はあなたがおっしゃる多くのことに賛成です……。学校で教えることは，教師，学校運営者，経営理事者，地方教育当局に任せるという長くて賢明な伝統があり，それゆえ国の大臣がカリキュラムを定めているのではないのです。国家は，学校当局のこうした自由をいかなる点でも侵害してはなりませんし，またそのように見られてもいけないのです。たとえこのような場合でも，私が指示を出すことはできないと思います。[22]

---

*16) ホースブラ（Florence Gertrude Horsbrugh, Baroness Horsbrugh, 1889-1969）は，スコットランド統一党および保守党のメンバーであり，1931年以降，政治家として活動した人物である。1951年から1954年にかけて，チャーチル率いる保守党内閣で文部大臣を務めた。

この時期には，このような考え方が公式の見解でした。しかし，私たちには，これが実際に事実であった理由がわかるはずです。保守党政府は，右派の人々からの反動に直面していました。その中身は，彼らが国家計画と国家統制の10年間とみなすものです。これは中央政府がより多くの規程を課すというよりも，むしろ教育関係者たちが地方レヴェルでこうした事態の改善に向けて権力を再主張することに現れました。保守党政府がこれに頼ったのは必然的でした。
　1950年代初期，〔政権与党となった〕保守党一群の下院の平議員たちは，「自由活動基金」という活動団体を組織しました。そして，共産主義の危険を生徒たちに警告するためにイングランド南部の学校を訪問し講義したのです。実際には，学校の内部で共産主義の拡大に代わるマッカーシー流の運動を展開し，その効果を発揮し続けようとしたのです。その主要な設立委員には，外務大臣のアール・スタンホープの甥で教育院に勤めていたジョン・エデンや，陸軍中将のクリフォード・マーテル卿がいました。彼らの運動が脚光を浴びたのは，（もちろん議会の庇護があってですが）下院でカウンティ立アクトン校の校長のG・T・C・ジャイルスを主導的共産主義者と名指しで言ったことにありました。ジャイルスは著名な労働組合主義者で著述家でした。彼は労働党政府の側に立っていましたので，ずっと彼らの心配の種でした。全英教師組合の総裁として，ジャイルスは，学級規模を小さくすることに失敗していると保守党議員に小言を言っていました。彼の著書『新学校の束縛』は，大戦後に全英教師組合が再び主張した学級基盤（class-based）の教育制度を求める告発だったのです。ジャイルスが「自由活動基金」の活動団体の主な標的になるのは，当時，あまり驚くほどのことではありませんでしたが，ジャイルスへの「自由活動基金」からの攻撃は，逆にこうした彼らの活動を明るみに出したのです。
　1954年8月11日，ティーチャーズ・ワールド紙は「学校のポリティクス」という記事を載せました。これは「自由活動基金」の活動を目立たせました。が，意外にも，学校から政治を排除することは大切であるが，この活動団体の反共産主義的な目的を支持することも同様に大切だ，と論じたのでした。同じ日にディリー・テレグラフ紙は，「陸海軍倶楽部」からのジョージ・リンゼイの手紙を載せています。彼は，「私

たちは敵を知らなければならない。そうするための唯一の方法は、マーテル中将が唱導しているように、共産主義の真実を青年層に教えることである」と強調しました。以上のすべてのことによって、デイリー・ワーカー紙からの皮肉な反応が呼び起こされ、同紙はこの運動を次のように呼んだのでした。

> 学校でのトーリー党のプロパガンダの最近の例……「自由活動基金」は、共産主義に対抗するできあいの講義を学校に出前して小商いをしている……資本主義政党のプロパガンダは、常に学校で教えられてきた。私たちはすべてを報じてはこなかった。が、今やここにおいてそのことは明らかになる。[23]

　1954年の夏、マーテル中将はとりわけ精力的に陳情運動をしました。ある手紙で、彼はこう述べています。

> この事件がすべての学校で真剣に取り挙げられれば、共産主義は死滅する。共産主義の指導者が企てている私たちの産業の壊滅計画は決して実行できないだろう。国を愛する者は誰でもこの情報がすべての子どもたちに広がることを、期待しているに違いない。

　またこの手紙は、「自由活動基金」組織がサリーのカウンティ立の学校でさらに成功を収めつつあるとして、それを要約しています。そして、「労資の完全な合意という問題」について文部省に検討させるための小冊子を同封し、それを教室で用いることを希望したのです。その年の10月、デイヴィッド・エクレスが文部大臣になった時、マーテルは精力的に文部大臣に陳情し、彼に会うことを申し出ました。それは「クレイエヴォン伯爵協会」が学校で収めつつあった成功を報告するためでした。ジェームズ・クレイク〔クレイエヴォン〕[*17]は、北アイルランドの初代総理大臣でしたので、貴族の称号をもっていました。マーテルが

　　＊17）　クレイク（James Craig, 1st Viscount Craigavon, 1871-1940）は、アイルランドのアルスター統一党を指導した政治家である。また、1918年に準男爵、1927年に貴族階級をそれぞれ創始した人物としても知られている。

言ったのは，アルスター統一主義者たちが北アイルランドの学校で行った，まさにプロパガンディストとしての仕事についてだったのです。[24]

以上の手紙のすべてに存在する教育上の意味は，1953年1月にE・J・ハードマン-ジョーンズ海軍中将が，簡潔に表現した内容に現れています。彼の手紙は，大戦後のマッカーシズムのカリキュラムの意義の要約として評価されています。彼は，こう記しました。

> 思慮深い人たちがみなそうであるように，私も，今の国民のこのような様子を非常に案じている。a) 事実に直面できない，b) 働こうという適切な意志をもたない，c) 政党政治を超えた国益を重視することができない。最良の望みは，できるだけ早い機会に始めて，来たるべき世代に責任を教えることだ，と私は思う……すべての学校のカリキュラムは，a) イギリス人であることの特権と義務を教える科目，b) 世間一般にとって，私たちの帝国がどんな意味をもってきたか，そしてどんな意味をもち続けなればならないかということ，c) 我が国の議会選挙で投票権をもつ大きな意義と責任。こうした内容を含むべきである。

学校の中心目標は，常に「責任」と「規律」の教え込みでなければならない，と彼は強調しました。そして，これを行う仕組みは，少なくともヘイワーズ・ヒースのエレノア・アイザックによると，ウィンストン・チャーチル自身が実施する以外にありませんでした。エレノア・アイザックは，「英語の広範囲にわたる課程を子孫に残せるように」[25]と，1955年6月，チャーチルの演説を聞くために蓄音機をすべての学校に置くことを要求した人物です。

公文書館でこれらの書簡ファイルを読むと，いくつかの点で衝撃を受けます。まず第1に，そこに一貫して流れているのは，この時期の文部省が本質的に御し易いものであったということです。それを証明する書簡は再々送られています。政治的傾向がどうであれ，提案に満ちアイデアに溢れていました。それにもかかわらず，歴代の大臣は，文部省がこうした問題を主導することも，あるひとつの見解を取り挙げてその事態を受け入れることも全くできませんでした。むしろ，一群の高級官僚た

ちは，覚書文書を互いに回しあい，どんな質問にも，どんなにささいなことにも，最も上品で関わりあいの少ない応答を工夫していたのです。

このような書簡がもっているテーマとそれに込められた意味は，鷹揚かつ策略的です。それらは田園に対する強い原理をもち，その原理が明らかに脅威にさらされているとみなす昔のイギリスの姿に傾倒しています。彼ら投稿者の多くにとって，都市の価値は，国家の価値と等しいものではありませんでした。社会を変える教育力，あるいは同様に（彼らの多くはその変化を恐れていたので）古きイングランドのより良い原理を保存する教育力，こうしたものの存在に対する信念を，手紙の書き手たちは共有していました。既存の社会的ヒエラルキーが脅威にさらされているような大戦後の世界では，教育制度は社会改革に全面的に対抗する少数の防波堤だと考えられていました。教室は，大戦後に顕著になってきた新しいイギリスの形と本質が定められる戦場となっているようでした。このようなレンズを通して分析すると，マッカーシー流の陳情団が，反体制派の変人たちの集団であるとはますます思われません。また，ほんの30年後に全盛期を迎えることになる新興の急進右派の代弁者に似ている，と次第に思うようになります。しかし，戦後数年間の学校カリキュラム論争の成果を見極めていく際には，彼らは重要なのです。彼らは重要な役割を果たすために声を大にし，そして，大きな影響力を与えたのです。

専門家の反応——論争は分極化する
Professional responses: the debate becomes polarized

上述の文脈において，専門家間の学校カリキュラム論争がこのころに分極化したということは，あまり驚くべきことではありません。一方には，教室実践で伸展している改革は，大戦後の世界の新しい需要と新しい可能性に適応する制度を根拠づけるものである，と理解する人々がいました。他方には，一群の評論家がいました。彼らは教室での改革を学校の最良の教育すべてを不当に破壊するものと捉え，彼らが目にしたものに脅威を覚えたのです。しかも，幾人かの評論家は，教育制度の内部で働いており，しかも影響力のある地位にいました。こうした2つの

専門家の反応

対立する集団は，学習の本質と社会それ自体の本質について，はなはだしく対照的な見解をもっていました。

かくして，「進歩主義者」にとって必要なものは，初等学校段階では，教室でより多くの活動方法を作り出す運動であったのです。これに対する支援が専門家内部で広がったことも実証できます。1947年，タイムズ教育版は，初等学校教育に関するスコットランド教育審議会の報告書を大々的に報道しました。そして，教室の現状がとても劣悪なので，戦間期に設定された目標に向けて多大な進歩の必要性がまだある，ということを読者に思い起こさせました。

> 教育院の刊行した教育諮問委員会の1931年の〔ハドゥ〕報告書は，イングランドとウェールズの教育制度の再編に関して真価を発揮し始めている。その報告書は，16年前のイングランドの教育諮問委員会が据えた再編原理に関するスコットランド教育審議会を無条件に是認している。それゆえ，再編の過程には，必要な強い推進力が与えられるべきである，と述べている。[26]

このことによって，読者は次のことを思い起こしました。まず，学ぶべき事実よりもむしろ活動と経験の観点からカリキュラムを考えるべきであること，次に教育には読み書き計算よりもはるかに多くのものが入っていることです。しかし意味深いことに，その記事はさらに「せねばならないことは，教育を生物学的な発達段階と関係づけることである」ということを強調したのです。このしばしば繰り返されるお題目は進歩主義者たちのアキレス腱になりました。そして，教室で教師は心理学者たちが聴き取ったことに従って教育することをますます受け入れていったのです。心理学者の多くは，この当時の知識階級のヒエラルヒーに依然として取り憑かれていました。同年，タイムズ教育版は全英校長協議会の会議を報じました。その会議は，学校が「次から次へと続いてやってくる論者によって，あけすけなやり方で非難された」初等教育に関するものだったのです。会議について書かれた記事では，「ただちに改善されるべき顕著な要求」[27]が記されていました。

同様にサリーの文教委員会は，「低学年クラス」の特別報告書の刊行

を後援しました。それは，一方では，「個々の生徒の発達は極めて重要であり……初期段階では活動を重視すべきである」と述べていました。しかし，他方では，これをうまく推し進めるための秘訣は，「知性，知的学力と必要に応じた再分類化に従って」[28]正確に子どもを振り分けることである，と理解していました。

　しかし，カリキュラムを拡大し教室実践を変えようとする一方の動きと，能力に応じた分類の必要性を認めようとする他方の動きとの間の緊張が，もし初等教育段階で残っていたとするなら，この当時の中等教育についての論争には，もっと大きくはっきりとした緊張があった，ということがわかります。ここには，将来，カリキュラムの拡大に巻き込まれ，職業訓練は後回しにされる，と考える者がいました。意味深いことに，この考え方の強力な提唱者のひとりに〔労働組合主義者のあの〕G・T・C・ジャイルズがいました。中等学校の教室で起きていると彼が考えているものに注目を集めるために，彼はタイムズ教育版の数ページを利用したのです。

　　専門化の後回し，内容と方法の変更。専門職〔課程〕の動向は，商業課程でも工業課程でもこれと同じ方向を示している。すなわち，中等教育のカリキュラムを拡大し，より確実な職業訓練をあとの段階に引き延ばす方向である。この傾向は，明らかに中等学校の内容と方法に影響を及ぼすはずであり，すでに影響を与えつつある……すべての中等学校の最初の2年間に共通カリキュラムが必要であることはすでに認識されている。実際に，知的，実用的，美的な側面を包含する共通の基礎基本というカリキュラムの考え方は，三分岐システムが残っている公立セクターでも広がりつつある。方法についても同様である。グラマー・スクールでなされている因襲的な方法で思考を抽出する，完全に論理的で学問的なアプローチは，テクニカル・スクールやモダン・スクールの経験に照らして変更されつつある。プロジェクトや地方教育当局の調査を通じて実行された教科目の統合は，グラマー・スクールのカリキュラムに大きな影響を与えている。同時に，長年の要求である資格試験改革も進められつつある。以上のことは何をもたらすのだろうか。それは，しばしば

万人に必要な中等教育という新しい概念と現代的で民主的な共同体が必要である，ということを無意識に反映している。そして，すでに大きな変化が中等学校で起こりつつある，ということである。[29]

このような見解を公言するやり方は，政治的左派の者が保守的見解をもつ多くの者にしばしばしてきました。この発言は保守の人々をまさに怒らせるものとなったのです。彼らのうちで最も強力に発言したのは，ブリストル・グラマー・スクールの校長のジョン・ガレットとレスター大学の教育学教授のG・H・バントックの2人でした。ガレットは，大戦終了直後，普通中等学校教育の危険性を警告するためにタイムズ教育版のコラムを利用していました。彼にとっては，成績の悪い生徒がグラマー・スクールへの入学を許可されているのは不当なことでした（選ばれた私立セクターで働く同僚の多くと同様に，これは彼の信念体系の一部でした）。そして，それだけでなく，多くの者はいかなる種類の中等教育にも不適だ，と彼は考えていました。彼らは，1902年教育法〔バルフォア法〕成立以後の中等教育段階で生じてきた急速な教育拡大を，「子どもたちに提供されるカリキュラムが，ほとんどうまく合っていない……中等学校への大量の入学」と捉えていました。若者たちには異なる才能と適性があり，それゆえ，中等教育の落度はグラマー・スクールではなく悪い子どもたちを入学させる制度にある，と彼は考えたのです。そして，エレン・ウィルキンスンを引用して，「一般に，今，既存のグラマー・スクールへの受入数が増加している。だが，それは中等教育の適切な発展を助けるよりもむしろ妨げるであろう」と述べたのです。ガレットは，こう望みました。

　　グラマー・スクールの役割を明らかにしたい。手に負えない連中を，明らかに彼らには向いていない試験で一掃すれば……グラマー・スクールの義務は……専門職に従事しようとする男女に……提供する職種別の……満足のいく教育を与えることにあり……そして，彼らを大学へ送ることである。

一方で，彼がさげすんで「（知能的に言えば）ゆがんだ木くず」と呼

んだ者は,「グラマー,テクニカル,モダンといった3つ以上の課程をもった小規模な学校」[30]ではうまくやれるかもしれない,と考えられていたのでした。ここに重要な論点がありました。というのは,ガレットや彼と同様の考えをする多くの人々は,教育改革を試行錯誤すべきなのは,グラマー・スクール以外の中等学校だと信じていたからです。彼の見解では,これらの学校は彼の理解する範囲の中等教育であり,要求度の低い課程で教育される中等教育としてせいぜいぎりぎりで入ることができる生徒の大多数を収容すべきところだったのです。かくして第二次世界大戦後には普通中等学校教育が導入され,それに続いて,中等教育段階の学校での教室実践改革が起きました。しかし,教室での改革努力は,出発点から腰の引けた関与の仕方だったのです。

　ガレットは中等学校教育をグラマー・スクールと共通の領域内のものと考えていました。また,中等教育の改革や改定のいかなる見通しをもけなす人物のひとりでした。しかし,ジェフリー・バントックは,さらにこの考えを進めることに挑んだのです。1948年,バントックは,文学雑誌の『スクルーティニー』[*18]に「教育における自由の文化的意義」と題する論文を載せています。そして,確認できるほぼすべての教育改革の局面をこきおろす機会を得ました。彼は,「実験に重点をおくと……基本的に不確実なことや,表面的な煽動によって,不十分さを覆い隠そうとする無意識の試みが隠されてしまう」[31]と主張したのです。そして,さらに彼は,スーザン・アイザックスやM・V・ダニエル,とりわけロンドン大学教育学研究所の教授のH・R・ハムリーを名指しで攻撃しました。ハムリーは,そのころ〔新教育連盟の季刊誌〕である『新世紀』の誌面に学校で行った集団活動について書いていました。彼はハムリーを詳細に引用し,そしてこう述べました。

---

　　*18）『スクルーティニー (Scrutiny)』は,リーヴィス (Frank Raymond Leavis, 1895–1978) がケンブリッジの英語学者らとともに作った機関誌である。リーヴィスは,文学の批評には厳格な判断基準,つまり「精密な読解」や「内的統一」があると主張し,この機関誌を大衆文化の酷評の手段にした。それゆえ,彼らの活動は倫理と文化の改革運動と称された。ただ,リーヴィスとその仲間は,1920年にケンブリッジ大学に入学した下層中産階級出身の新しいグループであったため,彼らの状況は,彼ら自身が批判した現象,すなわち第二次大戦後の新しいタイプの教師の出現や高等教育の拡大という現象と酷似している。(ピーター・カニンガム著,山崎洋子・木村裕三監訳『イギリスの初等学校カリキュラム改革——1945年以降の進歩主義的理想の普及』つなん出版, 2006, pp. 78, 119–120.)

そのプロジェクトの優秀さは，……その自発性であり，そしてその責任と結論を導き出す状況である。それがどうなるのかは，誰も知らず，教師でさえも知らない。……多くの場合，誰も解答をもっていないのである。というのは，答えが存在しないからである……そのプロジェクトは，認識の水準であれ，到達（attainment）の水準であれ，予め用意された基準は存在しないのである。[32]

　「この種のもの」とバントックは述べ，これは「火薬や散弾には全く値しない……私は，すべてにおいてあまりにも特有の用語法の，嘆かわしい不正確さや表現の面白みのなさを心配している」[33]と論評しました。そして，初等教育段階の学校の革新を奨励した文部省を攻撃し，適切な役割をさらに放棄しようとした教育専門家を攻撃したのです。そしてさらに，アメリカ合衆国のハーヴァード教育委員会のあの有名な宣言，「すべての市民は等しく価値があり尊い」を論じて，こう続けたのでした。

　凡人の価値観によって支配されるのを自ら許す社会は，長く存続することができない……われわれ市民の教育の部門には，限定を付した教育目的が不可欠であり……もちろん必要なのである。限定つきの教育目的であるという事実は，明瞭に認識され，明確に考慮されなければならない。[34]

　2年後，バントックはタイムズ教育版を利用して，自らのマッカーシズム的教育観を詳細に説明しました。そしてここで彼の有名な格言となる「子どもたちが結論を導き出すには長い歳月がかかるように思われるが，子どもたち自らが取り組んでいる形態の内部からなんとかして再創出するのを期待するのは，私には危険でもあり時間の無駄でもある」[35]と述べたのでした。2度めの記事で，彼は，教育における言語の意義を強調する機会をもちました。そして，その発言を教室で新しい取り組みに脅かされていたこの当時のグラマー・スクールへの大きな贈り物であると考えたのです。

言語に対する感受性，正確に自己を表現する能力，……言語使用の訓練は，おそらく子どもの経験を豊かにするのに役立つ最も重要な方法であろう……今日の教育界は，新しい方法の理論的宣言に満ちている。これらの多くは……私が大いに疑問であると思っている人間の本性についての哲学的仮説に基づいている……現代の多くの考え方に内在するいくつかの固有の曖昧さを暴露することが，教育に関する現代の評論家たちの仕事である。[36]

教室の子どもにどう向き合うのが最良か。これに対して，上記のように強硬な意見が展開されたり，相互に排他的な見解が共存したりする状況下では，いくつもの結果が出てくるのはほぼ必然でした。まず第1に，多くの人が異なる生徒には異なる道を，という考え方を進んで受け入れるようになりました。この当時，シリル・バートのような心理学者は，知的能力は形成された「知能のタイプ」よりもむしろ〔生まれながらの〕階層的な知能のタイプと捉えると最も良くわかる，と論じていました。教育心理学者たちの絶えることのない影響力は，異なる生徒には異なる道をという考えを可能にするのに役立ちました。

大戦終了後まもなく，タイムズ教育版に寄稿したフランク・アールは，そのような妥協が有効に機能すると思われる条件を説明しました。彼はこう論じています。グラマー，テクニカル，モダンといった3つ以上の課程をもつ学校においては，

学級編成や能力別分類に関わって生じている伝統との衝突は，カリキュラムに対応した変革を必要とする……子どもの学業の発達はさまざまな形をとり，さまざまな性格を帯びるかもしれない……〔カリキュラムとして〕選択された内容は人類の経験の主要な範囲のそれぞれの寄せ集めである。かくして，教師は，文学的才能や語学的才能のある生徒には，特別に準備された「正統なイギリス人用の」課程を授けても良いが，しかし，それ以外の能力の生徒たちには，母語の使い方の練習において，〔生活にあった〕もっと「合成」的な活動要素を取り入れるのが良い，と気づくに違いない。[37]

この記事が掲載されてから数週間のうちに，タイムズ教育版は大多数の者に必要な教育内容を強調する記事を掲載しました。それは，何か別のものを与えられるべきである「知性と理解力が学校の勉強に向いていない……大多数の者」[38]にとっての必要性でした。
　この記事はさらに，この発言の分析を裏づける社会のイメージを説明しています。つまり，それは政治的左派の者にも政治的右派の者にも，ある程度は共有されるイメージでした。その新聞は，教育につきまとう諸問題は，1760年以後の工業化の過程に由来すると論じたのです。それは歴史的に，工業化以前の田園のイギリスで盛んであった工芸の伝統を，イングランドの庶民が失ってしまった時期でした。都会に出ることに夢中になった人々は，徒弟という慣習との接点を失っていました。徒弟制の慣習は「工業化以前のイングランドの民俗的伝統」に導入されなければならないものでした。「こうして，大聖堂や中世の都市を築いた職人工芸は，普通教育によって再発見されることができた」[39]のです。しかし，これはグラマー・スクールで提供されたものとは，必然的に異なっていたとしても問題なかったのです。
　左派の人々も同じ議論を展開しました。しかし，それは異なった結果を生みました。1952年の共産党大会で，バーミンガム大学の古典語教授のG・トンプソンは，共産主義者の教育要求の範囲を明らかにしました。彼は，工業化の進行によってあらゆる種類の文化が庶民から奪われてしまったと論じたのです。そして，それを取り戻すのが教育制度の内部で働く人々の務めであると述べました。しかし，彼にとっては，この発言は，普通中等学校教育と，誰でも自由に享受することができる分け隔てのないカリキュラムという意味をもっていました[40]。歴史の誤りを正すために学校とカリキュラムを用いるというこの感覚は，1940年代後半と1950年代にもち越されました。私は自分の通っていたグラマー・スクールの英語教師が，私や他の疑い深い十代の30人の生徒たちに文の構文解析を理解する必要性を説こうとした時のことをよく覚えています。彼は工芸伝統の復興の必要性と全く同じ議論を用いていました。それはある意味で徒弟制の復興についての議論と同じだったのです。

結　論
Conclusions

　第二次世界大戦直後のイギリスの学校カリキュラム論争から出現してくる全体像は，かくして，必然的に複雑で入り組んだものになります。一方には強力な意見をもつ一群がいました。彼らは，とりわけ先導的な教育者や教育関係者たちのなかにいて，教室実践とカリキュラムを全般的に大きく改革する時がきた，という意見をもっていました。この集団にとって，平和の回復は，極めて集産主義的な精神で社会を再建することができる好機でした。そのための鍵のひとつは，より開放的で民主化された教育制度でした。また，今までになく生徒の要求を満たすことができる教育制度でした。彼らにとって，初等学校制度の成立は，その当時流布していた考えを実行に移す好機であると考えられていました。さらにその考えは，教室での日々の実践をはるかにインフォーマルなものにし，すっかり定着した機械的暗記法と教授法を長い間支配してきた教師中心の教訓主義との訣別をともなうことをも意味しました。一方，すべての者への中等教育の提供は，カリキュラムを再考する機会としての意味をもっていました。初等教育と中等教育の両方の段階でカリキュラム改革を実際に行うのは，ほぼ不可能に近いように思われましたが，そこに一連の義務が強制されたのです。そして，幾人かの者は，そこにこそ望みをもったのです。

　しかし，その他の人たち，とりわけ政治的右派の者には別のことの方がはるかに重要でした。それは，大戦前に実際に行われていた教育のなかで彼らが最良と考えるものを再構築することでした。彼らは初等教育レヴェルでは，読み書き能力と計算能力という基礎技能に焦点を絞ってきました。このことは，年長の生徒に対しては，中等グラマー・スクールの卓越性や，20世紀よりもむしろ19世紀後半に実施されていたようなカリキュラムと教授法の卓越性を，再度主張することを意味していました。彼ら右派にとって，冷戦が引き起こした偏執病とマッカーシズムには教育上の明確な意味がありました。そして，これによって，当時の抜本的な教育改革に対するマッカーシー的急進右派の敵意，と私た

ちが思い出す状況が進展していったのです。1955年,『英国教育心理学ジャーナル』誌上で,レズリー・ケンプ率いる教室実践についての大調査プロジェクトの結果が報告されました[41]。ケンプは,学校（とくに1931年以後の初等教育段階の学校）で行われていることに革新性があることを認めました。しかし,現実はといえば,「同時に多くの教師が強硬なまでに,伝統的な状態」だったのです。これは1940年代と1950年代に潜在する現実を簡明に反映していました。教師の大多数は,教室での教授法の実験の奨励に応じるよりも,むしろすでに試されよく知れ渡っているものに取り組む方を選択したのです。

　このような状況は,エリートを養成する私立セクターの登場によって一層ひどくなりました。その選りすぐりのセクターには大多数の教師の熱烈な支持がありました。右派の彼らは,グラマー・スクールに「適した」生徒をその学校に送り込みました。そして,社会の将来の指導者の教育にとって極めて重要な課題だと彼らが考えるものを,生徒がうまく学ぶようにすることを学校に期待したのです。ですから,最初の段階から,学校カリキュラムの本質と内容についての議論は,政治的であったということがわかりました。また,それは極めて分裂的で論争的であったということもわかりました。したがって,政治的「ニュー・ライト」が出現したことに対応して,学校教育についての問題が1970年代と1980年代に突如,政治的な問題になった,と考えるのは誤りなのです。事態の真相は,民衆教育の提供ということが常にデリケートで論争的な問題であった,ということなのです。そして,学校教育の政治的状況は歴史上の他の時代と同様に,1940年代と1950年代にもあったということです。本章で集められた実証的データは,むしろ教育のポリティクスのなかにある強い連続性を示唆しています。私たちが第二次世界大戦直後の数年間のカリキュラム改革に存在する最大限の特質を十分に理解し始めることができるのは,この連続性を理解することによってのみなのです。

第3章

黄金期だったのか
――1960年代および70年代初期――

A golden age? The sixties and early seventies

　　試験の合格率を学校の業績の判断基準にするということが
　　はやっているように思われる。それは便利かもしれないが，
　　広い意味で教育をだめにする。
　　（エディンバラ公／技術教育団体振興協議会での演説。
　　1964年2月21日付，タイムズ教育版，450頁）

　1960年代初めまでに生じた多くの社会的変化は，次のような当然の結果をもたらしました。それは，何事もそれまでと全く同じには決して見えなくなったということです。50年代は，かつてないほど経済的に安定していました。ハロルド・マクミラン首相は，50年代末に有権者に対して「これほど幸運だった時はない」と言うことができました。経済の安定に続いて，いくつかの事が生じました。富の増大は，大半の人々にとって手取り収入の増加を意味しました。これによって，前世代の若者よりも経済的に恵まれた若者の教育期間の延長と青年期が長期化するのを可能にしました。60年代，時が進むにつれて，20世紀初頭を特徴づけた質素さや抑制的な社会的態度は，社会の広い範囲で失われつつあると思われ始めました。ファッション，大衆文化，そしてマスメディアの変革は，こうした進展の象徴であったかもしれません。しかしながら60年代は，社会運動と政治運動の10年間でもあった，ということを忘れるべきではありません。こうした運動は，その一部が世界的規模の運動であったように見えました。ベトナム戦争への抗議活動，虐げられたマイノリティやエスニック・グループにより多くの権利を認めることを求める運動，社会的価値観の解放や世俗化運動，国際的な学生

保護運動，これらすべてをさまざまな点で，急激な変化の結果とみることができます。当時，学校でなされていたことが急激に変化しつつあるように思われたり，そのことが特別な論点となっているように思われたことは，ほとんど驚くべきことではないのです。

　50年代後半以降，教室での実践のありようが非常に急速に変化し始めたことは，歴史家を含む多様な評論家の間で承認されていましたし，これは広く知られています。われわれが上記の出来事を分析するのに，このことを最初に述べておくことは，たとえ戦後すぐの教育実践における革新に明らかな限界があったとしても，有益なことでしょう。また，ここ20年間に発展し，人々のなかに定着してきた通念の存在を指摘することもできます。その通念とは，60年代から70年代初めは教授法や学校の組織化について新たな考え方が流行し，広範な影響を与えた時代であったという見方です。この見方に従えば，教室で子どもたちを組織する方法と教授過程の本質の2つの点で，まさに全国規模での著しい変化を認めることができるというのです。さらに，このステレオタイプ的な通念には，何か他のことが70年代に変化したという確信も入っています。より正確に言えば，それは，1976年10月にキャラハン首相がオックスフォードで行ったラスキン演説を契機に何かが変わったという確信です。こうした見方は，1944年教育法が教職にかつてない権限と影響力をもたらした30年間の先駆けであったということが一般に認められていたことと関わっています。教育の専門家は，それまで以上に業務を自分で管理することが可能になったので，教室内の実践の変革を迫るのとほとんど同様のことに取り組むなかで，広く敬意をもって遇せられました。また教職は，専門職としての完全な承認の獲得に向けて大きく前進しました。このような展開のなかで地方教育当局は，中央政府，地方教育当局，教師たちが権限と影響力とを有し，そしてそれらの真の共有がみられた時に，極めて重要な役割を果たしました。

　同様に，この通念は，次のような見方を連想させるかもしれません。それは，中央政府の再建に向けた決定的に重要な一歩が，労働党政権下の1970年代に踏み出されたという見方です。さらに，ラスキン演説が，次のような時代の効果的な象徴となっているという見方も暗黙のうちに示しているかもしれません。それは，ラスキン演説が，説明責任，経

済，学校における広く合意を得た教育水準の設定を求める要望をはっきりと示した時代の象徴であるという見方です。またそれは，演説後に，断固とした態度を取る中央政府によるカリキュラムへの統制を求める声につながった，それどころかイングランドの教育制度に対するほぼ全面的な統制といった過大な要求につながったという見方です。この過程で，教師たちが得ていた，新しい理論をいつでも試行する基盤の多くが失われました。それは，教職がもっていた〔教育実践における〕革新の権限を明確に制限することを望んだ人たちが及ぼした影響によるものでした。ここまで露骨かつはっきりとは述べられてないのですが，この通念は，少なくともそれに近い見方は，ここ20年間に学校教育について書かれた多くの論稿のなかで，また歴史家が書いたいくつかの論稿のなかでも，その根拠として使われています。

　これまで述べてきた通念は，戦後の教育のポリティクスに関する，ブライアン・サイモンの著書においてもその骨格をしっかりと形成しています。1991年に出版された『教育と社会秩序』のなかでサイモンは，60年代の展開を以下のようにまとめています。

　　教育の世界は，60年代ににわかにブームとなった。……こうした進展は，初等教育を新たに重視する道を開いた。柔軟性のない組織や昔から受け継がれてきた教授法からの確固たる転換を具現化した。また，……新しい，……1960年代のより人文主義的な思想を反映していた……。全面的な進展がみられた。[1]

　さらにサイモンは，ラスキン演説について次のように述べています。

　　その意図は明確であった。……『教育黒書』のアイデアを横取りすることであった。……しかしながら，より深いレヴェルでは，社会秩序を統制する新たな手法を強固に主張すること，教育の推進に手をつけられなくするべきではないという明確な警告を発することにあった。……わかりやすく言えば，ふたをしっかり閉じ，それを安全にねじでとめることにあった。このことを実現するためには，教育科学省のより直接的な中央統制が不可欠であった。[2]

同様に、クライド・チティは、この時期を研究対象とするもうひとりの大家ですが、名著のなかで「転換点としての1976年」というテーマで一節を書き、以下のように結論づけています。

　〔中央政府、地方教育当局、教師たちの〕パートナーシップの時代は、1976年までに終わりつつあった。より正確には、おそらく、パートナーシップという表現がまさに決定的な変化を遂げようとしていた……。パートナーシップは、説明責任にとって代わられた。それは、教育制度上の権限の配分をめぐる議論における最たる象徴であった。このようにパートナーシップが変化したのは、1976年以降のことであった。[3]

初等学校の教室での革命？
A revolution in the primary classroom?

　ブライアン・サイモンやクライド・チティは、この時期の否定できない現実のひとつを捉えていました。その証拠は、多くあります。ですが、実際に教室で起こったことを示す証拠は、複雑ですし、部分的に矛盾もしています。こうした理由から、ひとつの物語を描くことは不可能ではないのですが、しかし難しいのです。とはいえ、物事が急速に変わりつつあり、とくに初等学校の教室でそうだったという印象は、確かに、この時期に学校で働いていた人たちのなかにありました。

　もちろん、初等学校の教室が変化していたと思うだけの正当な理由もありました。まず、50年代にますます豊かになったことは、かつてない数の生徒が中等義務教育の期間を終えるだけでなく、最低の離学年齢を超えて学校にとどまる余裕をもつようになったことを意味しました。このことは、1学級あたりの生徒数の削減を求める運動とも相俟って、生徒の増加と、それにともなって必然的に生じる持続的な新任教師の需要の増大を意味しました。その結果、この状況は、一連の教師のリクルート運動や、突然で大規模な教師教育の拡大につながりました。現実には、教職への新規参入者の多くは、意図はどうであれ、最終的に初等教育段階の学校に入りました。

忘れてはならないのは，1960年に教員養成課程が3年制に改革されたことと1963年にロビンズ報告書が刊行されたことです。ともに初等教育段階の学校に直接的な影響を与えました。いくつかの点でそう捉えることができます。ひとつは，ある世代の若い教師たちが，教職に就いて数年しか経っていないのに，増加する教員養成職に就くために学校の教室から教員養成カレッジに吸収されたことです（筆者もそのひとりでした。1968年9月に私が加わったカレッジでは，他のいくつかのカレッジと同様にわずか12か月の間に生徒数も教師数も倍増しました！　皮肉なことに，私の教職経験は，当時教育カレッジにともに雇用された多くの人たちと同じ中等教育段階の学校で得たものでした。しかし，私の主要な職務は，初等学校の教師の準備教育でした）。新しい教育心理学と教育社会学を教職志望学生に精選して教えたのは，まさにこの集団でした。大卒者が教職に就いた結果として，この時期に教員養成カレッジの職員室に入った新人の多くが，比較的浅い経験ですが，すでに何らかの形で大学院での教育学研究を進めていた，という理由で教員養成職に選ばれました。当時，教師教育改革の鍵は，こうしたカレッジにおける4つの「ディシプリン」の教育にあると広くみなされていました。教育史や教育哲学が教室の改革にどの程度直接的に寄与したかを議論することは難しいかもしれません。しかし，新しい社会学やとりわけ新しい心理学が同時代の教室内の実践の論評に暗黙かつ明示的に影響したことは，疑いのない事実です。突然，教職への新規参入者に提供された教育内容は，多くのピアジェ理論を含むことになったのでした。またそれは，戦後の初等学校の教室でとりわけ顕著に見られた形式主義的な行為の阻止とも結びついていきました。

　次のこともまた，忘れてはなりません。ロビンズ委員会の意図が何であれ，1960年代を通して大学進学は男子に有利に働き続けていました。このことは，〔男子と比較して〕不釣り合いなほど多くの非常に優秀な女子学生が自らの進路を教員養成カレッジに見出したという，波及効果を与えました。彼女らの多くは，高度な学問への野望をもっていましたし，流行していた新しい教育理論を吸収し，自ら進んで実践し普及させようとする意欲と能力をもっていました。教員養成カレッジが少なくとも数年間は初等教育段階の学校の教員養成に主たる責任を継続的に

負っていたことを考えますと，この影響を直接受けたのは，初等学校でした。というのも，中等学校で教職に新規採用された人たちは，大学卒業後もしくは大卒後教員資格取得コースの修了後に学校の教室に入り，実践をしたからです。ピアジェが提唱した低年齢の子どもたちに対する教授法は，子どもの学習構造を明らかにすることと関わるものでしたし，数多くの実践的実験の機会を必要としました。タイムズ教育版は，1963年に社説でこの様子を見事に表現しています。「皮肉屋は，現今の初等学校では，児童がどの程度読むことができるのかではなく，その場がどの程度絵の具であふれているかで判断される，と思いかねない」[4]。増加していた一群の若い教師たちは，多様な環境のなかで，自分たちが〔新しい教育理論を〕効果的に展開しているとみなしていました。また，この時期の教室での実践の展開を簡潔に要約することを難しくさせたのは，彼らが挑んだ課題の複雑さによるものでした。

さらに，児童生徒がすし詰め状態のヴィクトリア式の教室[*1]と，新設のオープンプランの設備との相違は，ますます顕著になっていました。前者は依然として〔貧困地域を含む〕都市部(inner cities)で広く利用されており，後者は都市の過密を避けて郊外に移り住む人たちの住宅地や郊外の住宅地に見られるようになっていました。

しかしながら，初等教育段階の学校全体には，ある傾向がみられました。そのなかで最も重要であったのは，1961年からの数年間に初等教育用アルファベットが採用されたことでした。保守党議員のジェームズ・ピットマンが導入段階の学習を容易にする奇抜な綴り方を最初に発想したのは，1953年でした（彼の祖父は広く使われていた速記法を考案しました）。それから6年後に彼は，簡略綴り字協会ではやっていたアイデアをもとに初等教育用アルファベットを考案しました。この学習法は，アルファベット26文字よりもむしろ44文字に慣れる必要があ

[*1] プラウデン報告書によれば，1962年の時点でおよそ6,580万人の生徒が1875年以前に建設された校舎で学んでおり，6,000万人弱の生徒が1876年から1902年の間に建設された校舎で学んでいた。ヴィクトリア時代（1837年〜1901年）に建設された建物を主要な校舎とする学校の多くは，広さが限られており，運動場も狭く，トイレが校舎の外に備え付けられていたり，大きな道路に面していたりしたため，新しい教授法の実践においても難しさを抱えていた。こうした学校の教室は，主として四方を壁で囲まれ，閉鎖的・画一的な教室であった。

りますが，1961年にミッドランドの選抜された20の初等学校で実験的に実施されました。この試みは，ジョン・ダウニングを長としたロンドン大学教育学研究所の読み方能力調査研究部の後援を受けて行われました。参加した教師たちから好意的な反応が得られた初等教育用アルファベットは，1年後に75校に広がり，1966年までに大多数の地方教育当局で採用されるに至りました。それは，地方教育当局の管轄下の初等学校の少なくとも数校で利用されるようになりました。この学習法は，1970年代を通じて，初等教育段階の学校で実施された初歩の読み書きの学習法のなかで圧倒的な優位を保ち続けました。その優位性が次第に弱まり始めたのは，調査研究の結果，読み方の習得において早期に獲得された能力の持続性が疑問視され始めたり，7～8歳で伝統的な26文字の綴り方への転換の際に一定の困難さが確認されるようになったりしてからです。また，多くの保護者たちは，上級学年になって子どもたちの綴り方の能力が徐々に低下しがちになるとの理由から，初等教育用アルファベットに対して反対意識を執拗にもち続けていました（それは教育の公開討論の場でいつも強い懸念として示されました）。こうした状況から，初等学校の職員室で賛否両論がみられるようになり，初等教育用アルファベットの人気は着実に低下しました。とはいえ，初等教育用アルファベットは，オーストラリアとアメリカ合衆国の両国で広く用いられるようになったため，一連の子ども世代の読み書き能力の習得の特徴を変容させ，非常に影響力を強めたことがわかっているのです。

　読み書き能力の習得に次ぐ，初等教師たちの2つめの主要な関心は計算の教授法にありました。ここでもまた顕著な展開がみられました。60年代初めまでに，スターン教具（色つきブロックを利用する方式），キズネール棒（241の色つき棒を配置するもの），ショー教具（円筒状の棒を関連づけるもの），〔次に述べます〕ディーンズ教具[*2)]，これらすべてを初等学校に配置することができるようになりました。子どもたちはこうした学習法のひとつないしそれ以上を通して数を学び始めた可

---

　*2)　ディーンズ教具は，4種の大きさの異なる色つきブロックを用いて数を教える教具である。一番小さな黄色の立方体のブロックは，1を表す。その1を表すブロックを10個つないだ大きさの緑色のブロックが10を表す。10を表すブロックを10個並べた青色のブロックが100を表す。同様に，一番大きなブロックは1,000を表す。

能性が高いのです。ゾルタン・ポール・ディーンズは,『数学の構築』（1960年）,『算数・数学学習の実験的研究』（1963年）[*3],そして『数学の力』（1964年）を相次いで出版しました。彼は,短期間で数の学習の新たな教授法の分野で最もよく知られかつ広く注目された提唱者になりました。型破りな経歴の持ち主であったディーンズは,この間,算数の学習の導入として歌やゲーム,それまでになかった補助教材の利用について議論するよう辛抱強く働きかけました。しかしながら彼は,この時期,大半の初等学校で特徴となっていたディーンズ・ブロックで最も知られていました。1964年9月,ナッフィールド財団は,初等数学プロジェクトに基金を提供しましたが,このプロジェクトは実践に重要な影響を与えることになりました。これらすべては,それ以前の初等学校における算数教育を特徴づけていた,数の暗唱や九九の暗記学習から転換することを意味しました。

　初等学校のカリキュラムにおけるこうした新しい手法の根底には,能力別学級編成に反対する動きがありました。能力別学級編成への反対は,初等教育段階の学校でこの時期に見られたもうひとつの注目すべき特徴でもありました。この変革の鍵となった媒体のひとつは,雑誌『フォーラム』です。同誌は,ランカシャーの2人の研究者,ブライアン・サイモンとロビン・ペドリーによって1958年に刊行され,教育に関する新しい取り組みを紹介し,支援することを目的としていました。当初から編者は,初等学校のこうした側面〔能力別学級編成に反対すること〕を彼らが中心的に取り組む課題としていました。1959年にジョージ・フリーランドは,「現代のジュニア・スクール」と題する論文のなかで,初等学校が「戦後ずっと,11歳試験の要件から生じる限界のなかに」囚われている状態について不満を述べています[5]。1年後,E・ハーヴェイは,能力別学級編成を採用していない初等学校に見られた「計りしれない利点」と題する論稿を掲載しました[6]。1961年夏号では,もっぱら初等学校に焦点が合わせられ,P・D・ハウトゥンが能力別学級編成を採用していない学級での教え方の助言を投稿しました[7]。その1年後,J・C・ダニエルスは,初等教育での新しい傾向の支持者

[*3]　邦訳書には沢村昂一訳『算数・数学学習の実験的研究』（新数社,1977年）がある。

として広く知られていたのですが，初等教育を対象としたこれまでの研究を要約し，次のように論じました。「能力別学級の廃止は，拒否という消極的な行為としてではなく，どのようにすればジュニア・スクールでの教育が最も効果的に組織されうるのかという積極的な主張としてみなされるべきである」[8]。1963年春，『フォーラム』は，「初等学校における能力別学級の廃止」をテーマとした1日間の研究集会をロンドン大学教育学研究所で開催しました。この会合には200人以上の参加者が集まりました。また，〔研究集会の後の〕『フォーラム』紙面上で能力別学級編成への反対をさらに強く主張する機会を無駄にはしませんでした。1964年秋号の『フォーラム』は，同誌がプラウデン委員会に対してこれまで示した公式提案のすべてを掲載しました。この提案は，能力別学級編成をやめる必要性に焦点をあて，以下のように結論づけました。「今のところ，初めからずっと不利な状況下にあるけれども，……〔能力別学級編成の廃止は〕長きにわたって妥当性を失っている理論と実践からジュニア・スクールを解放する重要な前進となる，とわれわれは確信している」[9]。同年，J・W・B・ダグラスは，彼の先駆的研究『家庭と学校』のなかで能力別学級によって「〔子どものその後を〕決定づけるものが，はやくも初等学校の段階から持ち込まれる」と強硬に論じています[10]。

1960年代は，全英教育研究財団のいくつかの報告書のなかで初等教育段階の学校における能力別学級編成の影響に焦点があてられていますし，プラウデン報告書もこの課題について多く記述したのです。

> 能力別学級編成は，……間違いなくジュニア・スクールを編成する最も一般的な方法である。けれども，その慣習が変化していると考えることができる理由がある……。専門家の意見は，全国調査での保護者の判断に従って，能力別学級編成に反対する見解に，一般的に世論のそれよりも急速に傾きつつある。……能力別学級編成は選別をともなう……。われわれは，7歳の子どもたちを到達度または能力による等級別のクラスに振り分ける満足のいく方法を知らない。まして，彼らよりも幼い子どもたちについてはなおのことである……。能力別という方法は，……「良い子の役割」をより演じや

すい女児に有利である……。能力別学級編成が社会的選別の手段として機能しているという証拠も多くある……。また選別が不正確であることも避けられない……。子どもたちひとりひとりに接するような学校であれば，学校全体で，能力別学級編成を採用しないことを認めるであろう。そうした学級編成が自信をもってなされ，うまく効果を上げる時，それがより幸福な学校を生みだし，学習の助けになる雰囲気を作る。まだ，すべての教師が，そこまでできるわけではない……。われわれは，幼児学校やファースト・スクールで能力別学級編成が行われないことを歓迎し*4)，それがさらにジュニア・スクールやミドル・スクールの年齢段階まで拡大することを望む。[11]

ある調査は，以上のような働きかけの直接的な結果として，1970年までに能力別学級が初等教育段階の学校からほぼ完全に姿を消した，と主張したのです[12]。

要約すれば，こうした主導性や陳情活動のすべては，初等学校教育の関係者たちの根底にあった教育目的の大幅な変化を現しています。20世紀に入ってずっと，初等教師の役割は，教育制度の構造や社会の要請によって決定される型に子どもたちをあわせることにありました。1960年代になって，子ども自身のもっている潜在能力を発揮することができる道筋をつけることがその中心になりました。例えば，1962年にユネスコで『初等学校カリキュラム』と題する本を出版したR・ドットルンズは，「いま，〔初等学校の教育で〕一番重要なことは，知性の開発，知的好奇心の育成，不思議だなと思う能力，つまり質問をすることであり，また答えを見つけるだけの意思と能力〔の育成〕である」と強く主張しました[13]。同様に，シビル・マーシャルは，著書『教育におけ

---

*4) 第2章訳註*7)（本書39頁）参照。イギリスでは，初等学校，中等学校という2段階の学校システム以外に，ファースト・スクール，ミドル・スクール，アッパー・スクールという3段階の学校システムも採用されている。3段階の学校システムは，1960年代後半にいくつかの地域で導入された。ファースト・スクールでは，5歳から8歳あるいは10歳までの子どもたちが学ぶ。このような年齢区分は，8歳から10歳までが低年齢の子どもたちを対象としたインフォーマルな教育からその後の定型的な教科教育への移行に適しているとの考え方に基づいている。

る経験』(1963年)のなかで「初等学校の真の役割は，子どもたちの関心を引き起こし，好奇心を駆り立て，彼らが成長した後，通ることを選択するかもしれない道への扉を開くことにある」と力説しました[14]。こうした風潮のなかで，L・G・W・シーリーの『初等学校でのコミュニケーションと学習』といった本にみられるように，活動メソッドやプロジェクト型課題の利用はこうした目標の達成にむけた手段と同一だとみなされました[15]。この教授法は，60年代半ばまでに主導的な方法になっていました。1965年，タイムズ教育版は「初等学校における自己表現」を主題とした特別号を刊行しました[16]。一般的には〔進歩主義者かどうか〕疑わしいと思われるような何人かの者が，この機会を進歩主義の事例の紹介に利用しました。フレーベル研究所のJ・C・ガッグ，シビル・マーシャル，ドロシィー・グリン，そしてバーバラ・ラパポート，彼ら全員がこの特別号に寄稿し，「最善で最良の」学校がどの程度進歩主義の教授法を受け入れていたかを紹介しています。こうした考えが最も極端な形で示された記事が，タイムズ教育版の1960年12月号に掲載されました。ブリストルの主席視学官のK・レイバーンは，初等教育に関する論文で自らの校区について次のように述べました。

> 若者にとって教育上の経験は，現実に起きていることや自身が個人的に関係するもののなかにあり，そこで観察や技能の育成と結びついていく……。2000年までに，学校はこうした世界観にさらに近づくであろう。学校の建物は，子どもたちが1日のうちの決まった数時間隔離される場所というよりはむしろ，彼らが活動する基盤となるであろう。教師の仕事の大半は，計画され説明されるようになるであろう……。学校と地域との相互浸透は，より開放的に設計された建物によって進展するであろう……。「箱」型教室は消えるであろう……。初等学校の第1の機能は，子どもたちが社会的な存在として発達するよう支援することになるため，……校舎は社会の拠点と考えられるようになるであろう……。学校の空間の主要部分は，非常に多様な形状になるので，学校内を動き回ることは，それ自体が魅力的な経験になるであろう。[17]

こうした〔進歩主義教育の〕考えは，初等学校の実践上の改革とみなされていたものに対する非難が不当であると主張する，理論的根拠となりました。

　続く数年間に代表的な文書とみなされるようになったのは，1967年にイングランドの中央教育審議会が公刊したプラウデン報告書でした。同報告書は，60年代に，初等教育段階の学校に影響を与えたこうした理論や願望の多くを要約的に盛り込んでいました。また，その当時の主張の多くを擁護しました。それは，能力別学級の廃止，都市部の子どもたちの多くが経験していた社会的不利益による影響を相殺するための積極的差別，11歳試験での選別の緩和，といった主張です。プラウデン報告書は，カリキュラム編成の詳細については明確さを欠いていました。ただし，その後の数年間に繰り返されることとなったフレーズを提供しました。「教育の過程の中心に子どもを据える」や「子どもは学習の主体である」といった有名な主張は，その後数年間，教育会議で定期的に呼び起こされました。しかし，ピーター・カニンガムが示していますように，プラウデン報告書は，初等教育段階での子どもたちの学習がどのように組織され，実践されるべきかといった現実的な課題については曖昧なままでした。カニンガムは，「これらには，保護者の関与の拡大や体罰の廃止といった進歩主義教育で特徴的な内容が含まれていたが，……その広範な内容は，おそらく社会的な提言をするためであったのだろう」と分析しています[18]。プラウデン報告書の刊行後およそ10年間にわたって年1回，「プラウデン会議」が開催されました。「プラウデン会議」は，報告書が明確さを欠いていたために進歩主義に関して異なる見解を支持する者たちの戦いの場となりました。

「息子はグラマー・スクールのカリキュラムを学んでいますか？」
――中等学校のジレンマ

'Is he in the grammar school stream?': the dilemma before the secondary schools

　「息子はグラマー・スクールのカリキュラムを学んでいますか」。これは，1960年代の初めに数少ない先駆的な総合制中等学校で教えていた教師たちが繰り返し受けた質問です。私もそのひとりだったのでよくわ

かります。この質問は，ジェンダーの観点からなされています。なぜなら，たいてい次のような状況で質問されたからです。もし，11歳で新しい総合制中等学校のいずれかに全員が割り振られる数少ない地域のひとつにたまたま住んでいたなら，保護者は，娘よりも息子がグラマー・スクールで提供されるはずの教育機会を逸していないか，ということを重要視していたように思われます。

　確かに，50年代後半から60年代にかけて，中等教育の供給に大きな変化が生じており，中等教育段階の学校が政策論争の中心となっていた，といった印象がありました。しかしこの論争は，カリキュラム改革をめぐってというよりもむしろ，もっぱら教育制度の構造，つまりどのような種類の学校に誰が通うべきかという問題をめぐるものであったことを思い起こさなければなりません。皮肉なことに，とはいえとても驚くべきことなのですが，こうした政治的論争の本質は，抜本的なカリキュラム改革に有利に働くというよりもむしろ不利な影響を与えました。政治家たちが先駆的な総合制中等学校を実験であるとみなしていたという事実は，子どもたちが教育上のモルモットにならないということに関心を寄せる保護者たちの不安と結びつきました。このことは，新しい総合制中等学校が，グラマー・スクールで適用していた基準を用いて判断され，成功したとみなされなければならなかった，ということを意味しました。つまり，これらの新しい学校が成功しているとみなされるには，既存の外部試験で成果を残すことや，エリート高等教育機関への進学や専門職への人材輩出において結果を出すことが求められました。またそのために，正規の教科に基づいたカリキュラムを教えることが求められました。こうした考え方によって，当初から，カリキュラムと教授法の点で真の革新を推進する総合制中等学校の可能性には厳しい制約が課されていたのでした。

　この状況は，次のような事実でもってさらに悪化しました。それは，1940年代末から1960年代半ばまで，初期の総合制中等学校のほとんどすべてで厳格な能力別学級編成が行われていたという事実です。このことは，彼らが直面していた問題に追い打ちをかけました。というのも，総合制中等学校の利点のひとつは，11歳で生徒たちを能力別に分けることによって生じる避け難い誤りを見つけ，それを容易に正すことがで

きる点にあると議論されていたからです。つまり，いわゆる「学問的」教科を同一学年の生徒全員に教える必要があったのです。このことは，総合制中等学校の全生徒が，少なくとも入学後の2～3年間は伝統的なグラマー・スクールのカリキュラムと極めて似通ったものを経験することを余儀なくされた，ということを意味しました。それゆえ，意義あるカリキュラム改革につながるような状況にはならなかったのです。

とはいえ同時に，中等教育段階の学校でも，教育が変化しつつあるという意識は，広がっていました。中等教育段階の学校がこうした状況にあった理由を検討するのに，歴史をさかのぼってそう遠くに目を向ける必要はありません。グラマー・スクールで教えていた教師たちは，グラマー・スクールが提供することになっていた最良のものを手放すことがないよう戦うことに自らの役割を見出していたかもしれないのです（とくに戦後，多くの労働者階級出身の生徒の第一世代がこれらの学校に入学したことを思い起こしても〔そう思われます〕）。しかし，新しい総合制中等学校の教師たちも，中等モダン・スクールの教師と同様に，主要な変化が進行中であるこの時に，自分たちが新しい地平を切り開いているとみなしていたことは間違いないようです。この点で，彼らが子どもたちをどのように教えるべきかについて当時流布していた新しい理論にさほど抵抗がなかった，ということがわかりました。

カリキュラム改革への教師の関与
Teacher involvement in curriculum reform

この時期，教育の専門家は，カリキュラム改革に関する点で，自ら積極的に対策を講じ始めていました。この過程は，地方教育当局のなかから始まりました。地方教育当局によって雇用された指導主事の数は，1968年までに第二次大戦後の2倍以上の1,260名にのぼりました。オックスフォードシャーやレスターシャーといったいくつかの地方教育当局は，先頭をきって彼らをカリキュラム改革の前衛として活用しました。指導主事の役割は，レスターシャーのL・G・W・シーリーやオックスフォードシャーのイディス・モアハウスといった第一人者によって切り開かれ，明確にされました。1960年代までには，初等教育段階の学校

でも中等教育段階の学校でも，地方教育当局の指導主事による支援や助言を知らない教師はいなくなっていました。この支援体制からいくつかのことが起きました。そのうち最も重要なものは，教師センターが全国に設置されたことでした。教師センターは，社交の中心として機能しただけでなく（私が1968年にバーミンガムに移って来た時，そこにあった教師センターにまつわるよく知られたうわさのひとつは，昇進のルートは，地方教育当局が運営するマティーノ教師クラブの酒場を経由しているというものでした），新しい教授理論の普及を目的とした現職研修コースも主催しました。1972年には，こうした地方教育当局が支援する教師センターは，全部で617を数えるまでになりました[19]。

〔カリキュラム改革に関する〕また別の扉は，ディヴィッド・エクルスが1960年に下院で行った有名な「カリキュラムという秘密の花園」という発言で彼が言及した問題に立ち入るものでした。それは，教育科学大臣の見解を読むと，1964年の学校審議会の設置にありました。学校審議会は，当初，〔教育科学省内に設置された〕カリキュラム研究部という形をとっていました。というのも，政府の意図は，学校内の出来事に影響を与えることにあったからです。しかし，1962年に設置されたカリキュラム研究部は，全英教師組合からも文教委員会連盟からも教師たちがもっていた教職の自律性への脅威と受け取られました。そのため，カリキュラム研究部の役割は，1964年10月に新設された学校審議会に引き継がれたのです。「学校審議会のエトスは，カリキュラムを立案する際の各学校や教師の責任を過度に強調したものでした」[20]。学校審議会は，初めに主導権を握ることに失敗したことを振り返って，いくらかの批判を浴びました。しかしブライアン・サイモンは，学校審議会の事業は「初めのうちはぎくしゃくしており，いくぶん目先のことにとらわれていたけれども，それを過ぎれば，遅ればせながら学校での展開を反映し始めた」と[21]，60年代末までに学校審議会がとった方法について述べています。ともあれ，学校審議会の事業は非常に多く，1970年代初頭までに教室での実践に直接的な影響を与えるようになったことは事実です。とくに中等教育段階では，さまざまな教科で，話し方についての新しい教授法や，カリキュラム内容の見直しに関する変化がみられました。そして多くの場合，学校審議会の事業は外部試験と結びつい

ており，多くの人が中等学校で一番大切だとみなしていた2年間に直接的な影響を及ぼしました。おそらく最も賞賛されたのは（あるいは最も悪評高い！），ステンハウスの総合人間学習プロジェクトでした。これは，教科の枠組みを取り外し，生徒を自らの学習の主唱者かつ監督者として育成することを推奨した計画でした。大多数の生徒のための数学プロジェクト，13歳から16歳の歴史プロジェクト，そして中等地理の教授に関する3つのプロジェクト，これらすべてが教室での実践に影響を与える上で主要な役割を果たしました。とくに，これらの事業は，若く活力にあふれた教師を巻き込んだという副次的な効果がありました。というのも，彼らにとってこうした経験は，しばしば，教師教育のキャリアや指導的な立場あるいは学校査察業務への足がかりとなったからです。それゆえ，教職は，教室の変革に責任をもち，それに最も積極的に関わった者に対して褒章が与えられたり奨励されたりする専門職である，という意識がこの時期に高まったのです。

　学校審議会が手がけた事業の大半は，ナッフィールド財団の手法をまねたものでした。ナッフィールド財団は，50年代後半から中等教育段階の試験改革を扱う研究を助成していました。ナッフィールド財団もまた，教師たちを巻き込み，試験の実施とその内容の両方に多大な影響を与えた機関となっていました。財団の影響を非常に強く受けた教科は，数学，物理，化学，そして現代英語でした。とくに，生徒に対する大規模な質問調査や実験を通して上級レヴェルの試験を改革しようとする試みは，当時のグラマー・スクールに最も大きな影響を及ぼすことになった新しい取り組みでした。とはいえ，興味深い副次的作用が出てきたように思われます。それは，名門校であればあるほど「ナフィールド科学」の影響を受けにくかったということがわかったことです。

試験改革とカリキュラム
Examination reform and the curriculum

　以上のすべてのことは，歴史的に見れば，外部試験の性格や方法が再検討された時期に起きていました。外部試験の見直しは，2つの形をとりました。第1に，いくつかの委員会や調査の結果に反映される，外部

試験の対象範囲についての議論が続いていました。それは，どの子どもたちが試験されるべきかといった議論や，試験（とくに16歳試験）を一本化すべきか，あるいは現実の複線的なシステムを反映させるべきかといった議論でした。この議論は，グラマー・スクールの生徒を16歳と18歳の時点で試験することを目的に1951年に導入された中等教育修了資格が，1950年代に次第に中等モダン・スクールの生徒に利用されるようになったという事態によって巻き起こりました。試験という道筋をたどって進学していく生徒の増加という戦後になってみられるようになった傾向（この傾向は続いています）が，こうした早い時期に顕在化したことは，さほど能力の高くない生徒を対象とした第2の試験を求める要望につながりました。そして1962年には，中等学校修了基礎資格が導入されたのです。この中等学校修了基礎資格試験は，試験団体というよりはむしろ，主として教師たちの統轄する試験として導入されました。しかし，中等モダン・スクールでも総合制中等学校でも，現実的に，中等学校修了基礎資格試験を利用する人たちはいくらかの困難を抱えていました。というのも，教師たちは，16歳の時点でどの生徒がどの試験に申し込むのかを決定しなければならなかったからです。それゆえ，多くの場合，生徒に両方の試験準備をさせ，個々の生徒が各教科でどちらの試験を受験するかを土壇場で決定しなければなりませんでした（それは，しばしば「模擬」試験の成績を根拠としました）。こうした中等学校修了基礎資格試験のあり方は，明らかに，長く続けることができないものでした。しかし，この新しい外部試験の導入は，その後40年間以上にわたって，「モードⅢ」[*5]を利用した試験が一般的になっていった，そういったやり方の先駆けとなりました。モードⅢによって，教師たちは，外部の調整に従わなければなりませんが，自分で計画（関係する授業の大半）を立てることができましたし，自ら評価手順に責任を負いました。

---

*5）モードⅢは，生徒が学校で取り組む授業や特定のプロジェクト型課題などの学習成果を教師が採点する形式の試験であり，中等学校修了基礎資格試験の導入にともなって実施され始めた新方式の試験である。この方式では，学校が数校で共同して問題を作成し，試験し，採点し，最後に各学校で選ばれた教師が調整担当者（moderators）となり，他校の試験結果を評価したり，学校間の評価の差を調整することになる。ちなみに，モードⅠは筆記試験である。

総合制中等学校のなかには，こうした対立を生じさせる16歳試験のあり方や，中等教育において二層構造の制度を残すことを確かにする仕掛けとみなす人たちが多くいました。試験の一本化への要望は，すぐさま聞かれるようになり，学校審議会によって取り上げられました（学校審議会の職務の一部には，試験の実施と展開に対する責任が含まれていました）。1976年に学校審議会は，16歳試験における単一の試験制度の導入を当時のシャーリー・ウィリアムズ大臣に正式に提言しました。しかしながら，1970年代後半に労働党政権に提出されたいくつかの提言と同じように，この提言も協議という結果となり，効果的な対策は10年後に先延ばしされました。
　それでもなお，試験は決して不変の領域ではなく，物事は急速に変化しているという意識が，1960年代と70年代にありました。いくつかの試験団体は，中等教育修了資格と中等学校修了基礎資格において，複数の教科の「共通」試験問題を実験的に用いる機会をもつことになりました。また，ヘンリー・マッキントッシュといった多くのパイオニアもいました。彼は，とくに歴史の試験の進展に関心をもっており，（後述する）〔教育目標の分類学を確立した〕ブルームとクラスウォールの見解を応用することや，試験の測定可能性をより正確に特定することに熱心でした。こうした考えからすれば，当然，（多数の教科で依然として用いられていた）時代遅れの自由記述論文形式の回答は，生徒の伸びを正確に評価するという点で的確さに欠けることになります。その結果，中等教育修了資格試験と中等学校修了基礎資格試験を合同で行う試みのいくつかは，より幅広い生徒を試験することだけでなく，新たな設問方法を検討することにも関わることになりました。ミッドランド西部中等学校修了基礎資格委員会が南部カウンティ中等教育修了資格委員会とともに考案した16歳試験の歴史の試験問題は，短期間のうちに形成された〔試験改革の〕動向を反映した唯一の先進的な事例でした。そこには，決められた特定の技能を測定するために考案された問題が含まれていたのでした。こうした一連の動きのなかで，少なくともその一部で，授業の学習成果を試験に取り入れることがますます一般的になっていきました。このことは，後述しますように，非常に重要な結果を内包するある状況をもつこととなりました。当時の関係者は誰ひとりとしてこのこと

を自覚していませんでしたが，この試験改革によって，教育の世界で働く者たちがこれまで以上に外部の利害関係者に責任を負わなければならない，といった状況へ一歩を踏み出すことになりました。現時点では，このように述べても差し支えないでしょう。そもそも，新しい形式の試験は，より正確な判断を可能にするという理由から導入されたのですが，たとえそうだとしても，この試験の導入によって試験に関わる一連の過程は保護者やその他の外部からの圧力に左右されやすい，という意図せざる副作用を生み出したのです。

教室での展開
Developments in the classroom

　試験の展開の解明は，たとえ振り返ってそれを明確に特定することができたとしても，容易なことではありません。さらに，教室における諸関係や教授スタイルの本質を究明することは，いっそう困難なことです。とはいえ，いくつかの傾向があったことは指摘できます。この数年間に体罰の使用をやめるといった一般的な変化がありましたし，教師のアカデミック・ドレスの着用もまたかなりまれになっていました。こうしたことを教室内の〔教職員と生徒の〕諸関係の一般的な「緩和」の表れとみなす理由がないわけではありません。しかし，これは，一般化するには非常に難しい問題です。確かに筆者は，総合制中等学校における教職員と生徒の関係の本質が〔これまでの学校とは〕対照的であることに気づいていました。筆者がグラマー・スクール卒業後，最初に教えたのは，総合制中等学校でした（私の体験した事例は，同時期の多くの人たちと同じです）。こうした新しい学校は，一般にかなりインフォーマルなスタイルを有していました。けれどもこのことは，教師が教育的役割を手放したということを必ずしも示してはいません。ただし，次のことを思い起こすことは有益でしょう。それは，新しい総合制中等学校のほとんどが，男女共学であったということです。一方，教員の多くは，男女別学の機関で教育を受けてきていました。こうした傾向（1980年までに男女共学の学校に在籍する生徒は，全学齢生徒数の80％と見込まれるまでになりました）は，この〔教室内の教職員と生徒の関係につ

いての〕印象を説明するのにいくらか役立つかもしれません。

　しかしながら，この時期，はるかに正確に特定できる2つの展開がみられました。そのうちのひとつは，能力別学級編成に反対する動きでした。『フォーラム』誌の第1号は，1958年秋に刊行されましたが，「どのような新傾向があるか」を問いました。その問いに次のように答えています。

　　全国各地で展開されている新しいタイプの学校，早期の限界を乗りこえるために中等モダン・スクールで講じられた措置，能力別学級編成といった学校内の組織の特徴の再評価，教育内容への新たなアプローチ[22]

　能力別学級編成はこの10年間を通じてずっと左派の鬼門でした。1962年に『フォーラム』に掲載された「能力別学級編成を採らない中等学校の実験」と題する論文では，ヨービルのプレストン・スクールが全く能力別学級編成を実施していない全国でも非常に数少ない学校のひとつであったと断言されています[23]。1966年夏，『フォーラム』主催の「総合制中等学校における能力別学級編成からの脱却」と題する研究集会がロンドンで開催されました。そこに，400名が参加しました。翌年，デヴィド・ハーグリーヴスの研究『中等学校における社会的関係』[*6]では，能力別学級編成が労働者階級の子どもたちの「非行の（delinquescent）サブカルチャー」を強める大きな原因となっていると論じられました[24]。こうした陳情活動は，1970年に頂点に達しました。それは，中等学校の総合制化についての進歩的な報告書，キャロライン・ベンとブライアン・サイモンによる『不完全な改革（*Halfway there*）』の刊行によるものでした[25]。同書の主要な論点のひとつは，能力別学級を維持し続けるのなら，そうした総合制中等学校を真に総合制

　　[*6]　ハーグリーヴスは，同書で能力別学級編成を採用していたラムレイ中等学校〔モダン・スクール〕での生徒文化について検討している。そこでは，上位ストリームの生徒にはアカデミック・サブカルチャーが，下位ストリームの生徒には非行のサブカルチャーが見られたと論じられ，下位の生徒たちは，グラマー・スクールに進学できず，かつモダン・スクールでも上位のストリームに入れなかった生徒たちであり，そのため非行的な性格を強めたと考察された。

であると考えることはできない，能力別学級編成を維持した総合制は，見かけは新しいけれども古い選別制度以上でもそれ以下でもない，という点にありました。この主張が，数年のうちに非常に大きな影響を与えたということがわかったのです。というのも，ほぼすべての総合制中等学校が，厳密な能力別学級制度を緩和する何らかの方式を設けていたからです。いくつかの事例では，「学級内能力グループ別指導」が利用されていましたし，また別の事例では，「能力混合」の集団編成が利用されていました。さらに，数校が能力を基準とした選別を完全に中止することに取りかかっていました。キャロライン・ベンとクライド・チティによる中等学校の総合制化についての精緻な研究である『総合制教育の30年（*Thirty years on*）』には，大半の総合制中等学校が1970年代に能力別学級から離れていった過程が示されています。しかしながら，70年代末までに，「規範」や「水準」への人々の関心が高まった結果，より伝統的な生徒集団編成の方法に立ち戻ることを余儀なくされた，と彼らは説明しています[26]。

　この時期に見られた2つめの重要な展開は，教科の統合にむけたものでした。それは，定評ある中等学校で見られたことですが，特定の個別的なテーマの領域を教えることを基本としたカリキュラムに疑問を投げかける運動の一翼を担っていました。この運動がさほど長期的な影響を及ぼさなかったことはわかっていますが，それは1960年代と70年代に確かにみられた動きでした。その早い時期に，伝統的な中等学校のカリキュラムが柔軟性に欠くと批判した人物にウィリアム・テイラーがいました。彼は，1960年に進歩主義の教育関係者たちの示した見解が「『外からの』制約を受けないカリキュラムや，新しくかつ個別の方法を用いて自らの教育方法と哲学を展開することができる学校の要望に与えた影響」について書いています[27]。『フォーラム』は，既定の教科基盤のカリキュラムを打ち破るカリキュラム実践を擁護する論稿を数多く掲載しました。そのひとつは，ブリストルのヘンブリー校での実験として1964年に発表されました。同校では，学年全体のティーム・ティーチングが効率的に実施されていました[28]。同年，ボウ・グループ[*7]のパ

---

　　*7) これは，保守党系のロビー・グループであり，保守主義的な立場を取る大学生あるいは大学卒業直後の若者たちが，1950年に設立した。当初はイーストエンドのボウに事務

ンフレット「学校への方針」では以下のことが提案されました。

> カリキュラムにおける既存の教科の再編，伝統的教科への新たなアプローチ，教授法におけるプロジェクト理論の奨励……。カリキュラムの共通コアを次の4つのトピックに分けること。コミュニケーション，人間関係，物質文化そして芸術……。物理学，化学，生物学の区分をなくすべきこと。[29]

1966年，同様に，ロンドンの校長ピーター・モーガーは次のように論じました。

> 教科基盤のカリキュラムは，知の爆発という観点からすれば明らかに適切ではない……。彼らには有機的な統合体として理解することができるカリキュラムが，そして彼らの現在と未来に必要なものと結びついているカリキュラムが必要である。可変的で，能力別にクラス分けされていない総合制中等学校は，この目的の唯一の手段であり，また本質的な手段である。[30]

中等学校のカリキュラムにおいて，こうした考え方の影響を強く受けたのは，社会科学でした。多くの総合制中等学校が，1970年代初めに，「総合人間学習」を実験的に実施しました。この潮流下の極端な変形型のカリキュラムのひとつは，一時的に人気を集めた「人間という教育課程」でした。これは，北米から取り入れられたものでした。いくつかの科目を寄せ集めて編成されており，人間社会との関わりを導入部に置いたペンギンのライフサイクルといった難解なトピックの学習を含んでいます。このすべてが，当時の学校が有した非常に大きな自由を良く映し出しています。学校は，この時期，他の学校とは多少異なっても，その学校の生徒の要望に最もふさわしいカリキュラムはどのようなものかの

局をおいていたのでボウ・グループと称された。その目的は，政治問題を調査・研究し，その結果を公表すること，このグループをフェビアン協会に対抗し得る組織にすることなどであった。また，調査研究と出版を重要な活動と位置づけ，機関誌『クロスボウ』や数多くのパンフレットを刊行し，教育問題を論じた。

検討を試みる自由をもっていました。その自由は，学校がまさに自身の手で畑に鍬を入れ，その実りを豊かにしていくような学校の自律的なあり方を示すものであり，〔カリキュラムの改善や開発についての〕各学校の権限に対する最近の強制とは対照的なところにあるものでした。

新しい教育社会学？
A new sociology of education?

　教育制度改革の多くは，「専門家の意見」を参照として示すことで支持を得ました。スペンズ報告書（1938年）は，最も影響力があった公文書のひとつでした。同報告書によって，結果的に，ほとんどすべての地域で第二次世界大戦後の中等学校教育の三分岐システムが構築されました。スペンズ報告書は，「子ども期の知的発達は，あたかもただひとつの中枢因子によって規定されているかのように進むと理解されている。その因子は，主として一般知能として知られている……。心理学の知見は，知能テストを利用すれば，一般知能の測定が可能であるとわれわれに保証したのである」，と断言しました。これは，三分岐システムのあり方を検討する前のことでした[31]。戦後すぐに，固定的知能観をもつ「専門家」と称する人たちの多くが，知能テストを学校に導入する新たな準備を支援しました。よく知られていることですが，知能テストへの支持が着実に低下したのもまた，学術研究によるものでした。心理学者たちは，例えばP・E・ヴァーノンとアリス・ハイムは，1954年に『知能検査』を著し，〔上述のスペンズ報告書に示された〕固定的知能観の理論に疑問を投げかけました。このような動きは，社会学研究の影響力が強まり，分岐型の中等学校システムがもたらす社会的影響に焦点があてられるようになったのと軌を一にしたものでした。まずブライアン・サイモンが，影響力を発揮した著書『知能テストと総合制中等学校』（1953年）において，〔心理学者たちの〕こうした批判を支持しました。その数年後にはA・H・ハルゼー，ジン・フロッド，J・B・メイズ，J・W・B・ダグラスといった研究者たちが，そしてとくにジャクソンとマースデンが，1944年教育法の結果によって生じた〔三分岐システムや知能テスト〕に対する批判を支持しました。

本書の文脈では，前述の研究すべてが教育制度の構造に焦点をあてたものであり，教室内で起きたことの詳細に焦点をあてたものではない，という点を強調しておくことが重要です。イングランドは，多くの社会政策からこの種のいわゆる「マクロ研究」が生み出される社会になっていました。チャールズ・ブースやシーボウム・ラウントゥリーによる主要な社会調査は，福祉国家への移行を裏打ちしました。こうした伝統は，とくにリバプール大学，ロンドン大学，そしてオックスフォード大学で強固にみられたものでした。この伝統のなかから，第二次大戦前後の多くの貧困調査が出てきましたし，それらの調査が政府の政策動向に大きな影響を与えました。王立調査委員会や，その他の健全な政策の遂行を促進するための政府調査において「熟達した陳情活動」要員を利用することはお決まりになりました。このように，流行の新しい教育社会学は，制度の構造を重点的に取り扱い，とくに中等教育や総合制中等学校の導入という点に大きな影響を与えました。そのため，すでに確立していたイギリスの学問研究の伝統のなかに安定的な位置を得ました。

　その他にも，もうひとつ別の学問研究の伝統が築かれつつありました。1970年代と80年代にますます支配的な教育言説となっていたのは，この研究からのものでした。第1に，2人のアメリカ人研究者ダン・フランダースとE・J・アミドンは，1957年の時点で，教室で現実に生じたことをより綿密に分析する尺度の作成に着手することを決意していました[32]。彼らが後に発表したことは，ニュージーランドのウェリントンでみられた通常の会話に過ぎませんでした。ですが，彼らとJ・B・ハフとの共同研究は，結果的に，「教室分析」として，より正確には「相互作用分析」として知られるようになった膨大な論文につながりました。彼らは，最も重要な成果のひとつである1967年出版の『相互作用分析：理論・調査研究・応用』のなかで，この分野で得られた成果の大半をまとめています。フランダースは，同書で自分たちの仕事の一部が「教師の与える影響の可変性を説明すること」であると主張しました。研究の中心は，容赦なく，マクロな理論から，児童生徒と教師両者の行動，教室の組織化，相互行為といった観点で教室で実際に起きたことを重視する方向に移っていきました。こうした動きは，部分的にはロシアで行われた初期の研究から得られた成果を発展させたものだったのです

が，イギリスでは，少なくとも間接的には，非常に重要であったことがわかっています。ネヴィル・ベネット，マイケル・バッシィ，モーリス・ゴルトゥン，そしてポウル・クロールといった研究者たち全員が，アメリカでの先駆的な研究をもとに研究を進めた，と理解することができます。1970年代と80年代を通じて，こうした研究が政策の目標に与えた影響は，非常に重大なものでした。

　第2に，また別のアメリカ人の研究者ブルームとクラスウォールが，ほぼ時を同じくして教授過程を詳細に解釈することに着手しました。彼らが着目したのは，教室内のやりとりではなく，教師の明確な目標を特定することでした。彼らの研究成果は，多くの影響を及ぼしました。1964年に初版が刊行された『教育目標の分類学』のなかで彼らは，認知「領域」（とりわけ思考の技能を扱う「認知」的領域と，態度を扱う「情意」的領域，そして身体技能を扱う「精神運動」的領域）を明らかにしました。これらの項目は，多くの下位カテゴリーに分けられました。つまり，教師にとって達成可能な目標の分類（あるいはリスト）が，苦労の末に作成されたのです。彼らの研究に潜在的にあったのは，教師が授けよう，伝えようとする内容をかなり詳細に限定していない場合，教育の過程の全体像がよくても曖昧になるという議論でした。この研究は，振り返ってみると，多少奥深く難解に見えるかもしれません。しかし，この研究の及ぼした影響がイギリスの学校教育に関する議論においてどれほど重要であったかということを，強調してもし過ぎることはありません。こうした研究は，ある世代の研究者たちを鼓舞し，イギリスの教育社会学者の間の「マクロ理論」の弱体化に一役買いました。われわれの文脈においてとくに重要なことは，もちろん，「目標」を「成果」に変えた議論がなされるまでに数年もかからなかったということ，また全く新しい教育政策の立案が可能になったということです。教師が目的をより正確に設定することができるのなら，そうした目標がどの程度効果的に達成されたかを評価する〔方向へと議論が向かう〕ことは，最も自然な展開でしょう。そうなれば，〔その評価結果でもって〕公的資金の配分を正当化することを最良とみなすようになることは，簡単なことなのです。

　こうしたことのすべては，政府が専門家に援助を求めておきながら，

教育政策の本質に自ら懸念を示し始めた頃に生じたのでした。A・H・ハルゼーは，印象的な告白のなかで，この時期の教育政策の展開を再考して次のように述べています。

> アンソニー・クロスランドは教育科学大臣であったが，1967年の（プラウデン報告書）刊行後のある日，彼は私を驚かせた。それは，同報告書がその方向での最後のものだという自信をもった断言であった。彼の自信は，卓越した政治家の直感に基づくものであった。またそれは，「最上で最良」というアマチュア体制による受けの良いアイデアがあまりに扱いにくく，多くの時間が必要になるため，近代的政府にとってそうしたアイデアは役に立たないという印象に基づくものでもあった。彼は，経済学研究や社会学研究によって裏づけられた政策立案が教育行政のなかに取り込まれる理由について，次のような見解を有していた。その理由は，精力的に職務を遂行しようとする教育科学大臣がウエストミンスターで政策を説明する時，社会科学的な知見を政治見解や世論と関連づけるとうまくいくからである，という見解であった。[33]

政府が専門家に政策立案の援助を求める際に用いた新しい手法は，終戦直後の教育事業の多くを理論的に支えたマクロ社会学の終焉の前兆を示していたように思われます。このことは，部分的であれ，教育制度のレヴェルで起こっていたことに対する専門家の統制の喪失，ということの説明に役立ちます。

ブレーキをかける ——能力主義的エリート

Applying the brakes: the meritocratic elitists

教育の専門家の多くは，こうしたカリキュラム改革を不可欠な過程とみなしていました。しかしまた，この展開の方向性や進度に不安を抱く意見が高まりつつあったことを示す広範な証拠もありました。40年代末から50年代にかけて表明された子ども中心の教育に対する疑念の多くは，その後20年もの間，依然として叫ばれ続けました。例えば，タ

イムズ教育版は，1960年5月に「自己表現」と題する論稿を掲載し，次のように論評しました。

> 以前は，「自己表現」は教育のなかで力のある言葉であった。……自己表現を好む教師は，他の教師よりもいくぶん啓発的であり，進歩的である，それゆえ昇進に値すると一般に理解されていた……。子どもが自己を表すことによって，車を運転できるようになったり，本を読むことができるようになったり，請求書を集計できるようになるのだろうか。われわれはその答えを待っている。[34]

同紙では，1週間後にもまた次のように議論されました。

> 教師は，伝統主義と進歩主義との論争において自由に中庸の道を取るべきである。……第1に，地域社会は，学校に科学者，技術者，創造的芸術家，そして専門職に従事する人々の育成を期待する権利をもっている。……地域社会は，一般住民に高水準の読み書き能力を要求する権利を有している。これらは最低限の要求であり，学校はそれを満たさなければならない。[35]

5か月後，タイムズ教育版は保守党の地方自治体会議について次のように報告しました。ブリストルから出席したR・H・ケィヴは「社会主義者は，知識の力に対する懸念を権力や富に対する伝統的な懸念におき換えた。そこには，知力をもつ子どもに対する真の憤りがあった」と警鐘を鳴らしました。ジェンダーの問題で彼女は，「女児は女性としてしつけられるべきであるが，人として教育されるべきでもある」と強調しました[36]。

サッチャー政権期の急進右派の展開した主要な議論のすべては，終戦直後の場合と同様に，〔この時期にも〕議論の俎上にのっていましたし，はっきりと主張されていました。例えば，1961年の初めにG・H・バントックは，公式発表の場で再び論争を持ち出しました。

> 教授細目は，能力の著しい相違を正直に認めた結果として，組み立

てられうる……。われわれは，初めから失敗がわかっていながら，同一水準という意識を人口のあらゆる層にもたらす試みに，取り組んでいるように思われる……。平均的な子どもを対象とした学校では，家庭生活に関わる事柄は女児に関係する内容である。……男児にとっては，機械への関心が重要になってくる……。何を減らすのか。形式的な歴史や地理は無くすべきだ。なぜなら，過去への関心は，家庭生活と機械との関わりの歴史を通して高められるべきだからである。数学の教授細目からも無駄な内容を多く削除することができる。第二言語も学ばれるべき内容ではない……。学校が成し遂げることができることは，悲しいかな，いつも限られている。[37]

タイムズ教育版は，その後刊行されたグラマー・スクールに関する社団法人校長協議会の報告書について同じ調子で論評しています。「これら学校の校長は，校長自身が教育に関心をもっているが，学問については充分な関心をもっていない。……グラマー・スクールは，本質的に学問と十全な学習との場である」[38]。1961年6月に開催された保守党教師協会の会合でR・A・バトラーは，〔後の〕サッチャー政権時代に中心テーマのひとつとなった事柄についてすでに詳しく述べていました。彼はそこで，中等教育段階の技術教育に対する要望を強調したのです。さらに，同じ会合で，ロンドン郊外のヘンドン自治区の教育長N・F・H・ブッチャーは，「保護者のしつけがゆるんでいるという点で，幼児学校での劇化学習の重要度を下げるべきである」と発言しました。彼は，多くの時間を読み方の基礎を教え込むことに費やすべきだと論じました[39]。その他の人たちも，残念ながらこの数年間の新しい構想のいくつかを批判することを全く厭いませんでした。例えば，校長をしていたトマス・ウィルキンスンは，教育長のスチュアート・メイスンが提案したレスター・プランを批判してタイムズ教育版に次のように書き残しています。

私は，ゆっくりと開花し，摘みとられることのない伝統のような無形財産に関心をもっている……。ハンフリー・パーキンス校は，シックスス・フォームに80名強の生徒がいる。……学校の施設設

備は豊かである……。これらすべてが14歳で学校を離れるジュニア・スクールの生徒に惜しみなく与えられ，彼らによって浪費されることになるのだろうか？……1717年の学校設立証書には，同校はあらゆる種類の学問を教えるでしょう，と書かれている。学校設立以降，生徒は聖書を読むことができた。それは，昔の11歳試験と同じものであった……。私は，理不尽な斬罪を中止するようレスター文教委員会に嘆願した。[40]

　こうした懸念は，翌年の全英科学振興協会の年次大会で集約されました。そこで主席視学官のパーシー・ウィルスンは，出席者に次のように述べたのです。「これが，われわれの文化を衰退させ，教育の歩みを停止させる，知識の分散過程を逆転させる最後のチャンスです」[41]。彼がとくに不満を抱いていたのは，すでに認識されるようになっていた，中等教育段階で専門科目を教えることに対する脅威でした。
　したがって，1969年に刊行され，歴史家からも多くの注目を集めた最初の『教育黒書』は，政治的な展望を劇的に変えた新しいレトリックというよりはむしろ既存の関心事を文章化したものとみなされるべきなのです。もちろん，1977年まで刊行され続けた『教育黒書』は，中等学校の総合制化の問題を政治的課題の中心に据えることを確実にする効果をもっていました。また『教育黒書』は，右派の人々の関心を習熟度によらない学級編成や新しい教授法に焦点化するのに役立ちました。しかしながら『教育黒書』は，教育をめぐるレトリックにおいて180度の転換を示すものではありませんでした。
　それでも，『教育黒書』は，特定可能な資料に基づく詳細な学校教育批判の原型としては有効です。『教育黒書』の発案者は，ブライアン・コックスとトニー・ダイスンでした。彼らはケンブリッジ大学のペンブルック・カレッジの学生として出会い，それ以来の友人でした。2人とも戦後のグラマー・スクールからの典型的な「労働者階級」出身の入学生でした。コックスはグリムズビーのノンストープ基礎学校を経てウィントリンガム中等学校から，ダイスンはパディントンのエッセンディン・ロード基礎学校を経てチェルシーのスロウン校から，それぞれケンブリッジ大学に進学しました。コックスは自身が受けた基礎学校教育を

振り返りながら，以下のような見解を示しています。

> ノンストープの先生たちは，正確な綴り方，句読法，文法が子どもの創造性の内部にあるとは思えなかったのであろう……。われわれは，整っていない個々人の文章を書く代わりに，教養ある論文のルールを学んだ……。われわれは，学習の訓練に従うよう勧められたり，強制されさえもした。われわれが習ったルールは，外からの要求を理解する方法であり，コミュニティの奉仕のなかでそれらをコントロールする方法であった。……子どもたちは，さまざまな点で伝統的な教授から利益を得た。[42]

2人は，自らが受けた伝統的な学校教育によって学問世界のキャリアへとつながる扉が開かれたとみなしていました。彼らは，大学で英語学の講師となり，自身が最高とみなす英文学を守り，発展させることに深くかかわっていました。この目的のために，彼らは，1959年に，とりわけ若手の詩人の活動拠点として文学誌『クリティカル・クォータリー』を刊行しました。教育動向を批評する出版計画が浮上したのは，『クリティカル・クォータリー』の編集作業を通じてでした。同誌への投稿のいくつかは，『教育黒書』の論文とは明らかに対照的なものを示しています。ダイスンは，自ら「衰退をたどる文化」と題する論稿を寄稿しました。そこで彼は，戦後のイギリス社会，とりわけ教育制度を特徴づけていると考えていた「平準化による学力水準の低下」を声高に批判しました。彼は，論文の結びで，このころに現れ出た「ニュー・ライト」の議論にあった主要な要素のひとつについてまとめています。

> 大学が拡大した結果，多くの点で状況が悪化している。……学生は，主要な知識，批判的な知性，学術的・道徳的理想，学問への専心，能力，あるいは自己修養の意志をもたずに大学にやってくる。真の大学はそれらを求めるはずである。真の大学での学習を確実に準備する唯一のものは……，教育制度である。教育制度は，幼いころから素質や能力を認めたり，高い行動規範や道徳規範を植えつけたり，求めたり，相応の教育施設において頭脳明晰で熱心な子ども

たちと頭脳明晰で熱心な教師とをうまく組み合わせたりする……そして，いつどのようにあらわれようとも，知性や能力の最大限の伸張や優秀さの兆候を喜ぶ。実際われわれは，選択的で理想主義的でひとつに集約された教育制度を必要としている。けれども，高度な文化のもとで出現した教育制度は，いま，低俗な文化によって破壊されつつある。その代わりにわれわれが手にしつつあるのは，平等主義的な平準化である。それは，文化の衰退の兆候でもあり，それ以上の状況を引き起こすものでもある。[43]

同様に，バニース・マーティンによる論稿は，「進歩主義教育対労働者階級」と題するものでした。彼女は，グラマー・スクールを「伝統的」，総合制中等学校を「進歩的」と同定するなかで次のように論じました。

しきたりやルールは，伝統的な学校での教授技術の極めて重要な要素である。子どもたちは掛け算の九九，聖書，フランス語の不規則動詞，ラテン語の語形変化，歴代のイングランド国王，化学式，幾何学の証明などを集団で復唱する。このルールは，……教科の出発点である。学習は，構造と形態を基盤としている……。その意図は，子どもたちに転移可能な技能を提供することにある。進歩主義の学校における教授方法は，「表面的な」しきたりとルールを取り除くことを目的としている。子どもたちは，探究したり，自分で見つけ出したり，直感的に数概念で答えたり，ルールではなく原理に気づくことを奨励される。……子ども自身がガリレオであり，シェイクスピアなのだ。不幸にも，進歩主義の観点から学習を生活に直結させることを重視した影響を受けて，〔たくさんの経験をしながら学習したにも関わらず〕他の場面には応用できない経験が生み出されることになっている。その結果，真に子どもたちの創造性を育むというよりはむしろ，いつまでたっても学んだことを特定の限られた文脈でしか発揮できない状況に陥っている。[44]

このようにみてきますと，「ニュー・ライト」からの教育改革に対す

る攻撃の発生源は，終戦直後の数年間に改正された教育制度に新しく参入した人々にあった，ということが明らかになります。労働者階級からグラマー・スクールに入った第一世代の多くが，自らの教育経験に基づいて戦後の新教育体制の断固とした擁護者となりました。このことは，皮肉な結果です。こうした事実が原因となって，多くの人々の投稿文のなかで見てとれたような，総合制化や新しい教授法に対する意見が強まったという可能性はあるのでしょうか。コックスとダイスンは，1940年代と50年代にグラマー・スクールで教育を受けた同世代の専門家であり，サッチャー政権時に彼女がもち出した政策の重要な使徒となった者たちの代弁者であったのでしょうか。彼らは，保守党の上層部が少数にとどまらないグラマー・スクールから追い出された少年たち（そのひとりはとても有名な年長の少女でした！）に接近することができたまさにその時に，サッチャーの政策の使徒となったのです。1970年代と80年代にますます教育言説を支配するようになった，新しい「能力主義的エリート」世代の登場は，表に現れ始めていた教育の変化に対する積極的な反対を説明する理由のひとつになるでしょうか。コックスとダイスンの著作は，変化の要因でもあったのですが，それは同様に兆候でもあったのでしょうか。

複雑な構図
A complex picture

　1960年代と70年代に出現した教育の変化の構図は，非常に複雑ですし，決して直線的ではありません。ブライアン・サイモンが指摘したような「全般的に前進した」[45]という見解や，学級内で物事が急激に変化したといった見解が，確かにありましたし，それらは広く知られていました。こうした主張の信憑性をさらに高めたのは，公教育促進協会の設立でした。この協会は，1960年にケンブリッジを拠点に保護者グループが活動したことが始まりなのですが，その設立から2年のうちに全国組織になりました[46]。設立者のひとり，アン・ウィンドが『フォーラム』でこのことを報告しています。公教育促進協会は，地方教育予算の削減に反対する陳情活動を展開したり，保護者に子どもの就学に関する

さまざまな助言をしました。そのうちの相談業務は，学校教育支援推進センターへと伸展しました。学級内で起きている変化の多くを積極的に支持する保護者の精力的な働きかけが見られたことは，今が重大な教育上の変革期であるという印象を確かなものにするのに役立ちました。

しかしながら，念頭においておかなければならないのは，当初からこうした変化はせいぜい部分的であり，さまざまな立場から異議が唱えられていたということを確認することができる要因が，いたるところにあるということです。第1に，この期間を通して教育の専門家の大半が選挙で保守党を支持していたことを思い出すことは有益です。こうした保守党への支持は，多くの場合，次のような価値観と不可分であったといえましょう。それは，教師たちが自らを良き実践の番人であると自負し，教育制度上の良い点すべてを維持することに専心し，あまりに急進的に見えた教室内の改革には必然的に懐疑的であった，という状況が示す価値観です。また，同様に重要なことは，私が他で論じていることですが[47]，戦後のイギリスの子どもたちが同一の教育経験を失ったことです。それは，郊外と都市，北部と南部，専門職のライフスタイルと労働者階級のそれとの差異がますます広がっていったことによって，確実になっていきました。拡大しつつある大都市圏周辺の新設校の子どもたちに提供される教育が，都市部の子どもたちが経験するそれと著しく違うことは避けられませんでした。ただし，都市部の子どもたちが経験したカリキュラムの構造は，郊外の子どもたちのそれと表面上は類似のものに見えたかもしれません。さらに，学級内の改革に着手した多くの教師たちは，自らが教師として立つ位置を特別なところに見出したようです。私は総合制中等学校の支持者として知られていましたけれど，しばらくの間，2つの総合制中等学校で教えた後，1960年代半ばに男女別学のグラマー・スクールに異動することを選択しました。その時，友人や職場の同僚の何人かが驚いたことを私は思い出します。〔誰しも自分の信じることを行う〕「十人十色」の教育の専門家が一様に最新の動向を追うことは，ほとんどできなかったのです。

それゆえ，実際に学級で何が起きていたのかの綿密な考察に取り組んだ教育関係者の研究成果の多くが，そこで起きていた変化の程度に懐疑的であったということは，ほとんど驚くことではありません。モー

リス・ゴルトゥンの研究成果は、初等教育段階の学校では1970年代を通じて依然として学級一斉教授が広く利用されていたことを示しています[48]。また、1976年にネヴィル・ベネットは、「インフォーマル」か「進歩的」かのいずれかに分類できた教師はほんの一部であったと指摘しています[49]。子どもたちの活動が個別的になった一方で、教師と児童生徒の間のやりとりの本質は、依然として頑強な教え込みにあります。レスターを拠点とした参与観察・学習実験プロジェクトは、1975年から80年までの教育の発展を調査し、初等学校について次のように結論づけています。

> 指導は、主として、教師と個々の子どもとの間で行われる……。相互作用の本質は、圧倒的に管理的であり、教え込み的であった……。課業へのフィードバックはほとんどなかった。……学校で展開されたカリキュラムの方略と、〔教師たちが授業中に採る〕戦術レヴェル上のカリキュラムの扱い方との間には大幅な不一致〔がみられた〕……。多様な教室環境は、教授スタイルに最小限の影響しか及ぼさなかったようにみえた。協働的集団活動は、全体的に軽視された学習方法であった。子どもたちはたいてい、グループで席についたが、彼らが協働するよう求められるような類の課業を与えられた事例は、ほんのわずかであった……。それゆえ、初等学校における児童の組織化の様式には一定程度の変化がみられたが、その枠組みのなかでの、教授上の強調点はほとんど変化していなかったようである。学習は、その大半で教師による統制を受けた。子どもたちは、「〔教師〕と」話すというよりは、「〔教師〕によって」一方的に話をされた。教師の関心は、そのほとんどが読み、書き、計算という伝統的な領域にあった。[50]

以上に論じてきましたように、教授に関わる当時のレトリックは、激烈な競合状態にありました。既存の制度の長所を主張する教育関係者は多くいました。それは、抜本的な変革を求める声と同じくらいでした。明確な合意がない場合、子ども中心の教授法への方向転換やカリキュラム改革への方向転換はよくても部分的なものにとどまったのです。この

ことは，避けられないことでした。たとえ最も熱心に改革に取り組んだ学校であったとしても，全教職員が明確にそうした方向転換を支持するわけではないという状況にあったのです。今になって考えてみますと，60年代と70年代は，サッチャー時代と同様に，教育改革の大部分が支持されなくなってしまった時期でした。それは，改革が行われた文脈の結果として生じたことでした。この時期は，「全般的に前進した」時期というよりはむしろ，部分的で脆弱な改革期でした。教育改革は多くの評論家に受け入れられていたように見えましたが，改革をかき消そうとする火種も同時に運ばれていたのでした。またこの時期は，教育関係者たちがサッチャー支持者たちの攻撃にさらされる羽目に陥った時期であり，また目には見えなかったのですが，彼らが戦々恐々としてしまった時期でした。つまり，70年代半ばまでには，まさに振り子が次の揺れに向けて最高点に達するように，あらゆることが整ったのです。

第 4 章

教師の指導力の消失
——1974 〜 79 年——

1974-79: The teachers lose control

　　私は暗記学習を知っている。なぜなら，私はそれで育った
　から。暗記は記憶と自制力の両方を鍛える。……それは，
　確かな達成感と非常に貴重で永続的な基礎を提供する。そ
　うした基礎がなければ，その後の「発達」の大部分が簡易
　的で脆弱な土台となってしまうことがわかっている。「教
　育面での持続的成長に不可欠な基礎としての幼児期の暗記
　学習の利点に関する調査研究」といったような題目の多く
　の教育学の学士論文を期待することは，おそらく非現実的
　ではあるが，素晴らしいことであろう。暗記学習は精神を
　修養する。だから，暗記学習は，大多数の子どもたちが経
　験している学習よりも，ずいぶん良い学習の始まりになる
　だろう。
　（トム・ハワス，バーミンガムの元校長／1974 年 5 月 10
　日付，タイムズ教育版）

　この問いは，教職が 1970 年代初めから外部の影響を受けやすくなっ
た理由を説明するのに大いに役立ちます。教室内の実践や教育学におけ
る新しい取り組みが過剰であったという事実にもかかわらず，多くの教
師たち（トム・ハワスも彼らのひとりでした）は，依然として教室内の
改革の必要性やそれが進められようとしている方向にひどく懐疑的でし
た。彼らには，どのような種類のものであれ，最適と考える「伝統的
な」教授法に対して公に賛意を表明する覚悟がありました。前章までに
示しましたように，子どもたちを教える際の取るべき方法をめぐって，
教職の間で深く根本的な違いが戦後一貫してありました。この違いは，
教職が自らの意見を集約し，主張することが全く不可能であったという
ことを意味しました。結果的に，広範な社会的・経済的変化によって，

国民が教室内で起きていることに注目するようになった時，教師たちが熟知し，試みてきた方向性は支持されなくなりました。最良の実践の構成要素について合意することができなかったことは，教職が，どちらであれ，吹いていた政治の風に翻弄されたことを意味しました。

社会的・経済的状況の変化
The changing social and economic context

　1970年代半ば，急激な状況変化のなかで，学校が以前よりも厳しい監視のもとにおかれるようになったのは，当然の流れでした。第1に，経済事情の突然の変化は，教育実践という観点とその実践の理解という観点の両方で学校教育に深刻な影響を及ぼしました。第二次世界大戦以降，経済は優先されてきましたが，経済成長が維持されていた時期は明らかに終わりに近づいていました[1]。経済の伸展は，1950年代と60年代を通して，いくつかの経済競争相手国のそれよりもいくぶん穏やかでしたが，現実のものとなっていました。こうした伸び悩みの現状は，満足のいく生活状態にあるという感覚とこれまでにない富によって隠されていました。とはいえ，厳しい結果を招き始めていました。60年代末は産業不安のなかで変動がみられた時期であり，それは，生産性と生産高の著しい低下と合致していました。1964年から73年の間に，工業生産高は11パーセント低下しました。製造業は，1975年までの十数年間に，その労働力のほぼ3分の1を失いました。これだけでもすでによくない状況にありましたが，さらに，国際収支が急激にイギリスに不利に傾いたという事実によって，その衝撃は一層強まりました。戦後ずっと「見えざる」輸出の黒字が，製造業の輸出出来高の貧弱さを覆い隠していました。1960年代末まで，連合王国の貿易収支は黒字で維持されていたのでした。しかしながら，輸出以上に製品を輸入するという習慣によって，1974年までに5億ポンド以上の巨額で回復不可能な貿易収支赤字という結果が引き起こされました。こうした問題に加えて，1973年12月の時点で石油輸出国機構の世界石油価格が4倍に高騰し，1970年代初めの世界的な石油危機は最高潮に達しました。連合王国でただちに生じた結果は，驚異的な物価の上昇でした。物価上昇率は，1950年

代および60年代を通じて平均年2.8パーセントでしたが，1974年までの数年間に上昇してゆき，1974年に24パーセントに達しました。その数値は憂慮すべきものでした。

これが1974年当時，後継の労働党政権が引き継いだ経済状態でした。そして否応なく，報道機関，政治家，教育関係者の間で広範な議論が巻き起こりました。教育制度は，技能，テクノロジー，そして雇用されるに足る能力の問題に，重点的に取り組むことに失敗した，その結果として生じた問題に対して教育制度はどの程度の責めを負うべきか，という議論があったのです。これらの議論から得られた見解は，あらゆるカリキュラム改革の議論のなかで以前よりも数多くかつ突然に現れることとなりました。

第2に，より意味深い段階で，新たな教育のポリティクスが認められるようになりました。ほとんどすべての評論家は，普通教育が始まって以来ずっと，当たり前のように，学校教育の積極的な効果について論じており，学校教育がもたらす負の効果は存在しないとみなしてきました。ところが，それにとって代わる学校教育についての見解が，1960年代から70年代にかけて広まり始めていました。イヴァン・イリイチとエベレット・ライマーの共同研究は，1970年代初めに彼らが連名で脱学校論に関して出版して頂点に達したのですが，それは早くも1958年にプエルトリコで始まっていました[2]。彼らは，周囲の一群の思想家たちを引きつけました。なかでもパウロ・フレイレがおそらく一番影響を受けたでしょう。イリイチの『脱学校の社会』は，1971年に著されたのですが，学習の本質についての基本的な問題を取り上げていました。この本はすぐさま学生が読むべき課題図書リストに位置づけられました。このことは，気づかないうちに，同書が批判しようとした過程〔価値の制度化〕を強化したことを示しています。これは，非常に皮肉なことですし，また正規の機関の権力についての解釈にもなります。イギリスでは，イアン・リスターといった教育社会学者たちがイリイチと彼の協力者たちの見解を取り上げ，広めました。人々の学校教育に対する信頼の低下は，『ザ・ウォール』[*1]が1979年の最高売り上げを記録し

*1) 『ザ・ウォール』はイギリスのロック・バンドであるピンク・フロイドが1979年に発売したアルバムのタイトルである。これは全世界で3,000万枚以上の驚異的な売り上げ

たことに反映されています。『ザ・ウォール』は，教育が思想統制の一形態に過ぎず，教室は，実は，教師たちによる「悪意に満ちた嘲り」の場であったという力強いメッセージをもっていました。

　以上のことすべてが，学校でのカリキュラムについての議論に重大な捻れをもたらしました。そして当時，議論の両側に位置する者たちが相互に，破壊的な状況に導いているのは相手方だと主張し，その根拠を見つけ出そうとしていました。普通学校教育の開始以来，初めて，万人のための学校教育が良いものであるということを以前のようには信じない人々が，社会で多くなったのです。

　このように教師や学校で起こっていることへの疑念は，1970年代にマスメディアによって煽られました。1970年代は，教育に焦点化されたプレス・キャンペーンの10年となったと言っても過言ではないでしょう。それらは，ブルック委員会による読み書き報告書といった主要な報告書，あるいは人々に危機だと受け取られたことをさらに強調する報道機関の論評によるものでした。報道材料は，1975年の教授様式に関するベネット報告書，同年のウィリアム・ティンデル論争，その後に刊行されたオールド報告書とライジングヒル校騒動から提供されました。大衆紙が示していたいくつかの要因についての疑念は，1976年11月4日付のディリー・メイル紙の記事にまとめられています。ディリー・メイル紙は読者に，「水準の低下は，紛れもない事実である」ときっぱりと述べました。この反響のすべては，現代カルチュラル・スタディーズ・センターによって見事に要約されています。それは次のように結論づけられました。

　　その報道の中心は，イギリスの学校教育の現在の状態を描くことにあった。無能力な教師，いいかげんな教師，破壊活動的な教師，あるいはただ単に流行を追うだけの教師，そうした教師たちは，非行生徒を担任してもうまく教えたり，生徒指導したりすることができ

を記録した。シングルとして先行発売もされた「アナザー・ブリック・イン・ザ・ウォール (Another Brick in the Wall)」は，「俺たちに教育なんか必要ない」という歌詞で始まる。『ザ・ウォール』では，痛烈な学校教育批判，とくに教師批判がなされている。『ピンク・フロイド　ザ・ウォール』というタイトルで映画も製作され，1982年に公開された。

なかった。だが，そういった状況は世間にはよく知られていることで説明の必要はない。そういった教師のイメージを描くことであった。背後で演ずる者——過激な理論家たち，実態を把握していない官僚たち，一部の無関心で自分本位の組合の指導者たち——もしばしば描かれた。彼らと均衡を保っていたのは，数名の献身的な教師，気難しい組合の指導者たち，そして特別に任命された官僚であり，彼らは現実に立ち向かうことを余儀なくされていた。そのドラマのなかの素人役者は，教育水準の低下を心配する共通の感覚を吹き込まれた人々，つまり実業家や，自らの子どもたちに関わる報復を恐れる親たちだと見なされたのである。[3]

　一般の人々のもっていた印象が劇的に変化したことは明らかでしたし，それによって教育者や教育関係者が堅持してきた独立性の維持がますます難しくなったであろうことも明らかでした。もちろん，このすべては，これまでよりもはるかに個々人の選択権の行使が習慣化していった時代と共時的に起こりました。豊かさの始まりが，人々が「消費者」となることを意味するのであれば，人々はこれまでになく生活をコントロールできるようになりました。ですから，消費者優先主義の態度が教育においても浸透するのは，時間の問題でした。売りに出されているのは学校選択や教育という経験の質であり，商品購入の際に持ち出される消費者優先主義の態度は，学校選択や教育経験の質の決定といった点に見られるようになりました。
　多くの保護者たちがこうしたプレス・キャンペーンに影響されやすくなったのは，彼らの多くが，自分たちが子どもの頃に経験した学校教育制度よりもはるかに変化が激しく，それゆえに不安を感じている制度のなかで，自分の子どもたちが翻弄されている姿を見ている，という事実にありました。保護者が教育問題に関心を寄せ，1969年から刊行された『教育黒書』を信じた時，こうした不安によって報道機関が彼らの感情に訴えることは容易になりました。『教育黒書』は，保護者の不安を正当化することにつながったように思われました。また，教育を政治課題の中心に据えるという効果も確かにありました。20世紀に入って以来ずっと，歴代の首相は，同僚を主流ポストから外すのに便利なごみ捨

て場として，教育科学省を利用することができましたし，それはお決まりになっていました。ですがそれは，1970年代までにできなくなっていました。教育は，世紀末までに，政党の指導者になるという野望をもつ政治家にとって極めて価値のある「チェック・ボックス」のひとつになっていました。

　さらに，1960年代末から70年代初めにかけて，地方教育当局は教育政策の立案において最も革新的な要素となっていたように思われました。このことは，学校を総合制に再編する申請が全国各地で出され，増加したことからもわかります。こうした〔学校を総合制中等学校に再編する〕傾向のピークは，1970年から74年までの4年間にあり，それはマーガレット・サッチャーが政府の教育科学大臣をつとめていた期間でした。彼女は，〔学校の総合制化を〕留保していたにもかかわらず，最も数多くのグラマー・スクールを閉鎖した大臣になりました。それほど，このうねりは大きなものでした。また，中等学校の総合制化の動きは，ウエストミンスターが地方教育当局を統制できない，という印象を与えることにつながりました。これに対するある直接的な結果は，1979年にサッチャーが首相になって執務についたときに，地方教育当局の問題を演説するよう決定したことにみられました。このことは，教師や教育関係者が1980年代にますます主流から外れるようになった過程を説明するのにいくらか役立ちます。しかし，同様に重要なことは，中等学校の総合制化の動きによって，1970年代半ばに，次のような一般的な印象が与えられたことでした。それは，地方教育当局がいくつかの点で中央政府の統制の埒外にあり，戦後のイギリスの教育の強みであった中央政府と地方政府の間の微妙な均衡が崩れつつあるという印象でした。このこともまた，1974年に政権を引き継いだ労働党政府にとって圧力となりました。

　さらに，学校教育をめぐる地殻変動が起こりつつあったことを示す証拠があります。それは，1970年代初めの地方政府の再編から得られます。地方教育当局の数はレッドクリフ・モード委員会[*2)]による地方政

---

　　*2) 1966年にイングランドの地方政府の構造について検討し，その権限と境界，機能と区分について提言を行うことを目的に設置された王立委員会。委員長の名前からレッドクリフ・モード委員会と言われる。同委員会は，1969年に報告書（*Royal Commission on Local*

府についての提言を受けて，1974年の時点で半減しました。レッドクリフ・モード委員会の提言は，地方政府を，その周辺の同一経済圏の地域と結びつけ，さらにその結びつきを深めることを意図したものでした。ですが，それは，現実には，地方での教育統制を最終的に不安定にする一連の戦略の始まりとなりました。こうした新しい状況のなかで，1972年に刊行されたベインズ報告書は広く影響を及ぼし，多くの地方教育当局に企業的経営手法を採用させました。このことは，地方の助成金給付の決定結果をより厳密に監視することにつながりましたし，地方教育当局とその管轄校との関係を半永久的に転換することをもたらしました。振り返ってみますと，中央政府と地方教育当局と学校の関係は，20世紀に入って以来ずっと続いてきた連合王国の教育条件を特徴づけるものでした。つまり，同時期ではないにしても，すでに定着していた三者の関係が崩れつつあったのです。このこともまた，学校のカリキュラムに大きな意味をもたせることになりました。

　最後になりましたが，イギリスの出生率が1970年代の初めに急激に低下したことを忘れてはなりません。戦後の混乱期以降，イギリスの乳児出生数は毎年およそ100万人を維持していました。イングランドで公的補助を受けていたセクターの初等学校の在籍児童数は，1973年の時点では4,813,000人でしたが，1985年には3,542,000人まで減少しました[4]。教師の供給と校舎の設置は，政策立案者や役人にとって悪夢のような問題となりました。しかしながら，われわれの文脈でより重要なことは，雇用保障の面での教師の立場がもっと不安定になったということです。教師の雇用保障は，20世紀に入って以来ずっと，教職の主要な魅力のひとつでしたが，それはあてにならないとみなされ始めたのです。

Government in England 1966-1969）をまとめ，既存のカウンティ，カウンティ・バラ，バラ等を廃止し，58単一自治体を設置することを提唱した。教育は，社会事業，医療，住宅サーヴィスと同様に単一自治体が担うこととされた。

労働党の政権復帰と変化の兆し
Labour back in power and change in the air

　上述の要因のそれぞれは，1970年代末の緊迫した状況を説明するのにいくらか役立ちます。つまりそれらは，変化が避けられないという状況を生み出したのです。そして，ひとつの主要な展開は，それは人々が広く期待した展開でしたが，中央政府が場当たり的な教育制度運営に対してもっと綿密に統制する方法をどうにかして見つけるであろうというものでした。タイムズ教育版の記者のアン・コーベットは，新しい労働党政権の教育科学大臣のレッジ・プレンティスが在任中に直面していた課題を振り返って，教育科学省がもっと自らの権限を主張する必要があったであろうと述べています。

> 　教育費は，……教育科学大臣にとってより積極的な責任を教育科学省に付与することになる政策の実行や監督よりも問題にならないかもしれない……。教育はその地方で管理されるサーヴィスである。このことは，教育が提供されていることを確かめる閣僚の責任を減じるものではない。一定の最低基準はある。政府は，それが守られているかを確かめるべきである。[5]

　あたりに漂っていた変化の意識は，地方政府の運営と財源について報告することを目的としたレイフィールド委員会[*3]の設置によって，さらに強められました。1975年11月，保守党のある平議員が，プレンティスの後任として教育科学大臣にすぐさま就任したフレッド・モーリーに次のことを思い出させました。それは，当時，教育に対する財政面の提供を地方政府から中央政府に移すことが広く支持されていたということでした。つまり彼は，モーリーに地方教育当局の終焉を見越して

---

　*3) 1974年に地方政府の財政制度を再調査することを目的に設置された調査委員会。正式名称は，地方自治体財政調査委員会（The Committee of Enquiry into Local Government Finance）である。1976年にまとめられた報告書は，議長の名前をとってレイフィールド報告書として知られており，この前後の地方財政改革の理論的な指針となった。

いるかを尋ねたのです。この質問は，レイフィールド報告書の刊行後にそのすべてが明らかになるであろうという回答でかわされました[6]。このようにして，教育財源の政府による統制の問題は，1975年秋に主要な問題となりましたし，公式声明に幾度となく取り上げられました。数年間，大ロンドン州議会の財政を管理してきたローランド・フリーマンは，ブライトンでの会議で次のように述べました。「教育経費は，地方教育当局によってではなく大蔵省から支出されるべきである。教育財源の移譲は，地方税改革に関する提案の目玉のひとつとなるに違いない」[7]。レイフィールド委員会では，数名の参考人が，地方教育当局の教育支出は管理できていない，さらに独立会計とすべき時期はすでに過ぎている，と証言しました。〔産業界のリーダーたちによる陳情活動団体の〕刊行した「自由と活動を求めて」[*4]というパンフレットのなかで教育支出を地方政府から移すよう求められた時，その内容は教育系報道機関によって報道されたのです。最後に，地方教育当局の〔終焉の〕可能性についての悲観的な意見を取り上げます。それは，広く尊敬を集めた教育長のダドリィ・フィスクが，1975年秋にレディー・サイモン・ウィゼンショー記念講演を利用して，〔上述の〕地方教育当局についての将来の見通しを厳しく批判した時のことです。彼は，その直前に刊行されたベインズ報告書について次のように述べました。

〔ベインズ報告書は，〕地方教育当局の成果を厳しく攻撃するものである。簡単に言えば，自分を管理しようとする同僚の関心から逃れさえすれば，非の打ちどころのないくらい優秀な別の同僚の仕事を整理し，監督し，監査し，時に邪魔するような者が，多くいる。

上述の地方教育当局に対する見通しに反論するフィスクの最も過激な提案は，教育サーヴィスの統制を完全に国レヴェルへ移行するというも

---

*4) 実業界のリーダーたちが組織したロビー・グループ。1942年に 'Aims of Industry' として誕生し，産業における独立や自由を主張して陳情活動を展開した。例えば，1945年の国民保健サーヴィスの導入時には，反対運動を展開している。1975年から78年までは 'Aims for Freedom and Enterprise' として，78年から80年にかけては 'Aims from' として活動を展開した。保守党 や 'Freedom Association' との関係が深い。

のでした。「予想していなかったことですが，1974年の再編後すぐに，再び裁判にかけられるのが地方政府であるのは，残念なことです」[8]〔と彼は述べました〕。こうした懸念は，ただちに首相官邸で取り上げられました。ハロルド・ウィルスンは，11月末にイーストボーンで開催された地方政府の年次集会で，「移譲の提言に基づいて，最終的に教育に対する責任を地方教育当局から取り上げ，それを新しい地域の当局に与えることができる」とほのめかしました。彼は，「今のところ誰も地方教育当局以外の他の機関によって運営される教育サーヴィスを，良識をもって構想することはできない」という批判をわきにそらそうとしたのです[9]。こうした議論を読み返してみますと，それらは労働党の政権復帰を暗示しているだけでなく，次のような印象も確実に感じられるのです。それは，指導者たちが今後どの方向に向かうのか目途が立たないにしても，これでひとつの時代が終わったという非常に現実的な感覚を彼らがもっていた，という印象です。

　1976年5月にレイフィールド報告書が出された時，この問題全体が再燃しました。レイフィールド報告書は，中央政府が学校に直接財政支出をおこなう改革に反対意見を表明し，経費と雇用者数の両方の観点から，依然として地方教育当局が財政面で突出して大きな責任をもつことになる，と指摘しました。また，地方による教育提供の差は，地方教育当局の優先事項や政策の違いを反映したものであるとも指摘しました。証言者の多くが中央政府による直接的関与を拡大するよう論じたり，「政府による教育サーヴィス全体の管理」という点から述べたりしたことも同時に指摘されました。とりわけ教育の「全英最低基準」は，中央政府の関与と，地方税よりも国税を通じて維持されうると提言しました[10]。

　教職の外部での議論において彼らの自律性が問題にされたように，教師たち自身による議論においてもまた，そのいくつかの側面で教職の自律性が議論の対象になりました。例えば，1974年11月，全英教師組合は，教師の俸給を議論したハウトゥン委員会に対して教職が直面していた課題の説明において好印象を与えることをもくろみ，『教師たちによる議論』を刊行しました。このパンフレットは，近年の教師の仕事がどれほど厳しい仕事かを示すために，教職が直面していたうんざりするほ

どたくさんの改革を記したものでした。そのなかで，新しい教授法への転換，数学への新たなアプローチの導入，総合学習，歴史や地理に代わる人文学，ティーム・ティーチング，学級一斉教授からの脱却が年代順に記述されました。ここからタイムズ教育版の記者ティム・デヴリンは，(事実であるかどうかは別として)「チョーク・アンド・トークの授業はほぼなくなっている。昔のような宿題もそうである」と，報告しています[11]。しかし，このなかで，全英教師組合は自ら災いを招いてしまいました。最高賃金額での妥結をもくろみ，教師の仕事の困難さを強調したことによって，彼らは真っ向から批判にさらされたのです。それは，次のような批判でした。最も優秀な教師たちだけが困難な仕事をうまくやりこなすことができる，大多数の教師は，学級経営力の低下と学習達成度の低い児童生徒という状態を受け入れざるをえないという批判です。この批判は，ほどなく広範に聞かれるようになりました。

こうした批判と結びつけられたのは，教室で進行中の変革のあおりを受けて，より優秀な児童生徒が不利な立場におかれるという結果が生じており，それは避けられない，という不満でした。この不満はますます頻繁に聞かれるようになりました。1974年7月のタイムズ紙に掲載されたロナルド・バットの冗長な記事の趣旨も上述の不満と同じでした。彼は，「この国の教室で見られる対立文化についての残念なお話」という悲観的な見出しのもとに，ロンドンの学校で導入された新しい教授法の取り組みのせいで，結果的に，教室が無秩序状態に陥ることになった，と説明しています。また彼の主張によれば，そうした学校では，今までになく多くの保護者が，「私立セクターへの逃走」に巻き込まれることになったのです。彼は続けて次のように述べています。

　現在の教育機関の状態からして，その危険は，全学校がひとつの承認された型に次第に適合するようになる傾向が強まるかもしれないということにある。多くの保護者が逃げようと四苦八苦しているのは，こうした型からなのである……。そうなると，正確には，人々は何から逃れようとしているのか？　この問いに答え，政治家がその調査に関与する時がきた。もちろん第1に，保護者は，比較的優秀な子どもたちや意欲のある子どもたちでさえも，彼らが少数派

だからという理由で，さらに学習を難しくさせる流行の教授法が用いられているせいで不利な状況におかれる学校から〔自分の子どもを〕脱出させようとしている。第2に，基本的な文化の対立がある。……学校のエトスと家庭のエトスとの対立である。[12]

　彼は，ロンドンの総合制中等学校の無秩序な状態を詳細に説明し続けました。彼は，こうした学校の状況をとりわけ新しく出てきた教授法で明確に確認したのです。

　この種の陳情活動は，1970年代半ばに，非常に大きな影響を与えたことがわかりました。それは，総合制化と教授法の実験との間にはある種の結びつきがある，という強固な意識を人々に植えつけました。もちろん，その確かな証拠はほとんどありません。それが，事実かどうかは別です。また同時に，教育制度の状況はますます悪化しており，政府の介入が必要かつ不可避であるという感覚を育みました。こうしたやり方で，学校教育をめぐるレトリックは，それに続く数年間の出来事をほとんど避けられなくしたのでした。

挑戦が危機に変わる
A challenge turns into a crisis

　1975年から76年にかけて生じた教育危機の過程を見定めることは難しくありません。一方，政府は，教育科学省のなかで，当初はレッジ・プレンティスのもとで，その後はフレッド・モーリーのもとで，1960年代の計画を完成させようとしていたように思われます。政府は，中等学校の総合制への再編成を押し進め，サッチャーの大臣在任期間を改革におけるある種の歴史的逸脱もしくは一時的中断とみなしていました。しかし，取り組まれたいくつかの出来事は，次第に行き詰まっていったように思われます。第1に，ウィリアム・ティンデル事件が起きました。これは，1975年の夏に勃発しました。内ロンドン教育当局の小規模な初等学校で教職員が独自の「子ども中心の」教育を導入し始めたのです。それは，プラウデン報告書の理念の多くの実践を試みたものでした。しかし，彼らが実践で用いた方法のせいで，結果的に，子どもたち

に学校を辞めさせる保護者が多く出てきたのです。そして、1975年の秋に最悪の視学官報告書が出されました。そのため、教師たちはストライキを起こしたのです。内ロンドン教育当局が学校で起きていたことの調査のために設けたオールド委員会は、1976年7月に報告書をまとめました。その結果、数名の教職員が解雇され、学校は完全に再編されました。

「子ども中心の」教授法を支持する人たちにとって、この時が極めて重要な瞬間であったことがわかりました。報道機関は、教室の無秩序状態を詳細に説明しました。また結果的に、人々の意識に進歩主義と極左派政治とを明確に結びつけることにもなりました。これは、教職の独立性の問題に直接つながります。ブライアン・サイモンは、1991年に次のように要約しています。

> ティンデル問題は、極めて劇的な形で、数多くの重要な問題を提起した。これらのひとつは教育学の問題であった。「進歩主義の」教育は、何を意味したのか。教室内の自由と自律の関係はどうだったのか。結局のところ、〔子どもの〕学習と、教師が子どもの活動を入念に構築することとは、どのような関係にあったのか……。その関係のひとつは、人々の目に、「進歩主義」と左派の関係に映った……。オールド報告書が行った具体的な提言は、事件が与えた政治的影響や一般市民への影響全般に比べれば、総じて、おそらく重要ではなかった。教育の評判が落ちた……。非常に大きな損害が教職全体に与えられた。教師によるカリキュラムの（伝統的な）管理──彼らの自律性──は、ただちに非常に厳しく疑問に付された。教師、学校、そして地方教育当局でさえ、総じて、「説明責任」を負わなければならないのである。全体的に説明責任を求める動きが学校と教師たちを襲ったのは、ティンデル事件以後のことだった。[13]

第2に、学校での読み書き能力の水準に再び焦点があてられました。1975年に出版されたジェームズ・ブリトゥンの『書き方能力の向上』は、ロンドンの学校で一般に用いられていた読み書きの教授法を簡明に

要約しています。同時に，テストで書き方が強調され過ぎており，児童生徒の書く技能の発達を十分に重視していないと論じました[14]。同書は，ブルック報告書の序文にだけ役立ちました。『生活のための言葉』と題されたブルック報告書は，学級で流行していた読み書きの教授法の限界を強調し，学校の教育効果に対して基本的な疑問を提起しました。

これだけでは十分でなかったかのように，『教授スタイルと児童の発達』と題するベネット報告書が，報道新聞で用いられました。ベネット報告書は，比較的規模の小さな研究プロジェクトに基づくものでしたが，報道機関によって初等教育段階の何らかの授業でその効果に疑問を投げかける際に用いられたのでした。それは，さほど教師中心ではない授業でも，あるいは伝統的な「チョーク・アンド・トーク」の教授法に基づく授業でもそうでした。一般大衆は，ベネット報告書において形式主義の教授法が擁護されたことによって，教育学の問題に関して教育関係者は決して一枚岩ではないということを知ることができました。このことは，さらに，教職が教室で行われていることに責任を負っていると信じることが依然としてできるのか，という人々の問いにつながりました[15]。

これに続く次の2つの展開は，行政機関のさまざまな関与を求める状況を生み出しました。第1は，1974年にシーラー・ブラウンが主席勅任視学官に任命されたことです。これに続いて，視学官による大規模な初等学校教育への調査が実施され，基礎基本カリキュラムをより明確に規定する必要性が議論され始めました。第2は，労働党のなかで子どもたちの到達度への関心が数年のうちに高まったことです。例えば，政府は，1974年5月のレイバー・ウィークリーに掲載された政策文書のなかで，学校における「最低水準」を保証するよう求められました。

タイムズ教育版が1976年1月にその年の展望を論じるなかで，「今年は，カリキュラムが前面に現れる1年，そしておそらく，教師によるカリキュラム支配に挑戦する1年になりそうだ」と考えたことは，全く驚くことではありません。同記事は，教育科学省からのより積極的な情報提供を求めるなかで次のように論じました。「最終決定は，教育科学大臣の義務である。大臣は，戦略的判断が……専門家集団によってのみなされるべきであるかについて疑問視しなければならない。……カリ

キュラム論争の公共性を回復させる必要がある」[16]。

　2週間のうちに，攻撃の対象は，モーリーを巻き込むところまで拡大しました。そこでモーリーは，教育制度において本当に必要とされていることを把握していない大臣だ，と表現されました。そして，ランカシャーで開かれた北イングランド教育会議での彼の演説は，タイムズ教育版で厳しく批判されたのです。

　　政府が公の場で心を痛めていることを示す古典的な事例である。……教育機関は，政府によって作り出される環境の変化にただちに答えるであろう。というのも政府は，政策の優先順位，財政政策，財政支出，官僚機構の抑制などの観点から，実際には「〔生徒が卒業後に〕生計を立てる必要性」を最優先している。モーリー氏の慎重な攻撃は，正直に言って，大きな成果を上げるとは思われない。[17]

　事実，モーリーは，「魔法のような救済法はない」と認めましたが，自らの演説のなかで「われわれは富を生む産業や商業といった職業に対する深い敬意を教え込まなければならない」と述べ，検討課題が変化しているとほのめかしたのです。

　4月初め，キャラハンが首相に就任したちょうどその時，彼が教育政策に直接関心を向けるに値する格好の理由がありました。教育科学省は現実の問題を把握していないという印象を報道機関があらわにしただけでなく，数名の実業家が，次のような意見に同意していました。それは，例えばゼネラル・エレクトリック・カンパニーの最高経営責任者のアーノルド・ワインズトックが示した意見です。彼は，その年の年頭の公式発表で，教師たちが「楽をしており，無能だ」と述べたのです。彼は続けて，「われわれの子どもたちを存在しない世界に向けて準備するのなら，教育関係者は子どもたちの役に立っていない，と気づくべきである」と述べました[18]。

　さらに，前年の秋の政府による国際通貨基金問題を切り抜けるための方策が出されたにもかかわらず，経済危機が収束する兆しはみられませんでした。教育は，奥深い教育当局の予算のなかで最大の項目ですの

で，引き締めを強化する必要がありました。この点は，5月にまとめられた待望のレイフィールド報告書によって鮮明に打ち出されました。すでにみてきましたように，レイフィールド報告書は，中央政府の統制を強化する要求と教室での最低水準を何らかの形で保証する要求とを強めることになりました。

「イングランド教育史上の転換期」？
'A turning point in English educational history'?

　バーナード・ドナヒューは，キャラハンの上級政策顧問に就任した時，教育水準を主要な問題と位置づけることを提案しました。その際に彼は，ラスキン演説に直接つながる道筋をつけただけでなく，新しくかつ永続的な権力構造を，つまりキャラハンがダウニング街〔の首相官邸〕を去った後も長く続く権力構造の構築に着手していました。首相官邸が政策決定過程に直接関わるようになるのと同時に，教育科学省と視学局は，政策の伝達や決定のための主要なエージェントとして信頼されているように思われました。そのため，同時代の評論家にとっても，また後の評論家にとっても，教育科学省と視学局は，新しい教育事業において枢要な役割を担うように思われました。しかし，現実に起こったのは，教職や地方教育当局の権限の危機的状況だけでなく，政府が，これまでに例のないやり方，すなわち視学局と教育科学省の両方を「執行者 (enforcers)」として利用することによって，自らの役割を政策決定から新しい教育事業の管理へと微妙に転換したことです。

　モーリーは，5月21日に〔ダウニング街〕10番地〔の首相官邸〕に呼び出されました。そこで4つの主要な課題の報告を求められ，首相の政策室が年末に行われる重要な演説にもう取り組んでいると言われ，「驚きました」。それゆえ，初等教育カリキュラム，後期義務教育，試験改革，そして16〜19歳の教育を，1976年夏の重要な闘争の場とみなしたのは，首相のキャラハンだったのです。その成果は，秘密裏に作成された冗長な報告書となって出てきました。この報告書は，一般に『教

育黄書』*5)として知られるようになり，教育科学省内で作成され，ラスキン演説の数日前に報道機関に漏れました。それは，おそらく人々の態度を軟化させ，様子を見るためだったのでしょう。

　教育科学省内の多くの人々が，シーラー・ブラウン（主席勅任視学官）と同様に，この時を待ちに待った絶好の機会とみなしていたことは間違いありません。ブラウンは，教育科学省が学校の出来事に直接介入する道筋をつけるために初等教育の調査を利用するよう，教育科学省事務次官のウィリアム・パイルから勧められました。1976年の夏，パイルは，中央集権主義者として知られるジェームズ・ハミルトンと交代しましたが，それは何かが進行しているという印象を強めただけでした。

　報道機関は，確実に，これらすべてが査察の役割を強化し始める合図であると考えました。タイムズ教育版は，ラスキン演説の直前に次のように論評しました。

> ウィリアム・パイルから，また彼の後任のジェームズ・ハミルトンからも，文教委員会連盟に対して，秘密の花園のプライバシーは決して侵すことのできない聖域ではない，という重要な示唆が与えられた。そのような介入を実行する格好の手段は，査察――すなわち，首相のための覚え書きを準備するなかで〔出てきた〕勅任視学官によって果たされる役割――であった。[19]

　1976年の夏の期間に，計画されていた演説内容に対する提案が，多方面からもたらされました。もちろんその管理は，依然として首相の政策室の手のなかにしっかりとありました。ドナヒューと彼の助手のエリザベス・アーノットの両者がラスキン演説の起草に密接に関わっていたことが知られています。演説自体は，行われるまでずっと，教育科学省と大臣に関知されることはありませんでした。このように，キャラハンによってつくられた，議会と教育科学省の両方をはぐらかすという慣例

---

　*5)　『教育黄書』（*Yellow Book*）は，1975年に教育水準の低下を懸念するキャラハン首相の指示によって作成された報告書である。1976年に教育科学省から出された。正式名称は『イングランドの学校教育――課題と取り組み（*School education in England : problems and initiatives*）』である。

は，サッチャーとブレアの両者に模倣されるところとなりました。もっとも，1976年は明らかに新たな出発の年でした。

　一方，教育政策上で，ある種の転換の言明を求める圧力が高まり続けていました。9月の初め，タイムズ教育版は，新たに公表された出生率統計を強調しました。それは，出生率の低下が進行していることを示していました。出生率の低下は，生徒に対する教職員の比率を必然的に改善し，そのことによって教師の立場をさらに弱めることを表していました[20]。9月半ばに内閣改造の一環でシャーリー・ウィリアムズが教育科学大臣に任命されたことは，教育の再出発の予兆のようでした。彼女は，任命からわずか2週間で，ブラックプールで開催された労働党大会において教育科学省の事務次官を辞めさせたいと述べて，既存の包括補助金体制に懸念を表明しました。その理由は，彼女の言葉を借りるなら，地方教育当局が「度を超している」からでした[21]。こうしたなかで彼女は，下院の特別調査委員会の意見をそのまま繰り返し続けました。それは，わずか1週間前の委員会で示された教育計画を受け入れる姿勢を求めるものでした。ウィリアムズは，サッチャーの計画文書『教育──拡大のための枠組み』(1972)[*6]を彼女ら〔教育科学省〕でさえ利用できないことに，その時でもまだ腹を立てていました。10月半ばまでに，特別調査委員会は，限定された項目のみに対して支出する独立した教育財政機関の設置，つまり常設の教育常任委員会の設置を求めました。教育科学省が政策決定における完全な統制を保とうとした試みは，人材開発委員会[*7]から別途支出される資金供給によって，数年のうちに，半永久的に後退することとなりました。

　キャラハンは，9月28日に開かれた労働党大会の首相記念演説で，ラスキン演説での主要テーマのひとつについて予行演習する機会を得ました。彼はそこで参加者に対して，雇用主と学校とのより密接な連携を

　[*6]　1972年12月に出された教育白書。当時の教育科学大臣は，マーガレット・サッチャーであった。この教育白書で就学前教育から高等教育までの各段階における十年計画が提示され，新保育計画，学校校舎の計画，教職員の水準の向上，養成教育や現職研修の改善，高等教育の多様化の5つの領域で教育の拡充が目指された。

　[*7]　73年に制定された雇用および訓練法に基づき職業訓練の振興を目的として設置された団体。行政（地方当局や教育関係者），事業主，労働組合の三者で構成された。失業者へ職業を紹介し，職業訓練事業を実施した。

通じて,「教育と産業との間隙を埋める必要がわれわれにはある」と述べました[22]。キャラハンの動機のひとつは,確実に,新しく出された保守党の教育政策を取り上げ,それを用いることであったように思われます。トーリー党は,学校の水準と若者の振る舞いの両方に対して人々が不安を感じていることを把握していましたし,党の政策文書『正しい解決法』や秋の保守党大会において政治資金が教育資金から捻出されるとの立場を鮮明にしていました。タイムズ教育版は,次のように述べています。

> この問題を追及する言葉の大半は,小文字の「c」で始まる保守主義[*8]に反している。小文字の守旧派は,状況が変化していることや若者が道徳的に退廃していることを,長年確信してきた。けれども,そうした考え方のすぐ下で,各々の年齢や各々のステージにおいて予想可能な児童生徒の学習の到達水準について,またこうした予想にふさわしい教授法や教授スタイルについて,申し分ないほど立派な議論をしている。[23]

こうした状況を背景にして,10月半ばの『教育黄書』の漏えいは,ラスキン演説への道を開きました。『教育黄書』の重要性をいくら強調してもし過ぎることはありません。なぜなら,『教育黄書』は,仮に1976年秋の時点でその内容が急進的であるとみなされていたとしても,現代イギリスの政策決定の中心にすぐさま位置づけられることになった主要な傾向のいくつかを先取りしていたからです。第1に,『教育黄書』は,教師の仕事がますます困難になっていることを危惧した全英教師組合が先に提案していた議論を取り上げました。そして,それを教職に不利に作用するよう仕向けたのです。『教育黄書』は,プラウデン報告書で展開された教授法の革新を概説するなかで次のように述べました。

> この教授法は,適切に用いることができる人が用いるなら,かなり

[*8] 小文字のconservativesは,思想としては「保守」に反対しているはずであるが,結果的に変革を嫌って墨守する人々を指す。一方,大文字で始まるConservativesは「保守」的な思想に基づいて改革を推進する人々を指す。

の成果を生むことができる……。不幸なことに，こうしたより新しくより自由な教授法は，能力が乏しく経験の浅い教師には落とし穴となっていたことがわかった。彼らは，この教授法には綿密な計画を立てること以外にも，……個々の子どもたちの成長を注意深くかつ計画的に測定する必要があったことに気づかなかった……。初等学校の教師たちは，概してフォーマルな技能の重要性を認めていたけれども，一部の教師たちがインフォーマルな方法を無批判に用いたために，結果として，実践で苦しむこととなった。……重点のおきどころを正しく転換する時期にさしかかっている。

同様に，『教育黄書』は，中等教育について述べ，「学校はあまりにのんびりし過ぎているという感覚がある。……中等学校におけるカリキュラム編成に際して，人々に受け入れられる方針を設定する時期にきているだろう」と強調しました[24]。

『教育黄書』はまた，学校中退者の就職の見込みを高める基礎基本を重要視するよう訴えました。「中退者がはっきりと自分の意見を表明することができないと雇用主は不満を述べる」と悲観的に結論づけています。最後に『教育黄書』は，教師たちだけが学校で起きていることについて発言権をもつべきだとする見解に異議を唱えるために，首相に対して，「当局の声明」を出すよう求めました。

『教育黄書』の意図は，これ以上のものはないほど明確でした。報道機関は即座にこの時の歴史的重要性を強調しました。ガーディアン紙は，10月13日に「国家は学校に立ち入る必要がある」という呼びかけに第一面のほぼ全頁をあてました。さらに，「医師たちの臨床での独立性を近々減じる必要があるのとまったく同じように，ここ最近の教師の職業上の独立性も減じられなければならない」と社説でつけ加えています。記事の著者ディヴィッド・ヘンクは，起きていたことを過大評価したわけではありませんでした。彼は『教育黄書』を，「基礎的なナショナル・カリキュラムをイギリスの中等学校に導入する計画」と呼んでいました。そして，彼はさらに次のように補足しています。

その提案，つまり100年続いた公教育への不干渉を即座に放棄す

るという提案は，キャラハン氏が特別に作成を命じた秘密文書のなかでまとめられた。その全63頁のなかで，中等学校がじゅうぶんな数の科学者や教師を輩出するのに失敗した，と厳しい批判が展開された。

　彼は『教育黄書』の主要な論点を要約しており，学校で何が起きていたのかについてのいくつかの予測をしっかりと公に示しました。また彼は，教師がカリキュラムを全面的に統制する必要は決してないとも記しましたし，多くの中等学校が「あまりにものんびりし過ぎて」いるということも暗示しました。その結果，多くの中退者が基礎的なコミュニケーション能力や数学の技能に欠ける状態にある，と述べたのです。制度全体についても，「少年少女が経済面で果たすべき役割を準備する必要性と比べると，彼らが社会で果たすべき役割を準備する必要性」の方が過度に強調されてきたことを批判しました。ヘンクは，初等教育段階では，現代のインフォーマルな教授法は優秀な教師には有効であろうと強調しました。しかし彼は，『教育黄書』が，「優秀とはいえない教師は現代のインフォーマルな教授法をうまく用いることができない。バランスをただし，よりフォーマルな教授法に戻す必要があるかもしれない」と警告している，と強く主張しました。「合意を得た基礎基本カリキュラム」への道は，「学校で行われることについての発言権を教師たちだけがもつべきである，という見解に異議を唱える首相の正式な声明を通して」可能になります。彼にとってこの主張は，視学局が「先導的な役割」を担うとともに，教育科学省の権限を見直すのに好都合でした。その行く先は，彼の主張によれば，意義ある試験改革，新しい統制団体のもとでの教員養成の再構築，そして，何よりも，学校での合意を得た「基礎基本カリキュラム」でした。ヘンクは，このことに気づいていた全英教師組合の中央執行委員長のフレッド・ジャーヴィスの言を引用して，次のように結論づけました。

　こうした提案が真実であるなら，私が言うことができるすべては，ローズ・ボイスンの見解を本気にしたこの国の最初の人物は首相だ，ということである。そのような提案は革命的であり，この国の

公教育の伝統に反する。ナショナル・カリキュラムの提案は，労働党の教育科学大臣による公式声明の臆病さと正反対であり，また教育科学省が議会の特別委員会で最近行った発言にも反する。

新聞が社説で示した方針は，今この時が重大な変化を迎えていると理解することは正しいけれど，このことによって「全学生のなすことをホワイトホール〔イギリス政府〕が命令する」ということを意味するわけではない，というものでした。どの教科書が用いられるのかを指示することは国家の仕事ではないかもしれませんが，35週のうち20週を基礎基本教科にあてることを期待することは不当ではありませんし，その実行を確かめるのは政府の責任の範囲でした[25]。

タイムズ教育版は，2日後，ガーディアン紙と同様の主張傾向で次のように論じました。

キャラハン氏がラスキン・カレッジでの演説で述べたことをどの程度実行する準備をしているかは，今のところわからない……。彼が教育科学省の忠告に従うなら，われわれはイングランド教育史上，転換期にきている──1920年代の初め以降，役人や市民の代表のカリキュラムへの影響力が着実に低下していた，そうしたまさに長期にわたる傾向の逆転である。教師の統制するカリキュラムという神話は，根強い。おそらくそれがあまりに強かったために，これを捨て去るにはダウニング街10番地〔の首相官邸〕の先導が必要である，と教育科学省は結論づけたのである。

タイムズ教育版は，必要性の高い事項について，同紙が理解したように，ひとつひとつ詳細に説明し続けました。それらは，基礎基本カリキュラムの提案を説明する役割を果たす勅任視学官について，教育科学省と学校審議会との緊張関係の解決について，そして教育科学省への強固かつ直接的な統制権の付与を可能にする直接財政給付の仕組みの開発についてでした。

両党とも，学校のなかに刻々と時を刻み続ける時限爆弾があると確

信していた。保守党は，人々の不安が自分たちに有利に作用するに違いないと考えていた。彼らは，基本となる教育水準を設けることを擁護するやり方が不安を利用する方法になると信じ，それを擁護する姿勢をとった。キャラハンとウィリアムズは，おそらく政治的に異ならない評価を下しているであろう。彼らは時限爆弾から信管を取り除かなければならないと信じている……。こうしたカリキュラム問題を明るみに出すことで，彼らは信管が取り除かれることを望んでいる。[26]

　ラスキン演説の意義は，それが前もって公表されていたという限界があるにせよ，演説がとにかく行われたというこの事実にあると言えましょう。ただしキャラハンは，報道機関がすでに公に議論していた主要なテーマを強調する機会を利用しただけでした。おそらく，最も注目すべきことは，教育制度を年間60億ポンド以内で，それはこの当時要求されていた額でしたが，うまく運用しなければならないと彼が強調したことでした。子どもたちに職に就く準備をさせる教育を提供する必要性や，基礎基本カリキュラムへの要望は修正され，全政党を巻き込んだ開かれた教育議論を求める訴えへと作り変えられました。

状況は変化したのか？
A landscape transformed?

　演説の実施状況やその重要性についての最良かつ詳細な分析のなかで利用可能なものは，1989年のクライド・チティの著作です。彼は，ラスキン演説が教育の拡大を，それは概ね労働党によって進められてきたのですが，その拡大を進めてきた局面の終焉を政治的に最も高い段階で示したものであり，同時に教育の目的を社会全体で再検討する導火線となったとの結論を導き出しました[27]。ローズ・ボイスンやノーマン・セントジョン・スティーヴァスといった政治的右派の立場を取る人たちは，クライド・チティが示しているように，保守党が長年抱いてきた意見を労働党が認めたとして，労働党の提案内容をすぐさま歓迎しました。ラスキン演説がもった大きな意味のひとつは，現代イギリスの教育

議論を右派の立場へと半永久的に変えたことにありました。このことは疑いえないことです。教育を通じた公正な社会の構築や市民の育成に向けて戦後努力してきたことが，雇用可能な能力を求めることや，学校運営における基本的なコンピテンシー，効率性，有効性を説くことに道を譲りました。しかし問題は，こうしたことが監視され，評価される必要があるとみなされたことにありました。

　その後の数か月間に展開された大論争は，演説直後の教育関係者間の混乱ほど重要ではありませんでした。第1に，シャーリー・ウィリアムズは，それが実態ではないにせよ，教育科学省が地方教育当局や学校を統制している部署のひとつである，というイメージを与えた公式文書のもたらした熱狂に自ら身を投じました。11月初め，彼女は，政府が度を超すとの懸念を示した批判者を静めるという明確な意図をもって，下院で「学校で基本となる教育水準」を求めていくつもりですが，「それは，カリキュラムの統制をただちに試みることを意味しないでしょう」[28]，と発言しました。その1週間後，彼女は，学校カリキュラムについて地方教育当局から意見を聞くと宣言しました[29]。さらに1週間後，彼女は，教育支出に対する教育科学省の直接的統制をいっそう強化すると脅しています[30]。11月半ば，彼女は，モーリーのもとで準備した総合制中等学校の義務化法案を押し通すつもりであることを明らかにするために，タイムズ教育版のインタビューを利用しました[31]。その後の12月初め，彼女は，下院でのある重要な演説で，先を見越して積極的に動く政府を次のように表現しました。それは，政府が，子どもたちの発達について学校に意見するよう保護者に働きかけることによって，過去にそうであった以上に，保護者たちとより積極的に関わり合おうとしているというものでした。彼女はまた，生徒を産業界での仕事に向かわせるための奨学金の設立について述べました[32]。こうした状況のなかで，彼女は教師を批判することを厭いませんでした。1977年1月に開かれた北イングランド教育会議で，彼女は，問題は「できの悪い教師たち」，力のない校長や女性校長，そして現代の教授法にあると述べました[33]。1月末までに攻撃の的になったのは，学校審議会でした。それは，彼女が，教師組合の影響力を減じ，教育科学省が学校審議会を監督することを確実にする「劇的な変化」をともなう計画を詳細に説明したから

でした[34]。

　辞任までの数か月間，ウィリアムズの発言でいつも取り上げられた話題は，地方教育当局が自らの義務を果たすことに失敗しているということを示唆するものでしたし，また，地方教育当局の多くが，とくに保守党の影響下にある地方議会のもとにある地方教育当局が，規定配分された教育予算を浪費したというものでした。例えば，1978年10月，ウィリアムズは，全英教育研究財団と学校審議会をうまく支援できていない地方教育当局を厳しく非難しました。そして彼らに次のように警告しました。

　　国家機関の将来がこうした危険にさらされることになるなら，また，地方教育当局の財政支援が減少した結果，それらの機関が活動を劇的に縮小することになるなら，その時には中央政府が介入し，それらに直接財政支援すべきかどうかを，私は検討しなければならなくなるであろう。そして中央政府の影響と統制を拡大するという見地から，必然的に多くのことが引き起こされてくるであろう。私は，地方政府がこれを望んでいるとは思わない。[35]

　このような状況のなかで，当時，教育科学省から始まった効果的な活動を見定めることは，難しいことです。ただし，地方教育当局による学校カリキュラムの監督および管理を調査する目的でなされた地方教育当局を対象とした質問紙案の〔教育科学省による〕作成を除いてです。確実に，1978年の春までにシャーリー・ウィリアムズは，学校の教育水準の低下を問題として指摘した教育科学大臣である，と右派から賞賛されたのです。ノエル・アナンは，彼女を「何年もの間，教育水準があまりにも低いと公言していた最初の大臣」であると公然と褒め称えました[36]。ブライアン・サイモンは，この時期を次のように的確に表現しています。「何としても，先送りし，決断せず，延期した。つまり終わりのない協議が，通常になっていた。……このことは，シャーリー・ウィリアムズが教育科学大臣であった期間を特徴づけている」[37]。サイモンは，このすべてがもたらした掛け値なしの政治的効果は，1980年代の「急進右派」の主導権の掌握のための土壌作りにあったと論じました。

同時に，彼女がレトリックに依存していたという状態は，近年の政府が行っている傾向に先んじており，またそれだけではなく，教育科学省対首相官邸を和らげる効果もおそらくあったでしょう。

　当時の政府の取り組みは漸進的で，公式文書に頼っていました。けれども，全英教師組合は，既存の教育事業や教職への脅威だとはっきりと認められるものを即刻守りました。1977年12月，全英教師組合は，政府の最新の『教育緑書』*9)に反論するために，『学校での教育』を刊行しました。そこで，「子どもたちの教育に対する教師の日々の責任」を徐々に奪うために用いられようとしていること，つまり，より強固に外部からの統制を強化したり，基礎基本カリキュラムへと移行したりすることは誤りであると論じました[38]。教職者たちの多くの間に漂っていたこの時の雰囲気は，全英教師組合の冬季集会の参加者のひとりであったドン・ウィンターズによって記録されています。彼は次のように考えていました。

　　大論争*10)の開始とともに教師批判が本格的に解禁された。また，大論争に参加した人々の大半のモットーは，「教育水準が落ちている証拠がないとしても気にするな。……繰り返し言うならば，人々はそれを信じるだろう」ということであった。[39]

　しかし，教職のなかで戦後のカリキュラム改革の問題に関する意見が分かれていたように，当時もまた同じ状況にありました。事態が行き過ぎているという懸念を教職者たちの間で共有する者たちに賛成の意を示した評論家のひとりが，著名なパブリック・スクールの校長ジョン・レ

---

　　*9)　正式名称は，『学校教育―参考資料』（*Education in Schools : A Consultative Document*）である。この『教育緑書』は，訳者註*10)で述べる討論会の報告書である。ちなみに『教育緑書』は，政府が政策などを提案し，それについての議論を深めるために出す文書である。『教育緑書』をもとに協議，検討された結果，教育白書が作成され，法案化につながる。
　　*10)　キャラハンは，ラスキン・カレッジでの演説において，教育の専門家だけでなく，多くの人たちが教育について議論しようと呼びかけた。その後に展開された議論を大論争(Great Debate)という。1977年2月から3月にかけてロンドンやバーミンガムなどの8都市で教師，保護者，生徒，企業家，地方教育当局の代表，大学人らによる討論会が催された。そのテーマのひとつは，カリキュラムにおける教育水準の設定であった。

イでした。彼は，1977年1月に次のような意見を述べました。

> 私は，ヒステリックなひとりの校長がラスキンで示された首相の構想をナチによる教育統制と比較しようとした，ということで批判されている。……教育科学省の上級官僚たちは，14歳以上の子どもたちに共通の基礎基本カリキュラムの合意を得ることにすでに悲観的である。11歳以上でさえそうである。……たとえ合意が得られたとしても，教師たちにそれを受け入れるよう説得する方法を彼らは知らない。こうしたことを悲観するのは，過去10年間になされた教育科学大臣や教育部局から教員組織および学校審議会への権力の移行を勘案すれば，全く驚くべきことではない。教師と政府にある権限の適切な均衡を回復させることだけでなく，教育関係者を問いただす時がきた。どの年齢の子どもに何が教えられなければならないかは，教育の専門家の決断事項ではないのである。……われわれは，教師として，知識や技能を伝達する際の最良の方法を知っている。われわれは授業をうまく進める指揮者である。しかしながら，大きな戦略を決めるのは，政府の仕事なのである。[40]

　このような見解は，当時，教職を守るためのものだったのですが，しかしそれは，彼らの能力を土台から崩すこととなりました。
　大論争によって永久的に弱体化させられたのは，学校審議会でした。1976年の初め，全英教師組合のフレッド・ジャーヴィスは，学校審議会を大衆紙上の攻撃から守る必要性があることに気づいていました。「ディリー・メイル紙は，学校審議会が労働組合の目的のために利用しようとしている教職者たちの影響下に入っており，結果的に学校審議会への敬意が完全に失われた，という印象を与えている」[41]と述べました。続けて彼は，学校審議会は教職の多数派に訴え続けていたけれども，それは結局，労働組合の抑え込みにならなかった，と指摘しました。公文書館での公開文書を見れば，学校審議会の役割が不安定であったために，1976年末までに，さらにその後しばらくの間，学校審議会内でも自らの役割についての議論があったことがはっきりとわかります。それは，16歳試験の一本化において学校審議会の果たす役割や，どのよう

にすれば学校審議会がその役割を，増え続ける教育法人の数に合わせることができるかの議論でした[42]。当時，チェシャーの教育長は，試験改革についての学校審議会の議論の席捲の程度について論評し，教育科学省に送りました。そのなかで彼らに次のように警告しています。

> 教師たちは，全体的に，自らが試験団体を統制するということをよく理解していない。教師たちは，この新しい制度を全面的に彼らの統制のもとにおくことは決して容認されないということに，気づいていないように思われる。このことは，ある程度状況を理解する者なら考え至ることであろう。この状況を理解する者のうちには，あなた方や私のような者，専門家ではないけれども理性のある人々の大半，そして同様にノーマン・セントジョン・スティーヴァスやシャーリー・ウィリアムズがいる……。私は教育科学大臣と話をして，……こうした政治の現実を認識した。しかしまた，彼女は学校審議会を切り捨てるという極端な姿勢を変えた（私はそう信じている）。あれは，ただ非現実なだけであろう。[43]

1978年5月，学校審議会事務局長のジョン・マンは，「〔学校審議会と〕同じような領域で活動している他の機関」のリストを作成しました。そこには，政策問題研究所教育政策部，全英教育研究財団，社会科学研究評議会，教育科学省，勅任視学官，保健教育審議会，イギリス産業連盟，そして試験団体がありました。彼は次のように結論づけています。

> 学校審議会は時代の犠牲者であった。黄金の60年代……学校審議会は，教育の拡大期に生み出された。一方で学校審議会は，教育の発展を促進する理想的な方法として国際的な称賛を得た。1970年代になって学校審議会は，財政支援者である教育科学省と地方教育当局の両方から批判されるようになった。[44]

学校審議会は1976年のあの出来事で弱体化しました。けれども，マーガレット・サッチャーのもとで整理される前の数年の間は，奮闘し

ました。学校審議会の廃止は，人々に影響を与え，当時の教職の権限とその影響力を弱体化させる出来事となりました。

教職は服従させられたのか？
A profession brought to heel?

ところでわれわれは，イギリスでこの時期に生じた教育の管理の変化をどのように要約できるのでしょうか。その特質は2つあります。第1に，人々の願望の変化，つまり最終的には，政策決定者たちが教育制度を管理する方向へと転換する状況がありました。それは，容易に目に見える転換でした。経済性や効率性を求めることから，雇用可能性，基礎基本教科のコンピテンス，そして教育水準の保証が新たに探究されるようになりました。カリキュラム改革，児童生徒の関心の喚起，教育を通じた公正な社会やより開かれた社会をめざすことは，もはや問題視されなくなりました。これらは，シティズンシップの探究とともに，多くの戦後の教育者たちのスローガンとなっていましたし，おそらく大多数の者のスローガンにもなっていました。当時の彼らの声は，経費に見合うだけの価値を要求する声に飲み込まれてしまいました。これらのことすべては，1990年代に教育の風景を支配するようになった，目標設定やリーグ・テーブルの導入を，その寸前で止めることをもたらしました。しかし，それでも，教育改革は右派に決定的に傾いたのです。

以上のことすべてと結びついていたのは，政策決定における権力バランスの転換でした。それは，なぜこの大転換が生じたのかについての説明を部分的にですが，明らかにします。この転換は，同時期に論争に関わった人々には予想されたことでした。しかし，キャラハンの主導によって，「教育問題」が政策の中心に据えられ，より直接的な首相の影響を許すことになりました。クライド・チティやブライアン・サイモンといった評論家は，キャラハンの個人的な関与の重要性を強調し，彼の関与を低く評価してはいません。しかし，本章で使用した同時代のメディアを読み解くと，教育政策の立案の問題をめぐって1976年10月の時点で言われていた多くのことは，すでにある程度予測可能なことでしたし，それ以前に定められてさえいたことも明らかになりました。中

央政府による，より直接的な権限の行使は，多くの点で，1976年10月までに避けられなくなっていたのでした。

　この時期の多くの証人は，これを教育科学省と視学局の役割の強化とみています。私の結論は，意図的であれ偶然であれ，1970年代末の展開を受けて，主に〔首相官邸といった〕他者が立案した政策の執行者に教育科学省と視学局がなった，というものです。このなかでの真の敗者は，地方教育当局と教師でした。文教委員会連盟はこの時に廃止されました。文教委員会連盟は，とくに第二次世界大戦以降の教育ポリティクスにおいて主要な役割を果たした機関のひとつでした。1977年12月，まるでそれを象徴するかのように，その著名な事務局長のウィリアム・アレグザンダー伯爵（今は貴族に列せられています）は，「私は，成績評価部の始めた事業が将来の教育科学大臣によってカリキュラム統制に利用される，と信じている」との理由から成績評価部を監督する教育科学省の教育諮問委員会を辞任したのでした[45]。彼は正しかったです。

　おそらく，1970年代末に最大の犠牲を被ったのは，教育の専門家でした。本章で取り上げた一連の出来事によって彼らが永久的に弱体化したことは，明確になりました。われわれが次章以降で見ていく1980年代半ばの無分別な争議行為は，学校の将来や学校のなかのことについての議論を支配する教職の能力にさらに追い打ちをかける出来事となりました。1970年代末の多くの現実は，教育の成果というよりはむしろひとつのレトリックでした。しかし，引き続き起きてきた権力構造の移行は現在までそのまま続いていますし，教育のポリティクスの構図を枠づけています。1974年から1979年までの期間，政権与党であった労働党が，今世紀の末からそれ以降の教育政策を決定づける多くのことを実行した，との解釈に疑問をさし挟む余地はほとんどありません。サッチャーとブレア両政権が教育の分野で成し遂げたことは，それ以前に進められたことを参照することによってのみ理解されます。彼らは，キャラハンの遺産の上に教育のポリティクスを打ち立てたのです。しかし，その建設は，1970年代に始まっていました。

第 5 章

変革の10年間
——1979〜89年——

1979-89 A decade of change

これほど国家の権限を拡張するのに成功した政府は過去にない。その限界を巻き返そうとする飽くなき願望を大々的に，そして声高に宣言しながら。
(1984年6月，タイムズ高等教育版，社説)

変革の背景
A context for change

　1970年代の終わりまでに，教師の労働背景に大きな変化があったことは明白です。その変化が教師に及ぼす長期的な影響は，必ずしもただちに明らかであったわけではありませんが，いかなる教師もほぼその影響から自由ではありませんでした。変化の第1は，先進諸国で政治の新潮流が顕著となったことです。新自由主義思想の興隆を導く起点となったひとつは，フリードリヒ・ハイエクが1944年に著した『隷従への道』[*1)]です。ハイエクは社会問題への集産主義者による政策展開を批判する急先鋒となり，彼の著書『自由の条件』[*2)]は，保守党首となったマーガレット・サッチャーが下院で議長に向かって「これこそわれわれが信じるものです」と叫んだ書として注目を集めました。同じく影響の

　＊1)　原題は *The road to serfdom* である。邦訳書には，一谷藤一郎・一谷映理子訳『隷従への道──全体主義と自由』(東京創元社，1954年初版，1992年改版）がある。

　＊2)　原題は *The constitution of liberty* である。邦訳書には，気賀健三・古賀勝次郎訳『自由の条件』(『ハイエク全集』第5〜7巻，春秋社，1987年）がある。

あったのは，通貨主義者であるミルトン・フリードマンの経済理論であり，その理論は彼の著書『実証的経済学の方法と展開』[*3]などで広く知られるようになりました。彼はハイエクと同様，欧米の政治思想家に影響を与えました。ケインズ主義者は管理を求め，それは戦後の主要各国政府の方針を基礎づけてきました。しかし，管理の方針は，国家の経済政策の有効性と妥当性に対する抜本的な問いを提起する新しい思想によって，突き上げを受けることとなります。この新しい思想は1980年代における政策形成の思想的背景となりました。この思想はとりわけ教育に関する分野で大きな影響を与え，国家管理型の教育は保守主義陣営からさえも支持され，中央政府と地方政府の連携によって推進されました。このように1970年代後半以降，着実な伸長が認められる潮流が「新自由主義」であり，それは21世紀初頭に至るまで，イギリスとアメリカの両国において政府の施策を特色づけてきました。1979年までに新自由主義の方向はほぼ既定路線となりました。皮肉なことに，イギリスにおけるこの新自由主義の思想の具現は，教育に関する分野について言えば，政府の統制を弱める形でなされるのではなく，それはより強固な政府の統制を導くものとして立ち現れました。

　地方レヴェルで見れば，1975年，マーガレット・サッチャーが保守党における指導的地位を掌握したことは，従来の政策決定において基調をなしてきた合意政治のありようが，とりわけ教育に関して，すでに過去のものとなったことを意味しました。その前年，サッチャーとキース・ジョセフは，政策問題研究センターを設立していました。この保守系シンクタンクの設立は，もし彼女が政権を握ったならば，経済政策と社会政策に対する新しい取り組みの着手があることを予告するものでした。教室で試みられる子ども中心の教育や新しい実践を是認してきた戦後教育事業そのものが，いよいよ危機にさらされることとなるのです。

　加えて，学校を取り巻く状況の変化が著しくなりつつありました。製造業界の不振が続きました（1979年から1985年までの間に170万人が職を失いました）[1]。このことは，雇用者において，数年前まで新規採用人材が製造業界で働いていくためにそなえていれば良いとみなされて

　[*3]　原題は *Essays in positive economics* である。邦訳書には，佐藤隆三・長谷川啓之訳『実証的経済学の方法と展開』（富士書房，1977年）がある。

いた技能よりも，なおいっそう高度な技能をそなえた人材を，学校から得ようとするニーズを著しく高めました。学校は訓練された若者の適切な供給に失敗し，何らかの変革がなされなければならない，という声は根強くなりました。さらに，世界規模での経済競争の激化は雇用の不確実性を増大させましたし，労働力に向けられる目は厳しさを増すばかりでした。そして，国際競争は，就業の保障や専門的訓練の必要に社会全体でどう取り組むべきかに関して，公共的課題としての社会的合意の形成を待つことなく，進行の足を早めるばかりでした。このような状況のなか，新たに格好の批判の標的とされることとなったのが，教師でした。

1980年代，学校は転落の一途でした。1980年4月に公刊されたブリオー報告書は，この10年間で中等教育段階の3分の1の学校で生徒数が減少するとの見通しを示しました。また，生徒数の減少にともなう教職員配置問題がカリキュラム設計に対して直接的な影響を及ぼすと指摘しました。そして，多くの学校は14歳時の生徒の選択〔科目〕[*4)]の需要とさまざまな規模の集団編成の必要に対応することに追われ，生徒に選択の自由を与えるカリキュラムを提供することは，とても叶えられる状況にありませんでした。学校がカリキュラム実験を進められるような状況には，ほとんどなれなかったのでした。

学校に大きな影響を与えたもうひとつの変化は，学校効果運動の高まりです。これは学校改善の動きに拍車をかけることとなりました。教育社会学の新しいアプローチについてはその概要をすでに第3章で示したところですが，その具体的な現れとしてこうした学校の効果や改善を求める動きをとらえることもできます。当時影響力のあった人物として，2人の研究者が挙げられます。ひとりは北アメリカのジョン・グッドラッドです。彼の著書『学校という場所』は1984年に出版され，1,000以上の教室を綿密に調査した結果が報告されています[2)]。彼はアメリカの学校は「問題状況にある」と表明することから筆を起こし，学校は子

---

*4) 生徒は14歳時に専門科目の選択を始めるが，これは校長にとって実に悩ましい問題であった。何人の生徒がどの科目を選択するかは予測が困難であり，不確かな要素が多い。校長が手を加えて生徒数を調節することはできない。ある科目では教師が足りず，ある科目では教師が余るということがしばしば起きた。教師の雇用問題は校長にとって深刻であった。

どもとはもちろん，保護者ともより緊密な関わり合いをもち，注意を払うべきであるが，それは没交渉的な状態にあると警鐘を鳴らしました。その後，彼は教育改善センターと教育調査研究所をワシントン大学内に設立するに至りました。このような機関の存在は，学校改善運動の世界規模での影響の大きさを自ずと物語っています。同時期にイギリスのマイケル・ルターは，同僚との共同研究を通じ，『15,000時間』を著しました[3]。教室で起こるさまざまの行為や関係に着目したこの書は，学校教育の有効性，そしてとりわけ教室での実践の側面についての議論の高まりを導く一書として，少なからぬ役割を果たしました。われわれの文脈に引き寄せて以上のことを見ると，子ども中心の教育は，議論が学校の有効性に焦点をあてた内容に絞られるなか，いよいよその変革の必要が迫られる状況におかれることとなったのです。簡潔に言えば，教室で行われる実践の有効性の追求について，専門家は長期的な教育の成果を考える時間を与えられなくなってしまいました。これは，この章で後述するところの進歩主義教育の「取り込み」を理解するためのひとつの鍵を指し示しています。スチュアート・マクルーア（2000年）が端的に述べているように，「時勢はどう社会を構築するかという全体構想を描くことを離れ，支配的となったのは，学校をどう良くするかという実際的な問題への関心であった」[4]のでした。

新急進右派の計略
A new radical right agenda

フリードリヒ・ハイエクとミルトン・フリードマンは，保守党理念グループに招待されて講演を行いました。このグループは保守党の学者と国会議員が会合をもつひとつの組織であり，1974年にロジャー・スクートンが設立しました。その会合には通常，マーガレット・サッチャーが出席しました。スクートンが保守党の教育政策を立案・決定する主導的人物のひとりとなるのはすぐのことでした。彼の著書『保守主義の意味』は1980年の初刊となり，ここに1980年代の教育政策における中心的な指針となった2つのことが語られています。第1に，彼は自由の観念は強固な中央統制に従属する位置にあるべきことを論じ，次のよ

うに述べました。

> 保守党の姿勢は何よりも政府に向かうものである……。自由の観念は中心的位置を占めることはない……。自由は，個人の目的を明確化する組織や協定のような何かを導く時のみにおいて，ひとつの社会的目標として理解されうる。

　第2に，18世紀のバーナード・ドゥ・マンデヴィルか，19世紀初頭のデーヴィス・ギビーによる有名な声明を思い起こさせるような一節を用いて，彼は以下のように論じます。

> 機会の均等を供する試みは，……暗闇のなかで混迷し，ただつまずいただけのことである……。普通教育を準備することは単に不可能なのである。そしてまた望みうるものでもない……。学びの欲求は，人々をひとつの確かな方向に向かわせる。すなわち，これまで満足していたであろう地点から，彼らをより高き地点へと導き上げる。……社会が人々の要求を満たすだけの多様な「人生の行路」を準備することは重要である。……そして，人々が本当に快く満足して行うことをもはや望まない職業へと，単に人々を送り出すだけの機関を，社会が維持することは不要である。[5]

　教育に焦点をあてた議論をますます展開していく急進右派の論客たちのなかで，スクートンは無二の存在でした。アダム・スミス研究所，経済連盟，自由協議会と同様，政策問題研究センターも定評を得ている組織であり，学校教育について何かしら論及している著名人を引きつけました。例えば，アーサー・セルダン，バロニス・コックス，ジョン・マークス，アンソニー・フルー，ローズ・ボイスンです。しかし，より直接的には，これらの組織は教育を実際に対象とする多くの団体を発足させました。全英教育水準審議会（1972年），全英グラマー・スクール協議会（1987年），教育正常化運動（1987年），保護者教育選択連絡会（1985年）などです。

　これらの組織や運動に関する成果はいずれも，第二次世界大戦以来，

その時代を特色づけてきた教育事業を改革するため，出版物や公式発表の仕方において可能な，さまざまの機会に公にされました。例えば，1979年，ヴィンセント・ボグドノールは全英教育水準審議会のために『学校における水準』を著し，翌年にはキャロライン・コックスとジョン・マークスが『教育と自由──多様性の根源』を出版しました。R・ピーチとフレッド・ネーラーはグラマー・スクール協議会のために『グラマー・スクール──イギリスの誇り』を1987年に著しました。そして，同年に経済問題研究所の教育部門の援助下で公刊されたスチュアート・セクストンの『われわれの学校──急進的政策』は，教育関連法制定への道筋をつける書となりました。主導権は否応なく教育の供給に関わる側の手を離れ，教育を外部から論評し，批評する側に移りました。このような趨勢は，長い期間を経て，機の熟したところでなされたもののように見えるかもしれません。この機の問題は別にしても，いずれにせよ，ここに生じた主導権の移行は，イギリスで起こったことを辿れば，教育政策決定におけるイニシャティヴを急進右派が握るのに有利な展開をもたらしました。

　1980年代，このような背景をもって登場したサッチャー政権の教育政策の方針として，4つの中心的なテーマを確認することができます。第1は，以前よりも相当程度の強さで，市場動向への直接的な働きかけがあったことです。そのため，学校，大学，そして個々の機関のうちの部局，グループ，あるいは個人においてさえ，それぞれ自身の財源についてより直接的な責任をもつようになりました[*5)]。利潤を求めることの要請は，新たな，そして熾烈な競争原理が学校経営に導入されたことを意味しました。確かに，学校間における公正性の確保や資力の公平な配分について果たす地方教育当局の役割は，あまりにも小さいものでしかありませんでした。競争原理の導入はまた，学校の業績評価のため，学校により厳密な外部評価を課し，外部監査結果のような客観的基準を

---

　　*5)　原著者の補足によると，サッチャー政権下，誰もが財源に対する責任を負うようになった。かつては地方教育当局が当該年の財源を管理し，各学校に予算が公正に配分されるように，おおよそ措置された。しかし，今や個々の学校が自身の財源に責任をもち，そのもとでの業務の遂行が強要されるようになった。極端な場合，教師個人のレヴェルにおいて，それが求められることさえあった。

より広い範囲で使うことを求めました。しかしながら，同時にこれは，学校の経営と業績に関して，社会が期待していることの凝縮の一端でもありました。教育の効果を測定しようとする試みは，必然的に良い教育とは何かを定義づける要素を平板なものとしました。こうしてカリキュラム改革に関する議論は，一方に偏ったものに終始することとなりました。

　第2は，一見すると矛盾するようにも思えますが，1980年代は中央政府が教育制度の日常的作用の側面に対しても介入し，統制しようとする試みを繰り返してきた，ということです。これを達成するための仕組みが，財源配分とナショナル・カリキュラムの利用でした。学校はこのカリキュラムを実施し，その成果が点検され，そして実際に学校で行うことを決めるため，資金を使うことができるようになるというものでした。制度の具体的作用について細目にわたって指示を出す仕方は，中央政府による統制を担保する装置として機能しました。また，それほど直接的ではありませんでしたが，視学官の報告書は，制度と個々の学校を改善するための判断材料として利用されました（そして，その報告書は広く公刊されました）。学校視学局は半独立的な性格の特殊法人でしたが，教育水準局の発足は視学官に限定的な権限を与えるに留め，その役割を再規定し，彼らが政府の政策を批判することをより難しくしました。視学官の性質が変わり，実業家や企業家ら，さまざまの背景をもつ人々が視学官に任じられ，学校査察に赴くことができるようになりました。このことにより，学校で実施されていることに対する厳しい批判が引き出されました。こうした動きは，公的資金の利用における効率性や公開性を高めることを要望する社会の声に支えられていました。

　サッチャー政権が打ち出した機軸の第3は，特別な教科領域として，宗教，歴史，地理，現代語などを重視し，国民意識の形成を図ったことです。これまでに例を見ない多くの教育関連の法令が整えられました。学校教育が国民のコモン・アイデンティティの意識を強固にするための手段として用いられた事実は，増加する少数民族や少数外国人をいっそう置き去りにする状況を生んだだけでした。当時のイングランドにおいて，こうした学校教育を通じた国民意識の形成は，まさに一種の国教（それはキリスト教のプロテスタントの一派にほかなりません）の確定

を意味し，また歴史教育もその内容はかなり焦点化され，自国中心主義的な性格を帯びることを意味しました。

　最後は，新右派による教育と学校への関心が，教育というものは技術の開発と振興を通じ，経済の再生のためにより積極的な役割を果たすべきだ，という見方を導き出したことです。国家の経済問題を，学校が適切な技能をそなえた労働力の育成に失敗した直接的な結果であるとみなす論者もいました。それゆえ，情報技術，スペシャリスト・スクール[*6]，そしてカリキュラムの科学技術分野に重点をおくことは，国家再生に向けた肝要な方略となりました。

　以上の4つの鍵的要素をめぐる説明から，いくつかのテーマが浮かび上がります。おそらく最もよく耳にするのは，学校やカレッジで働く者は社会への説明責任を果たさなければならないということです。国家再生への鍵のひとつとして教育振興は重要であり，その進展を政府声明として公に伝えることは何にも増して効果がありました。これらの政策は，国家は経済的にも精神的にも衰退傾向にある，という自覚に基づいていました。この自覚は，かつて状況はより好ましかった，というある種の黄金期への思慕をともなうものでした。サッチャー政権の志向するところは，これを概して言えば，「ヴィクトリア時代の価値」にありました。学校での教育という点について言えば，彼らが抱くのは，教授は基礎基本が重視され，また選ばれたグラマー・スクールが将来社会の指導者となることの予定された生徒に対して高次の文化を伝達してきたという，より良き過去への憧憬でした。1980年代は宗教上の原理主義的回帰が印象的であったという点で留意するに値しますが，サッチャリズムは公にはどのような宗教的回帰にも結びつくものではありませんでした。しかしながら，サッチャリズムの影響は，強い反共産主義的な感情において特色的な面がありました。この時期に発せられた教育に関する政府の省令などの多くは，見方によっては，信仰や態度の面に踏み込んだ，いわば半宗教的色彩をそなえたものであったと言うことができるかもしれません。

---

　　*6）　11〜16歳の生徒が通う公立の中等学校のひとつであり，芸術，商業，工業，言語，数学，音楽，スポーツなどに特化したカリキュラムをもつ。

サッチャー政権の政策推進

The evolution of Thatcherite policy

　1979年から政権の座にあった保守党の着手した政策は，さっそく実効性がありました。教育支出の厳格な管理，特別に選抜された学校と私立セクターの学校の支援，地方教育当局の権限の制限は，重要な点です。次の教育科学大臣となるマーク・カーライルは，経済緊縮への舵取りを担い，学校と地方教育当局の権限の制限を導いた人物にほかなりません。私学就学援助計画は年々5,000万ポンドの支出先を，公立セクターから私立セクターに移し替えました。選抜された生徒は私立学校に通うため，直接的に財政的援助が得られるようになりました。このこと，そして学校教育の総合制化を推進する法律を廃止する決定は，実に予想された動きでした。ここでやはり看過できないのは，視学官の報告書の発表という，それが公開されることによる影響です。これにより，学校はより直接的に新聞の論評や批判にさらされる対象となり，視学官自身もまたその役割を大きく修正することとなりました。今や視学官は，教師の相談者（counsellor）として，教師が自己の能力を高めようとするのを支援するのではなく，むしろ学校で遂行されることを裁定する権威者（arbiter）となったのでした。1981年3月，保守党の教育費削減政策の影響を受け，中央政府による教育事業の支出額は縮小しました。また，その数か月後，「地方税徴収率上限規程」が示され，地方教育当局は教育費の不足分を他の経費項目から埋め合わせることはできなくなりました。

　しかし，政務次官としてカーライルの脇を固めるローズ・ボイスンは，カーライルが実施しようとしていたことよりも急進的な発想をもち，その考えを表明するため，公式発表を積極的に利用することに躊躇しませんでした。彼は校長経験者であり，『教育黒書』[*7]への寄稿者でもありました。ボイスンの観察するところでは，教室はますます秩序を失うばかりでした。彼はこれをどうにかするため，最新の教授法を利用

　＊7）　政府を批判する冊子のことである。政府が発行する「白書」をもじって「黒書」としている。第2章訳註＊13）（本書50頁）参照。

することを考えました。また，保護者の学校選択の自由度を大きくすることと，そのための教育ヴァウチャーの活用を提唱しました。さらに彼は数年のうちにサッチャー政権下で重要な政策となる他の諸提案についても，試験結果の公表，優秀校の「リーグ・テーブル」[*8]の発表など，次々と軌道に乗せていきました。保守的な教育政策を根本的に改革しようとするボイスンの要請は，スチュアート・セクストン（のちにキース・ジョセフの特別顧問となります）や保守党調査部のアラン・ハワスのような右派，そして彼の同僚であり，元教師であったテレサ・ゴーマンから積極的な支援を得ました。

1981年9月，おそらく教育問題への対処の進展速度に不満をもつサッチャーの意向が反映され，教育科学大臣がマーク・カーライルからキース・ジョセフに取って代わられました。サッチャーは自身の回顧録[6]において，ジョセフの教育科学省への異動は彼の求めるものであったことを述べています。ジョセフは反進取的文化がイギリスの産業競争力向上の足かせになっていると認識していました。彼はその文化の変革を学校のなかから直接起こしうると考え，これを実現するために教育科学大臣の地位を奪ったのでした。学校カリキュラムの選択性の拡大と科学技術の振興は，彼の方針の土台をなすものでした。

深刻な教育費削減を背景に，新たな動向が出てきます。これはリチャード・ジョンソンが「消極性の危機」[7]と呼ぶものの始まりでした。この文脈において，学校はますます強まる財政的な締めつけと財源確保の必要という，自身のおかれている状況に気づくのでした。1982年，人材開発委員会は技術・職業教育イニシャティヴの立ち上げに役割を果たし，新しい技能課程と資格認定条件が設定されました。実際のところ，それは「中程度の能力」の生徒に適し，成績優秀者に向くものではありませんでした。そのため，この政策は，特定の社会背景をもつ生徒が学校で特定の課程を修め，学校を通じて特定の種類の職業に就いてい

[*8] もともと，スポーツのチームなどの成績や業績を表にしたものを指す。のちに比喩的に金融機関の実績ランキングの意味で使われ，さらに学校ランキングの意味で使われるようになった。イギリス政府はナショナル・カリキュラムに対応した共通テストを7歳，11歳，14歳，17歳のすべての生徒を対象に実施し，その成績を学校ごとに公表しており，それに基づくリーグ・テーブル（学校成績順位表）がメディアを通じて全国に報道されている。

くような，学校の具備する配分的要素を強めるように作用するだけでした。政府主導ですべての学校にマイクロ・コンピュータも導入されました。学校は自身の方針と行方を定めていく力を失うばかりでした。

しかし，政府の表明した目標はまだ押さえられ気味でした。1983年の選挙において，教育は保守党が掲げるマニフェストでとくに強調された点ではありませんでした。しかし，保守党が政権に復帰すると，キース・ジョセフが教育ヴァウチャーを提案したように，新しい取り組みが，緊縮財政方針を維持したまま，すぐさま浮上しました。専門職に対する文字どおりの攻撃が始まり，はやくもそれは1984年の北イングランド教育会議においてあからさまとなりました。キース・ジョセフがその会議で教師の専門職性に疑問を呈し，教師の業務状況を点検すべき時期に来ていることを示唆するスピーチを行ったのでした。通達3/48で示されたカリキュラムに則して教職課程が履行されているかどうかを監視するため，教員養成課程認証審議会が置かれました。同審議会の設立により，教師教育は政府の厳しい管理のもとに組み敷かれることとなりました。そしてこのことは，教師教育が政府による査察対象となったことを意味しました。この新たに生じた現実は，数年間のことであったとはいえ，視学官が大学やカレッジのなかに「招待されて」，その足を踏みいれたという，拭えない過去を残しました。

しかし，1985年になって刊行された教育科学省の報告書『より良い学校』によると，政府は何が何でもナショナル・カリキュラムを押しつける意図をもっているわけではないということが明らかとなりました。

> 政府の見解としては，教育科学大臣の推し進めるナショナル・シラバスの策定に向けた5〜16歳のカリキュラムをめぐる方針は，おそらく適切ではない……。政府は大臣の権限がカリキュラムに及ぶ法律を成立させるつもりはない。[8]

しかし，同様にこの時期，中間層に配慮した教育制度の設計も見られました。例えば，1986年にシティ・テクノロジー・カレッジの設立が保守党大会で発表されました。この専門色の強い学校は財源を民間資本に頼る機関であり，地方教育当局の自治権や政策実行の権限を脅かしま

した。しかし，首相としてのサッチャーの初期の数年を振り返ってみれば，彼女が本当に革新的で目を見張るような教育政策の実施に向け，いよいよその気になるのは，1985年と1986年における教職の専門性をめぐる熾烈な対立のあとのことであった，と結論づけることができます。キース・ジョセフは彼女の最大の同調者であり，保守党の方向転換に大きな役割を果たした人物であったわけですが，驚くべきことに，彼は自身の論理を推し進めることを控える旨の見解を明らかにしました。

　サッチャーがいよいよ彼女らの言うところの「教育問題」に向け，合意的解決を超えて動きだすのは，1986年のことです。それはまだケネス・ベイカーがキース・ジョセフと交代する前でした。1980年代初頭，貿易省にいたベイカーは，学校にマイクロ・コンピュータを配置しようとする彼の活動に対する教育科学省の対応の遅さに不満を募らせていました。彼は当時を次のように回顧しています。

　　環境大臣として税率上限をどう定めるかを議論していたころ，私は地方自治体側との面会の頻度を減らすことにより，地方自治体の権限やその指導力を押さえた……。それは有効な戦略であった……。私はこの仕方を教育科学省でも適用することを決めた。もちろん私は地方自治体側との面会を拒むものではなかったが，どの自治体も省に立ち寄り，いつでも私に会うことができたとは感じなかったことであろう。[9]

　この教育政策における新しい傾向は，スチュアート・マクルーア（2000年）によってよく整理されています。

　　教育制度は破綻しているという強固な信念があっただけではない。政治的に新右派によって塗り固められ，そして広められたものでもあった。サッチャーとベイカーは教育科学省の声明を表した。教育不振の責任は社会主義と軟弱な自由主義にあるというものであった。学校は弱体化した。その最たる要因は，社会主義者同然との汚名を着せられて仕方のない教師のありさまにあった。さらに悪いことには，大学教授や教員養成職に就く者らによる知識人の裏切

り*9)があった……。組合権力への攻撃と公立セクターの民営化は，集産主義や社会主義の将来の希望を突き崩すやり方であった。教育の消費者とその権利と称して行われる専門的自律性への介入もそうしたやり方のひとつであった。ベイカーの改革は彼の強い信条に支えられていたと思われる。すなわち，ベイカーは，自らは保護者の代表であり，消費者の友であることを主張し，彼らの側にあることを，自分の興味だけで研究している教育の専門家や地方政治家に対して表明したのであった。[10]

1980年代後半，こうした新しい政治的背景のなかで，子ども中心の教育の支持者は極めて困難な戦いに直面することとなったのです。

保護者の権限拡大

Empowering the parents

1960年代から1970年代にかけて，保護者が学校教育に関する政治的側面で大きな役割を果たすようになる徴候があったとすれば，それは1977年のテイラー報告書においてでした[11]。同報告書は1978年12月の教育白書と1980年教育法を導き，まさに教育領域全般に保護者が関与する状況をもたらしました。この報告書は学校の管理と経営の問題全体に関わり，地方教育当局が個々の学校に対して最大限の責任をもつべきことを強調する一方，権限を有する学校理事会が地方教育当局と校長の間に介して立ち，両者をつなぐパイプ役の責任を果たすべきことを述べました。学校理事会は，地方教育当局，学校職員，地域，保護者を代表する組織でした。なかでも重要なのは保護者でした。教師組合はカリキュラムについて学校職員が最も大きな責任をもつべきことを言明していました。しかし，テイラー報告書は，学校の目的（aim）を定めるの

---

*9) 原文は trahison des clercs である。フランスを代表する哲学者であり，作家であったジュリアン・バンダ（Julien Benda, 1867-1956）が1927年に著した書 *La Trahison des Clercs* に由来する表現である。同書は知識人論の古典的名著と評される。trahison des clercs（あるいはその英訳の betrayal of the intellectuals や treason of the learned）という表現は，政治的理由からその良心に妥協する知識人のあり方を批判する際の定番的なフレーズとなっている。邦訳書には，宇京頼三訳『知識人の裏切り』（未來社，1990年）がある。

は学校理事会であり，この目的を明確な目標（goal）として設定し，継続的な点検によって教育の成果を評価し，目的と目標の合一を実現するための必要な手だてを講じるのも学校理事会であることを強調するものでした。これは教育の専門職の自律性に突きつけられた押し返しようのない課題であり，従来の学校や教師のあり方への強い異議申し立てでした。1980年の立法となる教育法は，可能な限り，いずれの学校も理事会を置き，どのような小規模校であっても，少なくとも2人の保護者が理事を務めることを規定しました。さらに1986年教育法は学校理事会の権限を拡大し，彼らに自身の学校の「望ましいカリキュラムの目的」を示すことを義務づけました（学校理事会は地方教育当局の示す広域のカリキュラムの目的を自身の学校のカリキュラムの目的として調整する，いわば仲介者（mediator）の役割を果たしました）。そして，とりわけ性教育に関する内容と編成を明示することが求められました。学校理事会のメンバー構成には規程があり，地方企業関係者を含むこととなっています。筆者が思い起こすのは，バーミンガムにおけるある学校理事たちの会合で，教区牧師を学校理事会に入れようという提案があった時のことです。何と英国国教会を企業としてみなして良いかどうかという議論が延々と続いたのです！　生徒の将来の雇用主も保護者と同様，学校運営に対する直接的な関与を得るようになったのですが，そればかりでなく，学校理事会は教師を停職にする権限も認められました。同時に彼らは負うべき責任として，学校では政治的な偏見や不公平は排されること，そして性教育は「家族生活の価値を提案する形式」[12]で提供されること，を保証しなければなりませんでした。教師と保護者および地方企業関係者の間に起きたこの突然の力関係の変化は，カリキュラム開発をめぐる新局面を生み出すこととなりました。

地方教育当局にかかる圧力
The LEAs under pressure

　サッチャーが政権を握って以来，地方教育当局は前例のない困難に直面していました。新しい教育科学大臣のマーク・カーライルは，教育科学省の1979年11月公刊の『カリキュラムに関する地方教育当局の取

り決め』を通じ、「地方教育当局はそれぞれの学校のカリキュラムに対し、詳細な管理を行うための適切な体制を構築すべきこと」[13]を示唆しました。多くの地方教育当局にとって、これに積極的に応じることは気が進みませんでした。なぜなら、これを行うことは過去30年間の取り組みを覆すのも同然であったからです。しかしそれこそが、サッチャー政権が次の段階に向けて押し進めようとするものでした。法律は今や地方教育当局の支出に対して厳しい規制をかけるものとなっていました。1982年の地方財政法は地方教育当局がさまざまの財源を柔軟に得ることを困難にしました。地方税徴収率上限規程は1981年に発効し、今も制度として機能しています。この規程により、地方教育当局はその上限を超えて予算を計上すると、厳格な違約条項が適用されることとなり、地方教育当局側の都合で経費の項目間の移し替えを行うことは困難となりました。予算の締めつけは1985年、1986年と厳しさを増し[14]、清掃や学校給食のような付帯的サーヴィスを民間委託しようとする政府の圧力は、日ごとに地方教育当局にのしかかりました。こうした財政統制の動きは地方教育当局の事業全体に関わるものですが、とりわけ教育事業はほとんどの地方で行政の負う財務的責任が著しく大きかった分野であったため、その統制の影響は深刻でした。

　この時期の視学官が果たした役割は、レイノル報告書から示唆されるように、地方教育当局それぞれの業務実績を報告することにありました。全体で13の地方教育当局がこの査察の対象となりました。教育とはあまり関係のないことを理由として、査察対象に選ばれた例もありました。1982年、前年に暴動のあったトクステスが査察対象となったのは、その例です。勅任視学官に付託される権限が拡大され、それは地方の行政と財政に及ぶものとなりました。政府は視学官の査察業務に新しい要素を付加しましたが、それは同時に、政府が間接的ながらも、地方教育当局への締めつけを進める手だてを得たことを意味しました。

　サッチャーは地方教育当局の弱体化を図るため、別の組織も用いました。人材開発委員会です。同委員会は1974年に設置されました。人材開発委員会は、14～16歳の生徒が通うテクニカル・スクール（10校）を創設するという、新しい体制の導入に向けて役割を果たすのに最適な組織でした。そして、1982年11月、この学校は誕生しました。ヤング

男爵はサッチャーに最も近い助言者のひとりです。彼は「もしわれわれが通常の教育組織を使って何ごとかができるようになるとしたら，それは何ごとかが起きたこの10年の終わりということであろう」[15]と述べました。ニイル・キノックのような労働党支持者による努力があったにも関わらず，多くの地方教育当局と学校は新たに財源をめぐる争奪戦に加わらざるをえませんでした。痛手のひとつは，これまで学校は地方教育当局を唯一主要な支援の拠りどころとみなしてきましたが，この見方が崩れ，競争原理と経営精神が教育事業の設計に導入されたことです。数年間はいくつかの試みが継続教育の領域で経過的になされるにとどまりましたが，競争と経営の要素はやがて地方教育当局の自律性を深く侵食していきました。

　第二次世界大戦後のほとんどの時期において，地方教育当局は，教室で実践を続ける教師が方法や能力の向上を図るための支援と資金の源泉として，重要な役割を果たしてきました。しかし，今や地方教育当局は生き残りのための競争に似た状況に投げ込まれ，古いカリキュラムの刷新を先導するための余力をすっかり失ってしまいました。かつて地方教育当局が果たしてきた役割に与えられていた積極的な評価は，むしろ変革に抵抗する旧来的存在という評価へと転落しかねない危機的状況に陥りました。そして，このような厳しさの増す財政的な統制は，中央政府と地方教育当局の間にもたらされた新しい力関係とも組み重なり，ただちに教室での実践に影響を及ぼすこととなりました。

教育科学省の権限

The empowerment of the DES

　教育科学省が学校の業績に緊密な目を向けるようになる兆候は，1978年8月における成績評価部の設置に認めることができます。教育科学省内に設置されたこの組織が教育制度の有効性を調査し，その制度下でなされる学校の活動をより効率的に管理しようとするものであることが明らかになるのには，それほど時間を要しませんでした。成績評価部は初めは学校を支援し，やがて試験制度改革へと及び，次第に直接的な学校への関与を強めていきました。これは当初から企てをもって進め

られた関与の強化でした。1980年に同省が公刊した『学校カリキュラムの枠組み』（学校カリキュラムにおける基礎基本教科を強調した重要な文書です）と翌年の『学校カリキュラム』は，地方教育当局に対して彼らに望まれていることは何かを明示しました。教育科学省はこれまでの控えめの態度を変えたのでした[16]。

　1980年代前半を通じ，教育科学省は試験制度改革によって，学校により大きな影響を与えようと力を注いできました。〔後に詳しく述べますが〕短い期間に導入された職業準備教育修了資格（CPVE），準上級（A/S）レヴェル試験，そして新しい中等教育修了一般資格（GCSE）が，教室で実践する立場の者に与えた影響は計り知れません。この一連の動きについて，教育科学省が教育制度の中央掌握をより強固にしようとする試みの一環に位置づくものと捉える論者もいました。新しい資格と試験の導入は，教師の関心を，この試験をどう運営し，どう管理するかという問題に向けさせ，他の課題から逸らさせる効果がありました。〔生徒が通常授業で行う体験的活動，実験，調査などの〕学習課題が試験の評価対象として重要な要素となったという事実は，たちまち2つのことを含意します。ひとつは，教育の専門家としての教師が自身の時間の多くを生徒の学習の配分や評価に充てるように強いられたことです。もうひとつは，それゆえ，教師の能力は試験以外の面でもカリキュラム改革に活かされるべきなのですが，しかしそうならず，必然的に教師は大きく制限されたなかで役割を果たすに過ぎなかったことです。

　1984年，教員養成課程認証審議会が設置されました。このことによって，政府のより直接的な影響下での教師の養成が始まり，教育科学省の教師教育に及ぶ力はいっそう強まりました。翌年，同省は『より良い学校』を発行し，この審議会が特定教科に絞って特別助成金を出すことにより，教師の現職研修を管理することができる仕組みを導入しました。しかし，教育科学省の野心がとどまるところを知らないものでは決してないことも，この書には記されています。

　　政府の見解としては，教育科学大臣の推し進めるナショナル・シラバスの策定に向けた5〜16歳のカリキュラムをめぐる方針は，おそらく適切ではない……。政府は大臣の権限がカリキュラムに及ぶ

法律を成立させるつもりはない。[17]

　同時に，学校現場へ影響を強めようと企てる者がそれを急ぐのは，学校現場に生じていた現実的な困難があったからである，ということも理解できます。学校は職員配置問題で機能不全に陥っていたことが知られていました。多くの学校で別個の教科が一緒に教えられていたり，教師が正規の訓練を受けていない教科を担当させられていたり，ある学校ではカリキュラムの一部分がまったく差し替えられてしまっているという状況が生じていました。そうであるにも関わらず，1985年，教育科学省はこれを正常化するため，間接的な方法での管理から一歩踏み込んだ，具体的な行動を起こそうとはしませんでした。

　教育科学省の権限拡大をめぐる鍵のひとつは，学校審議会の解体でした。学校審議会は，カリキュラム改革の問題は教師自身が取り組むべきものであるとする立場を表明してきました。同審議会はさまざまの批判が始まった当初から，その対象となってきました。1976年のラスキン演説の草稿として準備された『教育黄書』は，「学校審議会はとりわけカリキュラムに関して発展的な仕事を導くべく適切な責任と役割を果たしてきた……。カリキュラムの問題への取り組みは概してまだ始まったばかりである。カリキュラムと試験についての実施は十分な実効性を発揮していない」[18]と論及しました。トレナマン報告書は「学校審議会は学校現場への広い影響力を失った」[19]とはっきりと述べ，同審議会が果たす役割はもはや部分的に過ぎないと結びました。学校審議会はこれまで多くの識者から，カリキュラムの段階的な改革を進め，また中央との協調を保ちつつ，より包括的な改革の方法をとる立場において一定の役割を果たす存在とみなされてきました。そして，教師の影響を残す砦とも目されていました。それゆえ，トレナマン報告書に続き，キース・ジョセフは，1984年1月に学校審議会が整理されるであろうということを宣布しました。同審議会は2つの組織に取って代わられました。中等教育試験審議会と学校カリキュラム開発委員会です[*10]。前者がすぐさ

---

　　*10）　前者は試験制度を統括する機関であり，後者は中央当局に対してカリキュラムに関する助言を行う機関である。デニス・ロートン著，勝野正章訳『教育課程改革と教師の専門職性——ナショナルカリキュラムを超えて』（学文社，1998年）参照。

ま重要な役割をなした一方，後者はなかば計画倒れであり，政策への影響もほとんど認められませんでした。この事実は，この数年における政府のカリキュラム改革に対する取り組みが，〔質よりもむしろ〕量が先行するものであったことを物語っています。

とはいえ，新しい秩序と枠組みを形成する過程において，教育科学省が唯一，政府の願望と見解を代表するに等しい権限を与えられていた存在であったことは，強調されなければなりません。このことは1986年5月，ケネス・ベイカーが教育科学大臣に就任すると，いよいよ明らかとなりました。彼は在任中の答弁でその就任当時について，「省の士気は低かった。というのも，官僚という既成権力の反対に抗し，保守党の政策を強いて進めることは，少なからざる場面で困難があった」と強調しました。彼の見方によれば，

> 教育科学省は他のどの省よりも省のイデオロギーが強固であった。そこには1960年代という時代のエトス，さらに言えば，官僚という存在全体に染みわたっている体質や様式のようなものがあった……。それは「進歩主義」の正統性の根拠であり，反競争的，反選抜的，反市場的という立場であった……。教育科学省だけでなく，教師組合，大学の教育学部，教員養成課程，そして地方教育当局も，大臣がもたらさんとする脅威に対する官僚の防御者（protector）としての役割を果たした。官僚がこのような文化の守護者（guardian）であったと言うなら，勅任視学官は……司祭職（priesthood）であった。[20]

このような背景のなか，1988年，教育改革法が制定され，権限はますます教育科学省に集中しました。同法の重要性についてはリチャード・ジョンソンが整理しており，次のように述べています。

> 教育改革法はこれまでに類例のない中央によるカリキュラム問題への関与を導いた。同法は地方教育当局管轄の学校，カレッジ，ポリテクニクに対する権限や関係をも侵すこととなった。中央当局に対する中心的なライバル，すなわち内ロンドン教育当局が廃止され

た。同局の廃止は，助言的で協議的な組織を解体し，権限を新設の学校試験・評価審議会やナショナル・カリキュラム審議会のような管理的機関へ移す，長きにわたった仕組み変えの総仕上げであった。そこには教師の給与と待遇に対するベイカーの執着があった。要するに，1988年の教育改革法と関連政策は，「パートナーシップ」をめぐる従前の慣習を絶ち，地方教育当局を教育科学省の従属的位置に据え，職掌関係を築き直したのである。[21]

このことは，近代イギリスにおいて取り組まれてきたカリキュラム改革の道筋を転換させる一歩となりました。

学校査察業務の新しい役割
A new role for the Inspectorate

1980年代には視学官の役割に変化がありましたが，それは彼らが負うべき責任と職務形態が一変したことなどをはじめ，多くの変更がその地位に加えられたことによります。視学官の著す個々の学校の報告書が一般公開されることは，学校査察業務にかつてない影響をもたらしましたし，彼らの評価規準は広く了承されるべきであり，より透明であるべきであるという認識をすばやく広げました。その結果，この10年，視学官が日々行う業務は繰り返し絞り込まれ，定型化が進みました。従来，視学官は学習効果について彼ら自身による個人的評価を下すことができ，比較的短い報告書を書けば良いと考えられてきました。しかし，その考え方は，明瞭な評価規準が定められ，それによって学習効果が評価されなければならないという主張により，退けられました。

多くの経験豊かな視学官は，彼らのほとんどの時間を書類作成に奪われるようになり，そのため，学校を訪問する時間を割けず，訪問校数が減ったと不満を述べました。当時の視学官のひとりは，次のように述べています。

1980年代初頭，勅任視学官は自身の任務は教育活動の質を評価することであると考えていた。試験結果はあくまでも周辺的なもので

あった。……なぜなら試験結果は，教師による教授との関係において生み出される生徒の能力を一定程度反映するものであっても，それは決して教師と生徒が積み上げた教育経験の全容を語るものではないからである……。1980年代，政府から「水準（standards）」，「成績（performance）」，さらには「成果（output）」などの言葉が示し下された時は衝撃であった。質は脇に追いやられていた……。1991年から1992年まで，どの勅任視学官教科委員会も正確性と客観性をよりそなえた報告を書くことが求められた。委員会はその実現に向けて，教育活動の質を厳正に評価するための規準を作成することが要請された……。1980年から1992年までは，視学官による査察の焦点の絞り込みとその業務の体系化が常に図られた時期であったと特色づけることができる。

また，別の視学官は1980年代半ばまでの視学官をめぐる状況について，深刻な口調で次のようにすら語るのでした。

状況は激変した。見当違いの思いかもしれない。もしすべての訪問校の，すべての点について，査察記録の詳細が印刷されて公開されるのであれば，誰かが，いつか，その詳しい情報を「取り出す」ための手段と時間，そしてそうしようとする意向を有すことであろう。次第にわれわれは，以前よりも少ない学校を訪問し，より長い記録を，より多くの時間を費やして書くようになった……。これが起きたことのすべてである。それは，まるで木が増え，「森」の茂りがますます鬱蒼となるごときであった。

さらに彼は続けます。

まだ2つのことがある。それはより悪質な広がりさえみせるのであるが，「査察規準」の公表の要望と，「成績指標」への過度の依存である……。「成績指標」はその妥当性についての十分な留意もないまま，即座に利用され，また指標のそなえる明瞭な客観性と相俟ち，専門家としてのわれわれの評価の入り込む余地を狭め，ついに

はそれを排除してしまうに至った。[22]

　こうした観察は，経験豊かな専門家の多くが1980年代，変化に次ぐ変化のなかに身を置いて実感した困難さを反映しています。また，当時の教育制度に巣くった根深い対立意識も映し出しています。つまり，一方の人々は，従来から依拠する価値のなかで実践を組み上げ，進展を図り，しかし今やその価値が突き崩されようとしていると考えました。他方の人々は，新しい理念と実践を積極的に導入し，専門職にはいっそうの革新と説明責任が必要だと考えました。この両者の攻防があったのです。しかし，その対立状況のなか，視学官業務に変化が与えられたことは，それがいわば新たな教育上の妥結を導く助産師（midwife）の一面を有したことを意味しました。そしてまた，その役割の変化以前には，少なくともナショナル・カリキュラムの実施から初期の段階までは，勅任視学官は自身の報告書の公表を通じ，やや遠回しながらも，政府の政策に対して自らの意見を述べる立場を保ちえていたことを意味しました。このような理由から，視学官業務のあり方が，1988年の教育改革法によって導入されたナショナル・カリキュラムをより有効に機能させるための鍵のひとつとして，ナショナル・カリキュラムの実施から数年経って，いよいよ問題化してくるのでした。

試験の改革

The reform of examinations

　1980年代初頭，試験改革は先延ばしにされているとみられるようになりました。中等教育修了資格試験は1951年にそれまでの学校資格に代わって設けられました。1965年には中等学校修了基礎資格が加えられ，それは「中程度の能力」の生徒に応えるものでした。中等学校修了基礎資格は，中等教育修了資格と同様，教科に基づく試験でした。ほとんどの教科に評価対象とされる〔授業時間中に行う体験的活動や実験などの〕学習課題があり，それは〔筆記試験の成績とともに最終的な〕成績を決定する材料として重視されました。教師は各教科の授業における学習課題の編成と指導の両面で中心的な役割を担うようになりました。

1960年に至ると，ビロー報告書がより広範な能力に応じることのできる試験の一本化を主張しました。1960年代後半から1970年代初頭における学校審議会の成果のひとつは，中等教育修了資格試験委員会と中等学校修了基礎資格試験委員会の協力を促し，試験の共通化を図ったことです。両委員会は別々に行う試験よりもいっそう幅広い範囲の生徒に対応できる試験のあり方を模索し，限られた事例数ながらその試験を試行しました。そして，学校審議会は試験の共通化を試みた結果を明らかにしました。中等教育修了資格と中等学校修了基礎資格をめぐる両委員会の連携事業は，2つの制度が統合されるのはもはや時間の問題かと人々に思わせ，早期の統合への期待を広げました。しかし，シャーリー・ウィリアムズとマーク・カーライルはこの動きを滞らせ，キース・ジョセフが1984年6月，従来の2つの制度に代えて中等教育修了一般資格試験を導入することを発表するまで，その統合は持ち越されました。そして1988年，〔ナショナル・カリキュラムの導入によって〕新制度が実施されました。新しい試験の導入をめぐり，以下，3点を指摘しておきます。第1に，授業で行われる学習課題の評価は，ほとんどすべての試験においてその最終的な成績を決定する要素のひとつになりました。第2に，教師の影響が確実に小さくなりました。第3に，新しい中等教育修了一般資格は中等教育修了資格の特徴を多く引き継ぐことにより，本質的にはエリート的性格の試験として確立され，とりわけ優秀な生徒に提供されました。教師は新しい試験を試行し，導入するための準備も時間も不足していると抗議し続けました。

　〔通常授業を通じた〕平常点加算評価と学習課題を重視することは，目に見えない筆記試験の弊害に対して効果があると思われました。そしてまた実際に，それは家庭の協力が得られる環境の整った中流階級の生徒にとっては歓迎すべきものでしたし，さまざまな理由から実際的な支援を生徒に供しうる機会が増しました。しかしながら，生徒と学校側の評価者（school assessor）との間に交渉の要素が入ることにより，試験の現実は変わっていかざるをえませんでした[*11]。この交渉の要素はかつ

---

　*11）　原著者の補足によると，生徒が自分に与えられた評価について抗議し，それについて再交渉を行うことは通常のこととなった。そしてこれを行うのは，多くの場合，中流階級の家庭の子どもか，「押しの強い（pushy）」家庭の子どもであった。

てはなかったものであり，徐々に教師の役割を細らせ，変容させていくようになりました。

　同様にカリキュラムの改善をめぐって重要であったのは，政府が16・17歳を対象に職業準備教育修了資格（CPVE）を導入したことです。この資格は上級（A）レヴェルに適さないと思われる者に向けたものでした。1988年にモリスとグリックスがこのことについて，「政府の教育政策として，少数の青年のための伝統的系譜に位置づけられる一般教育と，多数の青年のための職業向けの教育」[23]の２つの方向があったことを読み取っています。職業教育重視の傾向は，人材開発委員会による技術・職業教育イニシャティヴの導入にともない，ますます強まりました。この新しい体制によって新たな財源が学校にもたらされたことは，いっそう地方教育当局を弱体化させました。そして，その枠組み自体は，さまざまな背景や願望をもつ生徒に対する学校を通じた進路の区分け，すなわち個別的で差異化された進路の設定と定着を図ろうとする政府のねらいを後押ししました。

　そしてついに1988年，教育改革法で定められた４つのキー・ステージにおいて全児童生徒を対象とする標準到達目標が確定しました。標準到達目標は学校試験・評価審議会で策定されました。他の改革で整備された試験管理体制と同様，それは教師に規則遵守の煩瑣な手続きを課し，また記録管理業務の増大をもたらしました。1980年代末までに専門職としての教師の機能は刻々と変化し，教師は〔自ら目標や規準を定めるのではなく，外部から〕示された規定に則し，手順に従って一連の雑事をこなすだけの存在に，ほとんど転じ落ちてしまっていました。当時公表された学習成果記録が語るのは，ひとつは書類作成の作業量が増大した状況であり，もうひとつは教室での営みがいかに外部の変化や関与から影響を受けやすかったかということです。自律的な存在として教師が輝いた「黄金時代」は，全く過去のものとなってしまったのでした！

取り込まれた進歩主義
The expropriation of progressivism

　1980年代における教育政策の変化は，如上の経過を辿りました。その変化が教室での実践に与えた影響は深刻でした。この新しい体制の熱心な支持者は，すでに定着する伝統的な子ども中心の教育の継承者とも解釈者ともなりえました。例えば，教育科学省が発行した『より良い学校』（1985年）に示された教育の目的は，とくに議論を引き起こすものではありませんでしたし，その目的は進歩主義的な教育思想に沿うものでした。この文書が表明するところの政策は，その目的は児童生徒の旺盛な探求心の発揚，成人期にも活用される知識や技能の獲得，言葉と数の操作能力の育成，寛容と道徳的価値の醸成，相互依存関係に基づく人間理解の形成などでした。

　　学校は労働生活への準備が主要な機能のひとつであることを忘れてはならない。経済的圧力や国際競争の要請はいっそうその準備の必要を求めることとなった。かつてイギリスの労働力が有していた技術，態度，理解，進取精神，適応能力は決して最新のものではなくなった。……技術の進歩の波はその刷新をますます迫る……。カリキュラム全体と職業教育重視の均衡が，しかるべき形で舵取りされることが今，必要である。[24]

　当時を知る評論家のひとり，ジェームス・エィヴィスが述べるところによれば，新しく開かれた試験の途は，進歩主義とともに歩むこともできましたが，同時にその重要な理念を歪めることも可能でした。彼は論じます。

　　職業準備教育修了資格で重視されるテーマの多くは，進歩主義教育からの援用である。学習者の関心やニーズを重視する生徒中心で活動型の教育のあり方が反映されている。進歩主義は，それ自体は革新的なものであり，事実，とても保守的なものでもある。現実的観

点，ニーズ，関心の重視は進歩主義の要諦であり，それらは今という時を超え，可能性を思索し，社会の本質への批判的洞察力を涵養するために有効である。しかし，職業準備教育修了資格のカリキュラムの枠組みは，この可能性を制約する。

　この新しい試験の経路は，一般教育の代替としての職業教育を，職業準備教育修了資格を修めようとする生徒に対して整えることにより，精神労働（mental labour）と単純労働（manual labour）の区別を効率的に強化したと，彼は議論を継ぎます。青年職業訓練計画に基づく諸課程の設置と，新設の継続教育室によるそれら諸課程の実施は，まさに〔政府による〕進歩主義の取り込みでした。それはかつて進歩主義教育者が追い求めた教育的・社会的な帰着点よりも明らかに狭められたその地点を正当化するため，進歩主義は取り込まれ，利用された，というのが彼の見方でした[25]。そして，彼は消沈気味に結びます。「進歩主義教育の数奇な命運は，その変質を保守的教育の一形態のうちに遂げ至ったことで，尽きた」[26]，と。

服従させられた教師
The teachers brought to heel

　教育の専門職に起きた構造的変化は，カリキュラムの変遷を説明するための重要な点となります。学校と大学は巨大化し，官僚制化が進みました（その傾向はサッチャーの改革によって加速しました）。そして，新たな権力構造が現われ，教師のなかに職務と役割の差異づけを通じた明確な職階と出世の階梯が整備され始めました。このことは学校をさまざまな意味でより経営的なものとし，結果として，新しい職階上の専門職を生みました。その専門職に就く者は男性であれ女性であれ（より男性が多い！），教師の果たす〔実践現場での教授上の〕専門的な役割のみならず，将来の昇進の階梯につらなっていくような，一連の定まった業務をこなすことがとくに評価されました。これにより，次第に教師のなかに「やる気（can do）」の上昇志向が醸成されるようになり，彼ら教育専門職のうちに内部分裂を生じさせ，同僚関係の薄弱化を招きま

した。教師のなかのこの新しいプロフェッショナリズムの植えつけは，サッチャーが1980年代なかばに教育専門職の牙城を押し崩すことを容易にしました。

　これらの変化は，またカリキュラム改革によって教師の現職教育が大きく揺らぎ，その研修のあり方に転換が迫られていたことをも背景としていました。1960年代から70年代初頭にかけて，地方教育当局が設置した教師センターの業務のほとんどは（大学が提供する夜間課程も同様でしたが），学校審議会やナッフィールド財団などの組織のカリキュラム改革に焦点を合わせて進められていました。教授行為は現職教員の職務の中核でした。1980年代には，確実に大学やカレッジから提供される教育課程の重点は，教授から，経営および運営管理に移行しました（この経営（management）と運営管理（administration）の2語は当時の流行語のようなものでした）。「セクション・イレブン（Section Eleven）」基金（この基金は現職教育を援助するために使われるものです）は，教師を経営業務にますます向かわせるように作用しました[*12]。経営の能力は教師のキャリア形成において重要な要素となりました。経営の問題は，これまでカリキュラム改革において恒久的に周辺に置かれていましたが，改革の軸に据え収められることとなりました。カリキュラム問題とまさに直接的に向き合う現職教師のための研修内容は，導入の進む新形式の試験をどう遂行し，どう運営したらよいかという課題を先取りすることがしばしばでした。平常点加算評価をどうするかが，当時のカリキュラムをめぐる言説の多くを占めました。

　教職自身のうちに生起した新しい管理主義の一例は，1985年1月，シェフィールドにおける北イングランド教育会議でキース・ジョセフの行った演説が，比較的温かい歓迎をもって教師のうちに受け入れられたことに見られます。これを「驚くべき超党派的支持」[27]と評する者もいました。経営者（manager）（この経営者という語句は教育事業を運営管理する者を指してよく使われるようになりましたが，20年前は決し

---

　　*12)　1966年の地方自治体法の第11項に定められた基金である。政府によって使われる。かつてはこの基金は，教師の教室でのより良い実践を支援する研修課程を提供した。しかし，現在，政府がこの基金を使って力を入れるのは，校長や副校長の昇進のためのプログラムであり，経営や管理に関する研修課程がもっぱら提供されている。

て使われなかったものです）は，サッチャー政権下，次々と着手される教育政策への対応に追われることとなるのでした。

　1980年代，専門職の地位の低下や影響力の縮小という力関係の変化も見られました。その過程で最も重要であったのは，1987年，教員給与・労働条件法が強行されたことです。ケネス・ベイカーがこの法案成立に果たすところが大きかったわけですが，これにより，教師の争議行為が認められなくなりました。わずか1か月前，炭鉱労働者によるストライキに対する政府の冷酷な処遇があったことからすれば，教師組合が争議行為の権利と機会を維持できると考えることはほとんど愚かに等しかったのです。諸組合間の競合はそれぞれ自身の立場をいたずらに貶め，危めるだけでした。その逆効果が招来した痛恨事は，1987年のこの法律により，教師は年間1,265時間働かなければならず，勤務日数は195日を下回ってはならないという不面目な労働条件が課された現実に明らかとなりました。同様に，給与と労働条件に関する教師による交渉権も，その3年のうちに教師の手から離れました。教師がその専門職性に対する政府の疑心を晴らす，より効果的な争議行動を企て，これを起こすことは困難であっただろうと思われます。

　ここまでに見てきたことを総括して述べるならば，それは教師の専門職性の低下でした。リチャード・ジョンソンは，政府の最も重要な戦略は教師の専門職性を弱めることであり，それは計算されたものであったと述べています。

> 教師教育の転換，未熟な教師の現場投入，全国共通給与体系[*13]の廃止という一連の計画は，どれも教師の専門職性を弱める方向のうちに位置づけられる。これらの方策はカリキュラムの直接統制を強め，教職の労働者階級化（proletarianisation）を導くに至るであろう……。自らカリキュラムを管理し，その専門的知識を有し，それ

　[*13]　原著者の補足によると，原文はnational ratesであるが，national pay ratesのことである。全国共通給与体系において，すべての教師は等しい水準によって賃金を得る。もちろん勤続年数で賃金は異なるし，校長ら責任のある職に就く者が得る賃金は一般教師のそれとは違う。しかし，その賃金は全国共通給与体系に基づいて決まるものであり，学校や地区が違っても賃金水準は同じである。この全国共通給与体系を廃し，学校や地方教育当局が個別に定める賃金水準へ移行することを主張する者は少なくなく，現在も議論が続いている。

ゆえ教えることに誇りがもてる専門職としての教師と，カリキュラムに管理され，カリキュラムを「伝送する（deliver）」だけの「要員（staff）」としての教師とでは，そこに開かれる世界は違う。[28]

1988年教育改革法の成立 ── 新しい合意の確定
The 1988 legislation: a new settlement confirmed

長引く教師の労使紛争を鎮めることに成功し，その余勢を駆って1987年，3度目の政権を取ったマーガレット・サッチャーは，次のように告げました。

> われわれはかつて行おうと考えていた以上に，これから教育に手を入れていく。……教育にはまだ改善すべき点が多くある。われわれは決然とした態度でその改善に向けて動いていく……。学校経営の大変革を進めるつもりである。[29]

その1年のうち，サッチャー政権は教育改革法を通じ，20世紀のイギリスにおける教育政策の前提をほとんど覆すような諸策を突き進めていきました。同法はその後の政策の展開の基線となりました。

1987年11月，2か月という短期間の協議ののち，教育改革法案が発表されました。その協議期間は夏休みの時期と重なっていましたが，それにも関わらず，小型トラック3台分の抗議書が教育科学省に届いたと言います。カリキュラムという点に関しては，この法案はその発端から，新しい教育の方向性を特色づける要素を如実に示していました。ナショナル・カリキュラムは3つの構想と関連して確立されました。第1は，4つのキー・ステージで児童生徒に求められる知識，技能，理解の中身が，「到達目標」の設定という方法によって明確化されたことです。教えられるべきことは「学習要領」に基づいてその詳細が定められました。そして看過できないのは，教育評価作業は児童生徒がそれぞれのキー・ステージの最終到達目標に向けてどのような進度にあるかを監視することに費やされたことです。何を教え，それをどう教えるべきかという問題は，もはや教師の掌中になく，政府の監督機構の管理と点検の

もとに置かれることとなったのでした。このような動きの推進力となったのは，教育を公の場に開き置こうとする決定でした。学校成績順位表である「リーグ・テーブル」の作成は，教育結果の公表の動きの一環でした。学校の自律性を脅かすさらなる痛手は，内ロンドン教育当局の廃止が現実となろうとすることでした。政府筋からこの教育当局は，サッチャー政権が進めようとする教育政策に抵抗する勢力の枢軸と目されていました。内ロンドン教育当局の廃止は，地方教育当局の弱体化を象徴的に知らしめ，その存在意義を弱めさせることにつながりました。おそらく最も重要なのは，教育改革法は地方教育当局が児童生徒を惹きつけるために精力を傾け，当局の財政で運営管理してきた学校に対し，新しい学校のあり方を提示したことにあります。1980年代初頭には教育ヴァウチャーは受け入れられなかったとしても，今や児童生徒自身がそれを受け入れ，教育ヴァウチャーは政治的に実現可能な状況となりました。これが教育改革法の実施過程で起きたことであり，それはイングランドとウェールズで学校経営における新しい管理主義の要素が胚胎していたことを示しています。教育改革法の起草者のひとりであり，教育科学省の事務次官であったニック・スチュアートは，当時の教師用研修ビデオのなかで，中央政府の意図はこれまでになかった方法で，制度を説明可能な責任のあるものにすることであると述べました。その所産は，学校，そして多かれ少なかれ教師が，常に公共性と市場性を気にせざるをえなくさせられるという状況でした。教師が専門性を発揮し，学校での実践を決定づけていくことは，もう決してありえないことでしょう。

　ダンカン・グラハムは1988年教育改革法によって新設されたナショナル・カリキュラム審議会の委員長でした。彼がその後，長きにわたって重要な役割を果たしたことは疑いえません。彼は当時を回顧し，次のように述べました。

　　ナショナル・カリキュラム審議会を運営し，その実質がわかるにつれ，私ははっきりと理解するようになった。カリキュラムを稼働させることは，官僚事務のひとつであり，勅任視学官が掌握するものではなかった。これはイングランドとウェールズにおいて，事実上の力関係の移行が起きたことの最初の現れであり，ここに教育は管

理されるものであるという路線が敷かれた。勅任視学官は補佐的存在であり、その作業部会はとても有益な仕事をなしたが、彼らは教育を推進する原動力ではなかった。それは官僚だったのである。ナショナル・カリキュラムは彼ら官僚の手になる産物であった。ナショナル・カリキュラムの制定は、イギリスにおいて、教育専門職によって主導されない最初の大きな教育改革となった。[30]

教室の現実
Classroom realities

　ここまでに述べてきたことを考慮するならば、右派の一部の者が警告を発し続けてきた「教室革命」は、実際には当然視されるほどの自明の事態であったわけではなかったというのが、納得のいくところです。ジェーン・ウッドハウスは当時の教室の実態を調査し、1970年代後半の膨大な視学官の報告書が明らかにしているのは次のことであると指摘しました。

> 人々の教授法についての不安は見当違いであり、多くの政府批判は根拠がなかった……。教育水準は低下していなかった。子どもはみんなおとなしく、行儀よく、教師のしっかりとした管理と指導的な態度のもと、きちんと教えられていた。とりわけ基礎基本を軽視することもなく、子どもは読み書き能力と計算能力を身につけるため、与えられた個々の課題を反復することに多くの時間をあてていた。この初等学校の教室の様相は、『教育黒書』の伝える印象、あるいは近代的教授法がままならない学校という政府の印象とは、ほとんど合致しない……。初等教育革命はおよそ起きておらず、ひとり社会秩序を脅かす不安ばかりが、進むままになっていた。子ども中心の教育は理論的正統性を確立していたけれども、それは教育の草の根のレヴェルまで浸透していたかというと、そうではなかった。[31]

　ドン・ジョーンズも同様の見解を有し、「レスター大学の参与観察・

学習実験プロジェクトの調査結果は，教育学の観点からすると，果たして革命が初等学校で起きているかどうかは疑わしいことを示している」[32]と指摘しました。

　新右派はほとんど根拠を欠き，せいぜい部分的に正当化できるほどの不安を煽っただけなわけですが，しかし当時，その不安への対応として政府がなした対策が，その現実的な作用においていかに大きな影響を，教室に，そして専門職としての教師のあり方に及ぼしたかは，疑いのないことです。第1に，教師がカリキュラム改革に対して関与できる範囲や機会が狭められました。現職研修と校外活動は，もっぱら経営と管理の側面に偏り，また新しい試験の実施にともなって生じる課題や問題への対策に割かれました。そして，教師は以前にも増して書類事務をはじめとする大量の諸事雑事に追われました。交渉権の喪失は，政府が喧しく展開した教職への口撃と相俟ち，教師の自負心と教えることについての専門性志向の意識を大きく削ぎました。この10年間は校外活動を行き詰まらせた時でもありました（従来，それは教師の自発的行為や熱意に基づいて展開されてきました）。この点で学校のスポーツ活動はとりわけ悪影響を被りました。しかし，おそらく最も著しい後退があったというべきは，教師の意識でした。すなわち，職員室に蔓延したのは，教師は（かつてはそうであった）学校で行われることの決定者（arbiter）ではなく，他者が決め定めた内容の伝送者（deliverer）に成り下がったという意識でした。また，地方教育当局と視学官が置かれた新しい状況は，もはや視学官が教師に実際的な支援を提供しえないことを意味しました。第二次世界大戦以来，地方教育当局と視学官の支援は教師の実践の水準維持を助けてきました。地方教育当局，視学官，教師の専門的なパートナーシップは，長きにわたってイギリスの公教育における重要な要素でした。しかし，サッチャー政権の教育政策は，その連携関係を徐々に蝕んでいったのでした。

　このような背景のなか，教職者は，新しい体制を受け入れ，その施策を実行していこうとする者（そして今，この方向への取り組みを促進していく途が築かれつつあります）と，新しい体制に賛同できず，時に黙従的であり，時に非協力的であろうとする者へと，それぞれ袂を分かちました。職員室を包むこの新たな不安と緊張は，1980年代半ば，産業

労働争議が長引き，それに刺激された強い感情が生まれたことにより，なお深刻化しました。新しく教職員協議会が設立され，それは〔ストライキや交渉などの〕争議行為を行うためのものではなく，ただ教師の専門職性に根ざして立ち上げられたものであることを表明しました。この協議会の立ち上げは，職員室にまだ残っていた教師の同僚性をいよいよ希薄化させていく副作用をもたらしました。この10年間はまさに新しい秩序の確立をみた時でした。しかし，この10年間で教師は子ども中心の教育から恒久的に引き離されることとなってしまったのです。教師は，この新体制下でどう目標を設定し，新しい昇進の階梯と向き合っていくべきかを問いつつ，子ども中心の教育を構築するための機会を，ついに与えられなかったのでした。多くの教師の胸に去来したのは，再びかつてと同じ状況を取り戻せることはありえないという思いでした。

第 6 章

「教育に関する新しい共通認識の構築」[1)]
──教育改革法の施行 1989 〜 97 年──

'Forging a new consensus in education'
The implementation of the Education Reform Act, 1989-97

> 承認を与えたカリキュラムといえども，ひとたびそれを世に送り出し，しかしそれが誤った思い込みであったなら，状況は以前よりも悪化する……。そのような詳細まで教授細目を定める必要があると，かつて私は考えていたわけではない。
> （マーガレット・サッチャー／ 1990 年 4 月 17 日付，タイムズ教育版，18 頁）

　この章では，1988 年教育改革法の成立から数年間の経過を追い，なぜそのような事態が進展したのかを考察します。教育改革法は施行されました。さいは投げられたのでした。実際に立ち上げられた新しい教育事業の本質は，泥沼的な妥協の産物と言うべきものでした。それはまた，教室で何が教えられ，何が実践されるかという教育の根幹を定める利害集団による権力競合の結果でした。そして，ここに 21 世紀が目前となるのです。以下の考察は，この過程を叙述し，説明することを試みるものです。

　この過程において疑いのないことは，ケネス・ベイカーが落とした長い影です。彼の激しいやり方や改革提案を押しつける決定の仕方は，教育改革法成立までの準備段階や立法直後において，あからさまでした。彼はナショナル・カリキュラムの詳細を決め固めるべく教科作業部会を設置し，その決定を急がせたり，（1989 年 9 月におけるナショナル・カリキュラムの実効化に向けた告知が第三読会（Third Reading）からわ

ずかののちになされたように）厳しい日程を強いたりしました。彼はまたナショナル・カリキュラムの効果を測定する新しい手順も導入しました。ベイカーは教育改革法成立の勝者でした。このような一連の仕事ぶりは，閣内の強硬者としての彼の評判を定着させました。同法成立後の数年間は，教育に携わる多くの者にとって，今も記憶に残る激動の時でした。この数年間は，その後の教室での実践に大きく長い影響を与え，そしてまた21世紀初頭の教育政策にも結びついていきました。

追い込まれる専門職

A profession under stress

　最初の直接的な影響が教育専門職のうちに明らかとなるのは，すぐのことでした。それはさまざまな点で現れるのですが，とくに教師に重くのしかかったのはナショナル・カリキュラムでした。1989年当初，タイムズ教育版は，新しい要求に対処しなければならなくなった教師のため，各地方で教師研修プログラムが提供されると報じました。ハートフォードシャーをはじめ，多くの地方で，急遽カスケード法[*1)]の研修が行われました。しかし，現職の学校教師すべてにプログラムを提供することは難しく，現場の需要に追いつかない状況でした。教育関係のメディアは，新体制下，教師による書類事務と記録管理の作業が目に見えて増大したことを，早々に指摘しました。そして，とりわけ初等教育段階の学校において，ナショナル・カリキュラムが要請することの多くは，教師個人の個別的な作業では応じきれないものであることがはっきりしました。教師はかつてないほど教師個人間の連携と協力を必要としており，初等学校はこれまで経験してきたあり方から転換が図られなければならない，と指摘する論者もいました。ナショナル・カリキュラムの導入にともなって生じる空白や断絶を埋めるため，教師の供給が喫緊の課題となることは，およそ予見されたことでした。タイムズ教育版は

　＊1）　カスケード法（cascade method）は，まず少数の者に，ある内容を教授し，そしてその教授を受けた者がより多くの他の者にその内容を教えていくという簡易な方法である。いわば滝（cascade）が流れ落ちるように，次の者へと知識が転じ伝えられていく仕方である。カスケードは滝の比喩と考えられる。

1989年当時をやや苦々しく，次のように振り返っています。「校長のなかには，まるで自分を第一次世界大戦時の将軍のようにみなし，フィールド・マーシャル・ベイカーの命令に疑問をもたず，その率いる集団を過度な状態にまで連れ至らせる者もあった。校長らは犠牲者と任務放棄者が出るだろうことを警告した」。別の校長は「私のところの教師には，これは悩むほどの価値もないものであると言う者がある。そして，私は教師を失うのであろう」と述べました。同紙はまた「時間も支援もなく，それはうまくいかないであろう。教授の時間が減り，危なげな授業が『様式化』され，カリキュラムの萎縮を招きかねない」[2]と指摘しました。

　教育関係のメディアは学校で働く者をめぐる先行きの陰りを示し続けました。タイムズ教育版の1989年1月の社説は「まさに教育事業を転覆させかねない命令と布達の洪水の脅えにさらされる」と書き立てました。そして，対応しきれないほどの現職研修の需要を推測するとともに，政府による地域学校経営[*2]を含む新しい財源配分方式の導入により，「教師の厳しい過重負担」は避けられない結果となるであろうことを指摘しました。同紙は「教育白書のとおり，その公的支出に見合う財政対策を講じようとすれば，多くの学校で教師の削減が必要となるであろう……。地域学校経営は自ずと地方教育当局の教職員人事権を奪い取る」[3]とも述べました。ルートンの中等学校の全校長は，以前に彼らに何の通知もなく学校や公的機関に勤務する教師の年齢分析が進められていたことがあって以来，地域学校経営の導入の延期を求め，夏までに互いに手を取り組みあっていました。

　6か月後，テッド・ラッグ，ネヴィル・ベネット，クライヴ・カーによって実施された初等学校教師のストレス・レヴェルに関する調査結果が『ジュニア・エデュケーション』に発表されました。これを受け，タイムズ教育版は論説を掲載し，ナショナル・カリキュラムの見通しが根

---

　　*2) 地域学校経営（Local Management of Schools）の仕組みの要点は，①地方教育当局が学校に予算を配分する方法として，主に当該学校に在籍する児童生徒数によって算定する財源配分方式を導入し，②その学校予算の使途と運用に関する権限，および教職員の人事権について，地方教育当局から学校理事会に大幅に委譲することである。勝野正章「イギリスにおける学校のローカル・マネジメント」（『東京大学教育学部紀要』33，1993年）参照。

拠を欠くものであることを指摘しました。

> デザイン・テクノロジー,音楽,そしてとりわけ理科の授業について,本当にそれを実施できるか,信憑性は低い。ナショナル・カリキュラムを始動させてしまったベイカー氏は,もはやそれをしくじることはできない。しかし,これは驚くことではない。こんにちまで,初等学校には理科,音楽,デザイン・テクノロジーの専門家がいたことはなかった……。教師がただ漠然とこれらの内容を把握しているだけであったならば,どうやって彼らはこれらの教科を子どもに教授できるのであろうか。教師の5人のうちの1人は,定められたシラバスどおり,英語を適切に教えることができるとは感じず,3人のうちの1人は,算数を教えるには自分は適任ではないと感じているのではないか,と憂慮される。英語も算数も初等教育の核となる教科であるにも関わらず,である。

そして同紙は,初等学校が少しでも政府からの要求に応えられるようになるには,「大規模な現職研修」を必要とするであろうことを推測しました[4]。

こうした状況のなか,教師・校長間の関係に,明らかな緊張の高まりがみられるようになりました。1990年3月,教育科学省が提供する資料は,教師が負担を背負いこんでいることを示していました。タイムズ紙は,教育改革法成立以来,教師に生じた過重負担の増大は,教師がまだ求められていない業務まで「フライングして先取り」[5]し,それを引き受けている結果であることを示唆さえしました。確かに,同法が施行され,自ら意志をもって新しい業務に向かい始めた教師もいました。しかし,状況が教師にそうさせるような前兆を誘発したことも,また疑いえません。教師において,いずれにしても日々の実践の改善が求められることとなるのならば,その状況に先んじて努めようとする教師自らの反応が多くありました。全英学校教師組合・女性教師組合の調査が示すように,1990年代初めには,ほとんどの女性教師は,1987年の勤務状況と比べ,政府が課す最低勤務時間の2倍働いていました。そして,その時間の半分は「教授以外」の活動にあてられていました。

数か月後，これらの負担は，従来は見ることのなかったほどの教師の常習的欠勤という結果をもたらしました。ある統計によると，常習的欠勤は 1990 年 4 月までに，毎年 230 万ポンドの追加経費を教育事業費に生じさせました。また，教師の 3 分の 1 は実際に教職以外の仕事を探したことがあり，3 分の 2 はそうしようと考えたことがあったと言います。マンチェスター工科大学のゲーリー・クーパー教授はこの問題を調査し続けており，教師は現状に不満をもつ者の割合が産業分野の者と比べて 5 倍高いことを主張しました。教師はもはや魅力的な職業とみなされなくなり，この先 20 年，教師の採用と確保がまさに重要課題となる現実があったのでした[6]。3 か月後，教師のストレスを研究しているウォリック大学のジム・キャンベル教授が発表した報告書は，中等教師協議会[*3]，全英教師組合，全英校長協議会による大規模な陳情活動を促しました。この問題に限って言えば，政府は長く困難と思われてきたこと，すなわち教師組合間の団結の実現に一役を買う結果となったのでした[7]。

　実は最も大きなプレッシャーのもとにあったと思われるのは，初等教育段階の学校において年長の児童を担当する教師でした。主席勅任視学官であったエリック・ボルトンは，1991 年の年次報告書で「初等学校の高学年」に言及し，懸念を表明しました。彼の見るところ，その理由は明瞭でした。新しいカリキュラムは教師に幅広い専門的な知識や技術を求めました。教科教授（subject teaching）よりも，むしろ学級教授（class teaching）の伝統が，この学年で根強く保持されました。多数の教師は，現職研修を受けたり，授業を準備したりする時間さえ，ほとんど確保できませんでした。その結果，ボルトンの言を借りれば，「およそ 3 分の 2 の学校でカリキュラムは高学年の児童に対して十分機能していない。実際には多くの児童が，期待され，可能とされる以上の，よ

[*3]　1978 年，中等学校教師の協議会である Association of Assistant Mistresses（AAM）と Assistant Masters' Association（AMA）が統合して Assistant Masters and Mistresses Association（AMMA）が成立した。そして 1993 年，AMMA は改称し，Association of Teachers and Lecturers（ATL：教師・講師協議会）となる。AAM と AMA は 1917 年から 1978 年まで，4 つの中等学校教師の関連団体から成る連合協議会の一角であり，「四団体連合（Joint Four）」として知られた。他の 2 つの団体は Association of Headmistresses と Headmasters' Association である。

り高い達成能力をもっている」[8]ということなのです。2年後,この見解はボルトンの後任の主席勅任視学官であったスチュワート・サザランドによって追認されます。彼は初等教育段階の学校におけるナショナル・カリキュラムの導入の問題に関する3つの報告書に基づき,「初等学校の最高学年の授業でその3分の1は満足のいくものではなく,全く粗末である」[9]と結論づけました。この間の教師を標的とした新たな,そして否定的な言説は,外から権力ある者が教師の能力や仕事ぶりを揶揄するかのようであり,ただ教師にストレスを感じさせるだけでした。ナショナル・カリキュラムの最初の犠牲となったのは,教師の専門職としての自尊心でした。これは,教室の改革に取り組もうとする教師の覚悟や能力に対し,長く影響を残しました。教師が深刻な不安に陥った最大の原因は,教室での実践における主導権が,彼らから奪われたことでした。テッド・ラッグが指摘したように,ナショナル・カリキュラムが最初に建議された時,教師から11,789件の反応がありました。しかし,そのすべてが無視されました。長きにわたるカリキュラム改革がもたらした帰結は,学級担任教師を周辺的存在として半恒久的に落とし込めたことでした。

「金賞」教師の発見——挑戦的な登用の試み
Finding the 'gold star' teachers: meeting the staffing challenges

　1988年教育改革法が多くの教師に与えた陰鬱な影響が残るなか,政府は新しい教育事業に貢献のあった教師を報奨することを始めました。ジョン・マクレガーは1989年9月,教育科学大臣に任命されるや否や,彼が「金賞」教師と呼ぶ模範的教師に与える特別賞与を含む,新しい給与体系を発表しました[10]。同時に有資格教師計画も示され,教師不足の解消が目指されました。これにより,正規の資格は有さないけれど,教師の仕事を志す者が,半分の給与で教職に就けるという速成ルートが開かれました[11]。500人の教師を生み出すため,12の予備研修が実施され,1990年の秋には最初の速成教師が教壇に立ちました。この秋の終わり,教育科学大臣のティム・エガーは,この学校を基盤とする教員養成のやり方は将来にわたる教員養成のモデルとなりうる,と主張するよ

うになりました。これに先立つ 1980 年代の終わり，タイムズ教育版は，教師の供給ルートの確立が進められるなか，教員養成の民営化に向けた動きのあることを指摘していました。イズリントン労働党評議員であったクリス・キングは，地方教育当局に有資格教師の確保を求める「教育事業工程」に関する報告を受けました。このねらいは，教師人材をまだその供給ルートを開拓していない分野や外国から探し，とりわけ不足する教科の教師を補充し，教職員配置問題を解決しようとすることでした。数年のうちに，教師人材を探し，仲介する機関が民間に発達しました。情況は大きく変わったのでした。この事態は，これまでのやり方でカリキュラムの変化に対処していた教師にとって，準備の整わないうちに訪れた予想を超える深刻なものでした。教えることは，多くの新規採用者の参入により，専門的行為というよりも契約的業務とみなされるようになってくるのでした[12]。

　教員養成の立て直しとならび，1990 年代初頭，政府は重要な施策に着手しました。教師に対する成果主義に基づく能力給の導入です。1991 年，タイムズ教育版は，ストックポートの一校長の給与が〔年額〕12,000 ポンド以上あがり，その地域の最高給取りとなったことを紹介しました。中等学校長協議会の代表者のひとりは「金銭欲を煽る危険」を警告しましたが，別の人物は「一般教師が得る給与に対し，校長はその職務に対する報酬分を加えた適切な給与を得ている」と述べました。多くの校長が能力給対象者扱いとなるのは，避けられない流れでした。全英教師組合のアンディ・ディクスンは「校長だけが学校基金の恩恵に与り，しかし一般教師の給与が物価騰貴以下の程度にその上昇が押さえられるようになった場合，事態はまさに敵対的になる」と指摘しました。また，これらのことは管理主義の生んだ新しい側面のひとつとしても理解できます。管理主義は当時の経済のさまざまの面で影響を与えていました。そして，教師間の亀裂，すなわち新しい教育事業の実施に管理的・推進的な役割を果たすことでより大きな報酬を得る校長のような者と，そうした校長の地位を欲せず，起こった変化に身を委ねることを良しとしない学級担任教師のような者との間にできる溝は，広がるばかりでした。このような教師の対立は，つまるところ，教師不在，あるいは教師軽視のカリキュラム改革が引き起こした緊張でした[13]。政府が

すべての教師を対象に能力給と年次査定を導入しようと動いたのが，これに続く数年間でした[14]。この時期，現職研修の本質も変わりました。その課程は学校経営論についての内容が増え（しばらくするとリーダーシップ論についての内容も），それは過多と言って良い状況でした。また，多くのチューターが大学の教職研修課程に送り込まれました。彼らは教室での実践を先導すること，そしてそれ以上に経営や管理に関する専門的知識を得ることが求められました。1990年，タイムズ教育版は，政府が初めての校長養成機関をオックスフォード・ポリテクニクに，ブリティッシュ・テレコムからの出資を得て開設することを報じました。その開設目的は明確でした。将来性のある有能な校長を養成すること，そして現職校長を支援することでした。その数年のうちに，校長となろうとする者に対する正式資格が導入されました[15]。1988年教育改革法がもたらしたもののひとつは，教師となり，そして教師として経歴を重ねていく経路の絶えざる変化でした。その立法からわずかの期間のうちに，以上のような重要な展開があったのです。教師やその教師という職業に対する認識は，もはや過去のそれを取り戻す状況にはないのです。第二次世界大戦後，常に教師はカリキュラム改革の中心的役割を担ってきました。こうした教師をとりまく事態の変化は，ほとんど思いもよらないものであったと言っても良いことです。

組織の官僚制化

The bureaucratisation of the system

ナショナル・カリキュラムの導入がもたらした帰着の2つめは，組織の官僚制化でした。これは教室で行われることに対しても重要な意味をもちました。新しいカリキュラムの実施は，溢れんばかりの通達，指示，命令を通じてなされました。そして，業務記録を残すことは教師に求められるほぼ当たり前の作業となり，教室での実践に関わる甚大な書類が必要となりました。タイムズ教育版に掲載された2つの投書は，こうした状況に応じる教師の様子をうまく表しています。ひとつは，1990年7月20日付の同紙に載ったベッドフォードシャーのニューナム・ミドル・スクールの校長，T・W・ホールの投書です。多くの教

組織の官僚制化　　179

師が感じていた不満を良く言い当てています。

　　私は教育科学省から次なる役所仕事一式をちょうど受け取ったところである。年次カリキュラム実施報告書10部，カリキュラムに関する法規3部，報告書の改訂様式の説明書3部が届いた。教育科学省，ナショナル・カリキュラム審議会，学校試験・評価審議会，地方教育当局などの組織から私の机に届けられる情報，助言，要求は，あまりにも多い。その書類の多さは，今年学校に届く量だけでも，アマゾンの熱帯雨林の木，3本分に相当するに違いない。
　　昨年であったか，一昨年であったか，教育科学省の上級官僚が，学校に対して年次カリキュラム改善計画を学校理事会のために作成することを求めると言い出した。多くの校長はその教師人生の一部をなす仕事として，これまでもカリキュラムの設計には取り組んできているものであり，改めて求められるまでもないと考えたが，彼らの議論は無視された。カリキュラム改善計画という書類，あるいはこの書類を作成するまでの一連の過程が，カリキュラムの設計のための有益な取り組みとなると，校長らは聞かされた。カリキュラム改善計画の作成はすべての学校にとって法的に必要な手順となった。結局，はっきりしたことは何かといえば，……公的な書類を作成するための膨大な作業が付け加わったということであった。これまでは書類化せずに済ましてきたことを書類で残さなければならなくなった——結果は何も変わらないのに。ベッドフォードシャーでは，さらに学校改善計画の作成も求められる，とは！[16]

　この投書からは皮肉な口調がうかがえますが，新しく教師に押し寄せ課せられた負担が訴えられています。この寒々しい状況は，1990年1月のリーヴァーヒューム報告書における「校長を待ち受けるのは机に積み上げられた書類の山とその処理業務であった。……今や児童生徒と一緒に過ごす時間は減り，増えたのは管理と経営の時間であった」[17]という叙述からも確認できます。
　この書類業務の波が意味するところは，単純ではありません。多くの教師がそうであったように，教室で教えることから教師の気が逸らされ

てしまうだけでなく，教授という一連の行為そのものに対する直接的影響も小さくありませんでした。この推移の一端を伝えるのが，タイムズ教育版に載ったワットフォードのニィル・レザーズからの投書です。1992年12月，彼は次のように記しています。

　　3年前，基礎基本教科の書類フォルダーが教師に渡された。ページをめくると，ほとんど初めて見る新しい言葉や用語が，私の目をかすめ飛んでいった。この整列したチェック・ボックスにマークを付けていく新しい仕方の，区画的[*4]で非人間的な教育を本当に行うのかという信じがたい驚きで，私は座ったまま動けなかった。私は今，さらに6つの書類フォルダーを抱えており，おびただしい修正も追加された。……私たちはこれまでになかった苦境にある。ナショナル・カリキュラムは重荷であり，冗漫であり，わかりづらい……。政府にとっては失うものはない状況である。というのは，ナショナル・カリキュラムが首尾よく転がり始めたなら，政府はそれが止まらないように，後ろで見張っていれば良いだけである。しかしもし，ナショナル・カリキュラムが大きく失敗することとなれば，私はそうなりつつあると理解しているが，それは教師の失敗として私たちに擦りつけられるであろう。[18]

　ここで重要なことは，ナショナル・カリキュラムは失敗であると決めてかかることではありません。看過できないのは，ナショナル・カリキュラムの実施がもたらした，教師について，そして彼らが教室で直面する状況についての新しい話題の登場を，この投書から認めることができる点です。この「チェックマーク・リスト」による教授の方法の登場は，教師がその利用を望むにせよ，望まないにせよ，いずれにしても教師は他者の決めたことを伝え，こなしていく存在となったことを意味し，それは従来にはなかったことでした。

───────────

　　[*4]　原文はcompartmentalisingである。区画化（compartmentalisation）は人間をさまざまの側面で区切り，その全体や関連を見るのではなく，区分されたそれぞれの側面を個々に評価するあり方を言う。隔壁化や専門分化などとも言う。

新しい秩序が引き起こした財政的影響
The financial implications of the new order

　ナショナル・カリキュラムの導入は，学校は効率的である必要があるという，財政的文脈による視点を強めました。この財政的観点は，教室でできることは何かを決定する重要な要素となりました。財源不足の問題がナショナル・カリキュラムの履行に影響があることは，すぐに明らかとなりました。1989年1月，タイムズ教育版の社説は「教育白書に示される公的支出からすると，その財政目標の達成のためには，多くの中等学校で教職員の削減が必要となるであろう」と警告するとともに，地域学校経営の導入が地方教育当局の有する学校間教職員配置の権限を抑制することとなり，事態を悪化させている，と指摘しました[19]。同年7月，全英校長協議会のディヴィッド・ハートはベイカーに，学校財源不足によって政府計画が引き起こす危険性を伝えるため，正式に文書を書き送りました。彼らの協議会は，地域学校経営の導入によって，教職員配置の問題は深刻の度を増すばかりであるという懸念を抱いていました[20]。1989年末，ダラムの校長であったジョン・ダンフォドは，ナショナル・カリキュラムの実施の1年延期を公式に申し立てました。教職員不足がその理由でした[21]。

　1990年の春ごろになると，学校が抱える深刻な問題がしばしば新聞報道に挙がるようになりました。中等学校長協議会は4月例会において，いくつかの地方教育当局と1つの学校に注目しました。その学校とはバーンズリーのロイストン総合制中等学校でした。この地区で同校は，教師数に対する生徒数の割合が最も高く，16歳まで生徒が在籍する割合が最も低い学校のひとつでした。地方教育当局は年間1,000万ポンドの経費削減に着手したので，同校は完全に資金繰りの不全に陥りました[22]。1か月後，地域学校経営の指針のもと，初めて教師の解雇がオールダムとサリーで通告されました[23]。

　このような状況が意味するところは，バーカムステッドの教師からのタイムズ紙への投書に簡潔に表されています。

政府のナショナル・カリキュラムは，最善の取り組みに向かっているかのように見える……。最近の政党の政策PR放送でベイカーは，学校での計算機とコンピュータの利用に賛成し，対数表と計算尺を破棄することを主張していた。悲しむべきことに，私の勤務する学校では，400人の生徒が手にできるのは，途切れ途切れに稼働する古いコンピュータ2台と9台の計算機だけである。最小限の予算でナショナル・カリキュラムを実施しなければならず，そのためにさっそく私は数学の授業で生徒に計算尺をこしらえさせる授業を行わなければならない。生徒は低い程度の科学技術さえ，適切に利用することが叶わない……。こうした事態にあるのは，政府は法を定める能力はもっているが，自身の近視的な仕方を修正し，しかるべく財政的出動に向けて進んでいく必要性に気づく能力を欠いているからである。

そして，彼は今後おそらく避けられないであろう状況を憂慮しています。

将来，これまでにない校長の辞職や，校長となることの必然性への疑問が生じるであろう。……もし政治家が命令するばかりで，余裕ある適切な財源の供給を怠るならば，子どもは本当に受けるに値する教育を受けられなくなるであろう。[24]

「1930年代への回帰」──マグネット・スクールの推進
'The road back to the 1930s': the drive for magnet schools

1986年，保守党大会でシティ・テクノロジー・カレッジの開設が発表されました。この1世紀の間，既存の学校に対し，その学校とは異なったカリキュラムを具備する新しい学校の必要を提唱する人々の存在が常にありました。19世紀後半，その要求は，古典的なカリキュラムを提供する学校に対する近代的な中等学校でした。19世紀末になると，工業技術の水準を高めるため，上級基礎学校が要望されました。20世紀に入ると，「三分岐主義」に基づく3種の異なる中等学校が設定され

ていましたが，多くの人々は万人のための中等教育が望ましいと考えました。もし中等学校の総合制化を求める政治活動が沈黙を続けたままであったならば，三分岐システムが姿を消すことは決してありませんでした。いずれにせよ，子どもの関心と学力をめぐる対照的な2つの立場の人々，すなわち子どもの関心と学力はほとんど個人の生来の能力によるものと考える立場の人々と，それらは教育制度によって少なからず開発されると考える立場の人々との拮抗が，常に教育政策に影響を与えてきました。しかしながら多くの傍観者がその議論にみたのは，要は次のことでした。すでに権益を手にしている者（中流階級の人々）が，すべての生徒が同じ知識と経験を得るという開かれた教育制度のなかで，わが子がより有利な経歴を築いていくための経路から締め出される危険が生じないよう，ただ懸命であったというだけのことでした。1990年代初頭，政府は「マグネット」・スクールの確立を推進しました。これは，世紀を超えて続く，長きにわたる物語における新しい山場と目されてよいでしょう。

1987年，シティ・テクノロジー・トラストが設立され，第一事業として12の試験計画の実施に着手しました。ケントはこの計画に積極的であった地域のひとつであり，1989年の夏には，タイムズ教育版は地方に開設される最初のテクノロジー・カレッジとしてジェフリー・チョーサー校を挙げていました。同校には地方教育当局から，「産業界と商業界からの支援の口約束」に基づき，50万ポンドが投入されました。タイムズ教育版はこれを「保守党が地方教育当局に圧力をかけて作らせたスペシャリスト・スクール」として見ており，この種の学校は「マグネット・スクール」として急速に知られるようになりました[25]。次の論説はこの動向の意味を簡潔に言いあてています。

> ケントは，生徒のもつ技術的能力は11歳時，学術的能力と同様に測り分けうるという主張を展開した戦後のテクニカル・スクール運動における草分けであった。以来，この構想の中心地であった……。生徒の入学は保護者の選択と意向によってなされ，もし申し込みが超過すれば，面接，適性検査，初等学校の推薦によった。

タイムズ教育版は続けて「ウォンズワースはすべての総合制中等学校をマグネット・スクールとすることを計画している。生徒の能力や適性に応じて異なった教育課程を与え，生徒の『振り分け（tracking）』と能力別学級編成の実験を試みている」と説明しています。かつてのドグマの復権でした。

これは古くからあった対立でもありました。ウォンズワース自治区の全12の中等学校の校長と理事長は，区議会に公開質問状を送りました。そのなかで，区が実施しようとしているマグネット・スクール計画は，数人の議員がほんの少し視察しただけに過ぎない，ニュー・ヨークのマグネット・スクールの現在進行中の実践を手本にしていることを指摘し，もしこの計画を押し進めることになれば，法的手段に訴えることも辞さないとおどしをかけました。

> 保守党は議会を統制した。……先週，保守党は言語，法律，スポーツ，舞台芸術などの分野で専門性に優れた学校を支援するため，1,000万ポンドを支出することを発表した……。本当の優先事項は，教師が不足する教科についての教師補充，科学・技術設備の最新化，校舎の維持管理のはずである。[26]

ウォンズワースの教育長であったドナルド・ネイスミスは，タイムズ教育版から熱心なマグネット・スクール計画推進者と見られていました。彼はこの計画を擁護するため，ナショナル・カリキュラムの存在が議会の行おうとすることに合法性を与えていると論じました。それは，ナショナル・カリキュラムがすべての生徒に対して必要最小限の教育課程の提供を保証しているからであるというものでした。彼は「今や総合制中等学校自らが専門化への方向を認め，望んでいる。それは機会の平等の原則を侵すものではない。なぜなら，ナショナル・カリキュラムがすべての生徒に対する包括的で均衡的な教育課程を保証しており，この前提をわれわれは得ているからである」と述べました。これに対し，タイムズ教育版は「マグネット・スクールは学校の二層化を進め，総合制を脅かす危険性は拭えない。二層とは，高いステイタスを誇る学術重視の学校と，より職業的な学校である」と指摘しました[27]。

「1930年代への回帰」 185

こうした事態は他の論者にとっても見過ごせないものでした。例えば，全英校長協議会の新会長であったワルター・アイヴァーズは1989年，次のように警告しました。

> 政府の改革は学校を1930年代に逆戻りさせてしまうであろう。……そして，それは行動的で物言う保護者に優位に働く……。保護者が無関心で貧しい，あるいは無力な子どもは，手近に入学できる学校に通わされるだけであろう。そのような学校はますます厳しい財政状況におかれるであろう。

彼はまた，こうした学校は教師の確保にも難渋し，早晩，掃き溜め校へと転じてしまうであろうという懸念も語りました[28]。

こうした批判の甲斐もなく，政府はマグネット・スクールの計画を推進し，地方教育当局の管理から学校を引き離し，重点特化型の学校の普及に力を入れました。ジョン・マクレガーは教育科学大臣就任後間もなく，自身は「国庫維持学校[*5]を熱望する者のひとりである」と言明し，「保護者にとってこの学校は，王冠を飾る宝石であると言うにふさわしい。私はこの学校がもたらす刺激や気力の増進を信じ，これまで動いてきた」と述べました。加えて彼は，保護者のなかには国庫維持学校の信奉者さえいると，述べたのでした[29]。こうした彼らの姿勢は1992年の総選挙まで維持されました。保守党は，そのマニフェストにおいて，マグネット・スクールの発達のため，政府からの援助を継続することを約束し，地方教育当局の管理からの学校の引き離しは容易であると主張しました[30]。

---

*5) 国庫維持学校（grant-maintainted school）は地方教育当局の管理から離脱（opting out）し，中央政府から直接助成を受けて自律経営する学校である。学校理事会の意志決定にもとづき，校長が実際の経営を独自に行う。教育内容や学校経営に関する諸案件を提案するのは校長であるが，それを承認し，最終決定するのは学校理事会となる。校長は公募され，学校理事会がこれを選任する。国庫維持学校の制度は1988年教育改革法で導入され，主体的な学校経営を促進する制度として注目された。国庫補助学校では民間企業の理念や手法を取り入れ，資産運用を行いながら経営を進める特色もある。国庫補助学校は1997年時点で約1,100校あり，全公立学校の約3パーセントにあたる。1998年，労働党政権下，地方補助学校（foundation school）に改編された。地方補助学校については，第7章（本書233頁）参照。

同年7月，政府は教育白書『選択と多様性——新しい学校の枠組み』を発表しました[31]。これは「異なる型の学校の編制と，特定の教科を重視し，場合によっては産業界と連携しながら教育を行う専門的な学校の設置」を約束するものでした。また，政府は規制緩和策も打ち出し，新しい学校を創設するための障壁を取り除きました。これらの提案は教育界にいささかの波を立てることとなりました。ロンドン大学教育学研究所のデスモンド・ナットォールは「戦後間もなくの時代の経験を引きあいに出してみたところで，能力選抜試験が実行可能であるということの根拠にはならない」と意見を述べました[32]。タイムズ教育版も懐疑的であり，「マグネット・スクールの対象外となった地域では何の成果も上がらない一方，いくつかのマグネット・スクールは白人中流階級エリート校（white middle-class elite school）を黒人貧民街（black ghetto）の中心に生み出している。この事実が発する警告は極めて重い」[33]と論じました。それにも関わらず，政府は1992年，政策の促進のための立法をなし，加えて学校の「リーグ・テーブル」を公表し，保護者の学校選択と意志決定に利便を供しました[34]。異なった生徒のための異なった中等学校という考え方は，保守党の政治的課題に則ったものであり，その実行が再開されたのでした。

進歩主義とナショナル・カリキュラム
Progressivism and the national curriculum

1988年の教育改革法が教室での実践に与えた影響がすぐさま議論の俎上に載ったのは，驚くことではありませんでした。ナショナル・カリキュラムの教授細目を提言するため，教科ごとの作業部会が設置されました。この手順からもうかがえるように，教室での教授は教科に基づいて行われるという前提が，ナショナル・カリキュラムの設計の中心にありました。作業部会が動き出すとすぐに，作業部会内において，また作業部会と政府の間においても，この新しいカリキュラムに求められているのは何かという理解をめぐり，対立や緊張のあることが明るみとなりました。例えば，1989年の夏，タイムズ教育版は理科のカリキュラムを担当する成績評価部から調査報告についての情報をつかんでおり，次

のように指摘しました。

　　ナショナル・カリキュラムの理科担当グループの中間報告が発表された時，教育科学大臣はこれを批判し，既存の研究，情報，科学に基づく教育振興を促すものであるべきように注文をつけた。しかし，成績評価部の報告書『15歳の理科』は，「一般科学分野から概念や構成を借用して編成するカリキュラムよりも，科学を探究することを主旨とするカリキュラムを編成する。そのため，より広範な領域が大切にされるべきであるという見方は，根拠のあることである」と論じ返した。成績評価部の仕事は，ナショナル・カリキュラムがもたらしたとみなされる教育水準の向上について，試験技術で測りうるのはどの程度なのかという問題を提起している。

　どの作業部会でも討議が集中したのは，次の2つの問題でした。ひとつは，カリキュラムは生徒個々の要望や関心をどの程度含み込むべきか，そしてもうひとつは，どのような試験制度が必要であり，試験制度はどのような結果を引き起こすかという問題でした[35]。
　多くの教育関係者にとって，この動向の結末は，およそその始まりから予見されるものでした。例えば，1990年11月，パトリシア・ブロードフートとマリリン・オズボーンは，イングランドとフランスの初等学校に関する経済・社会調査審議会の比較調査研究について報告しました。フランスにおいてナショナル・カリキュラムは子ども中心の教育の仕方を葬ってしまった，と彼らは結論づけ，そしてイギリスにおいても，それは免れえないであろうと指摘しました。

　　現在，イギリスの初等学校教師の多くは，ナショナル・カリキュラムと児童評価の実施が迫られても，子ども中心の教授法を放棄することはないという強い決意を表明している。しかし，フランスの教訓が示唆するのは，教師は到達目標の達成を急がされ，記録管理や評価業務に追われることは避けられないということである。そしてこのことが，やがて教師を教授中心の方法に向かわせ，学級一斉教授法の利用を増やすこととなるであろう……。イングランドでは，

非強権的な教育体制により，カリキュラムや教授法に関する事項に対する教師のより大きな自律性が保たれている……。教師は子どもの活動を重視し，発見型学習を進めるところにイングランドの特色がある。教師に望まれるのは，子どもの創造的な思考を引き出すことである。フランスでは，教師の子どもへの働きかけは，子どもを正解に導くことに費やされるのである。[36]

　1年もしないうちに，この問題をめぐる政府と多くの教師の間に横たわる溝が必ずしも浅くなく，それは深まりつつあることが表面化しました。1991年の暮れ，タイムズ教育版は全英校長協議会の中央執行委員長であったディヴィッド・ハートと学校担当大臣のマイケル・ファロンにおける諍いを報じました。ハートは「ナショナル・カリキュラムは学校に子どもを9歳という低年齢で能力的に選別させることを強いる」という危険を警告していました。彼は同協議会で，いっそうの学級一斉教授の必要を説くマイケル・ファロンと対立しました。

トピック活動は，果たしてどれほど子どもに対し，適切に個人の違いに応じ，そして関心を引き起こすような学習を提供するものなのであろうか……。トピック活動は探求を通じ，子どもを刺激し，そして教科理解に導く良い手だてである。しかし，探求は教授の代用とならない……。一斉教授のない学級が遭遇している混乱は，とりわけ低学年の学級で著しい……。ひどい時には，トピック活動のような実践は，初等学校をまるで就学前の幼児のための〔遊びを通して学ばせる〕プレイグループのようにしてしまう。子どもは絵を描き，楽しいであろうが，学習するところはほとんどない。[37]

　ハートとファロンの立場は，ロビン・アレグザンダーによるリーズの初等教育に関する最近の報告書にまとめられています。アレグザンダーは，従来提供されてきた初等教育カリキュラムは，結局のところ，児童に対して期待するほどのものはもたらしていないと論じました。新しく着任した教育科学大臣のケネス・クラークは，初等教育段階での学級内能力グループ別指導と能力別学級編成について，政府がこれにこだわら

なければならない必要性を，公然とは何も語りませんでした。ハートは腹立たしげに「およそ40年前，一般的なやり方であった能力に基づく学級（ability-based class）という形を回復する考えを，クラークは拒絶した……。彼の態度を支持する者は少なく，むしろそれは多くの者が築き上げてきた成果をないがしろにする態度である」と応じました[38]。

　ナショナル・カリキュラムに関する対立的見解をめぐる議論は，騒々しさを増しました。それは急進右派の立場の論者と，子どもの本質やニーズを重視する立場の論者の対立と絡み合いながら進展していきます。例えば，1992年秋，タイムズ教育版は，右派が要求していた英語教授に関する調査について，これに応え，支援を与えたジョン・パッテンの判断は「単に彼らからの批判や誹謗を緩衝するためのものではない。それは……教育に関する新しいひとつの合意である」と指摘しました。新しい枠組みが1988年教育改革法の実施をめぐる論争から現出したことの意味は，ディスレクシア・インスティチュートの所長であったマーティン・ターナーの言辞から，やや長い引用になりますが，そこにうかがえます。

　　右派のグループが現在，教育を設計し，動かしていると見るのは正しくない……。平等主義や子ども中心の教育が存続の困難なことは自明である。それは役立たないからである……。左派は到達すべき教育の水準に注意を払ってこなかった。そのため，右派にこれを問題視することを許した。社会主義計画は戦後の福祉国家建設のなかで生まれたが，今や過去のものである。1980年代後半の動向はこれと似ていた。[39]

　カリキュラムに関する論争の政治問題化は，このように理解されました。また，タイムズ教育版は急進右派の寵児のひとりであったシーラ・ローラの声明を引用し，「受け継がれるべき教育の伝統を形成する知識の文化的な規範や真正がある。……子どもが教えられるべき明確な知識の構造がある。……まずこれらが教えられてこそ，多元的共存の社会

も実現されるというものである」*6)と紹介しました。同紙は急進右派の伸長における指導的人物としてグリフィス伯爵, ディヴィッド・パスカル, ジョン・マルンボン, ジョン・マークス, アーサー・ポラードを挙げ, 次のように述べました。

 皮肉なことに, 右派がその影響の拡大に最も成功したのは, ジョン・メイジャーの時であった……。教育についての首相の演説は, しばしば政策問題研究センターの冊子や論文からそのまま引っぱってきたかのような内容であった。政策問題研究センターの一般向けのメッセージは巧妙にディリー・メイル紙の文脈に滑り込まされ, 古き良き価値と「ふさわしい」教育を呼び求めた。それは, 子どもは字を綴ることができ, トラファルガーの戦いのあった日を覚え, 割り算の筆算をしたような, 平穏で幸福であった日々という, 私たちの誰もが思い起こすことのできる過去であった。[40]

教育をめぐる「新しい共通認識」は急進右派の強い影響を受けて登場したものでしたが, 1990年代半ば, それが教室の子どもたちにもたらしたのは無意味な経験に過ぎなかったということが明らかになりました。教育水準局の1996年の報告書は, ナショナル・カリキュラムは初等学校を基礎重視の方向へと押しやっていると主張しました。新しい試験は基礎基本教科の英語, 算数, 理科について行われ, 留意すべき結果が示されました。「初等学校の教師は児童にあまりに何も求めない傾向がある……。彼らはひとつの教授法に頼り過ぎている。児童は自主的に活動する方法を教えられる必要がある」。同報告書は同じ影響が中等教育段階の学校においても見られることを伝え,「先週, ディヴィッド・ブランケットによって示されたように, 状況はキー・ステージの3と4で共通している」[41]と述べました。事実, ある教師はナショナル・カリ

---

 *6) 原著者によると, 彼女はここで「多元的共存 (pluralism)」という言葉を使って説明しているが, 必ずしもその含意はすべて明らかでないところがある。彼女がここで述べようとしたのは, 異なった政治, 宗教, 民族などの理念が共存する社会をわれわれが得るためには, まずは誰もが, 例えばシェイクスピア, ディケンズ, ワーズワースのような古典文学から, 共通した教養や知識をもつ必要があり, 学校は誰もが有すべきそうした教養や知識のパッケージを提供する場として機能するということである。

キュラムが低年齢の子どものなかで攻撃性を高める原因になっていることを訴え，タイムズ教育版に投書しました。

> 多くの幼児学校で実施されているナショナル・カリキュラムのやり方では，幼い子どもを，1日のうち，以前よりもずいぶん長い時間，席に着かせ，型どおりの活動をさせているに過ぎない。……その結果，……遊び場での子どもの攻撃的行動が増加している。[42]

事態を懸念する声は，1993年初頭，ナショナル・カリキュラム審議会から教育大臣に提出された報告書からも，同様にうかがえます。この報告書は，初等学校で教師の過重負担が見掛けだけの浅薄な教授を引き起こしていると述べ，「教師は大量の業務に追われ，児童の学習の深まりが犠牲になっている。……読み書きや綴りの基礎を学ぶための時間が足りていない」と指摘しました。ナショナル・カリキュラム審議会はその背景に自由主義的な色彩をより濃くもつ組織でしたが，1993年初頭までに同審議会は，もっと教科教授や個人の能力に応じた教授を行うこと，それに加えて「トピック活動を重視した教授」を取り入れることの必要を主張するようになりました。ナショナル・カリキュラムは堅苦しい仕組みのなかでの教授を強いるものであり，子どもは自身の興味や関心を追求する時間がほとんど与えられていないという認識が，立場を超えてもたれるようになったのでした[43]。

教育政策の進展
An evolving politics of education

この10年間，教育政策はめまぐるしく変転し，激しい論争もありましたが，それは驚くべきことではありません。一方で，政府は「伝統的」な価値を再び謳い，その理想を反映した教室での実践や教育制度全体の設計を具現化することに傾注し，この方針は堅牢でした。他方で，教師はあまりにも大きい変革を経験し，内部分裂を起こしました。教師に起きたことは，ある種，どうあっても拒みようのない不可抗力的なものであったと，多くの人々はみなしました。しかし，そうではなく，こ

れらの変化はひとつの試みの現れであり，学校における管理と統制のあり方について新たな展望を開くものであると考える人々もいました。誰の目にも明らかであったのは，教育課題が政治的議論の中心となったことでした。かつてこのことは十分に認識されてこなかったのですが，教育課題が少なからず政治的意味をもつようになりました。すべての関係者にとって，それは未知の水路のなかにいるような感覚でした。

　政府側では，保守党の歴代教育大臣がそれぞれ自身のやり方で，教師に政策の遂行を強いました。まず，初期の政策の策定と実施において特色的であったのは，ケネス・ベイカーの強硬的で高圧的な手法でした。彼の後任であったジョン・マクレガーは1989年秋，その任に就き，当初はベイカーの強硬路線を継承しました。例えば，歴史作業部会の最終報告書がマクレガーの意向で差し戻されました。彼は「到達目標に沿わない歴史の知識をそのままにしておくことはできない。それは『あまりに事実に重きをおかない』歴史の教授を許すことになりかねない」と考えました。タイムズ教育版はこれを悲観的にみており，「法的な事実の確定に執着するマクレガーの態度を，単なる政治的動機に基づくものであるとみる人々がいる。すなわち，彼の党の方針を強調して言うためだけではなく，保守党の価値に適合的で有用な歴史という，歴史の一解釈を確実なものとするためであった」と述べました[44]。

　しかし，ナショナル・カリキュラムをそのままの形で実施するのは難しいという，教師の不平の声の高まりに対し，マクレガーは耳を傾け，対応を取らなければならないようになりました。1990年3月までにタイムズ教育版が伝えるところ，マクレガーはあらゆる方面から，新しいカリキュラムによって課された試験の負担を軽減するように圧力をかけられていました。試験を基礎基本教科の3教科に減らすことを求める声の高まりは，しかし首相の手で押さえ込まれていました。首相は秩序だった試験のあり方を取り戻し，その厳格化を図ることを強く主張していました。その厳格化は教科の到達目標が公表された時に予見されたよりも徹底したものでした。タイムズ教育版は「マクレガー氏は取り返しのつかないことになる前に，手を打たなければならない」と警告しました[45]。その1か月後，前任者のベイカーが置き去った行き詰まりを精算するマクレガーの取り組みが進められるなか，首相は中等教師協議会

の年次大会に出席し，7歳児対象の試験は基礎基本教科に減らされるであろうことを発表しました。それは彼が「法定評価プログラム計画における価値ある柔軟性」[46]と呼ぶところのものでした。同年8月，マクレガーも教職員協議会の大会で試験の緩和を伝えました。美術，音楽，体育は〔2006年〕現在，14歳の必修科目から外れています。政府の譲歩ぶりはタイムズ教育版の指摘するところです。タイムズ教育版は「18か月前，ベイカー氏は（教育科学省通達5/89で）ナショナル・カリキュラムに関する法定義務は年齢に関わらず，すべての児童生徒に適用するものであり，それを改正する計画はないと述べたばかりである」と言及しました。同時に，タイムズ教育版はこの譲歩に潜む危険性を見逃さず，カリキュラムは全体としてまだ拘束力をもったままであり，多くの教師は基礎基本教科の週間授業数を減らすことを要望していると，指摘しました。政府によるこの新しい発表は，基礎基本教科の試験により重点がおかれることで，かえって問題を生じさせてしまう危険性をはらんでいたのでした[47]。

次第に明らかとなってきたのは，マーガレット・サッチャー自身がナショナル・カリキュラムの実施のあり方について，これを当然視する態度を修正し始めたことです。1990年4月17日付のタイムズ紙の社説は「教育改革法が引き起こす影響の山場は越えた。サッチャーは，ナショナル・カリキュラムの強要は杓子定規過ぎると思うと述べている」と書きました。彼女の声明が引用されています。

> ひとたびナショナル・カリキュラムを世に送り出し，しかしそれが誤った思い込みであったなら，状況は以前よりも悪化する……。そのような詳細まで教授細目を定める必要があると，かつて私は考えていたわけではない。教えることに一生懸命な数多くの教師がいることを私は信じる……。私は教師が自身の方法や経験，これまでに修得したことや知り得た教え方を活用できる領域が，常にあるはずだと思っている……。本当に良き教師がもつ情熱や献身，自らの経験を活かしうるさまざまのことを，われわれは失いかねない。

また，タイムズ紙はサンディ・テレグラフ紙に語ったサッチャーのや

や長めのインタビューを引き，次のようなコメントを綴っています。

　　今や彼女は，教師が自身で何をなし，何をなさないか，教室における教師の実情を理解している。あまりに頑なカリキュラムの強要は，教師の熱意や献身を削いでしまう。上段に構えたアカデミックな「専門知識」に対し，教師の自律性から発せられるプロフェッショナルな声がある。理論家に対する実践家の声である……。政府は当初，ナショナル・カリキュラムのねらいを保守的改革や伝統的教授の重視への転換として，保護者に喧伝した。それはナショナル・カリキュラムに対抗的な態度をとる教師——左派の教師はもちろん——に集まる関心を排除するものとなった。政府の誰ひとり，もしカリキュラムが実施されたら何が起き，教師に何をもたらすか，熟慮したことはなかったようにうかがわれる。教師の多くは忠実な伝統主義者であり，教授の刷新を押しつけられた彼らは，これまでの熟練の方法を放棄することを迫られたのであった。サッチャー氏が短く「誤った思い込み」と表現したのは，以上のことであったと思われる。[48]

11月，タイムズ教育版は苦々しく記しています。

　　急進右派では，論客，副大臣，そしてサッチャー氏自身が，平等主義的で規範的なナショナル・カリキュラムにより，再び教師が教育に影響を与え始めていることを発見するや否や，不快感と嫌悪感を覚えていることを公言している。ジョン・メイジャー首相就任後の内閣改造によるマクレガーからケネス・クラークへの教育科学大臣の交代は，新しいあり方を確実に予告するものであった。教師自身もナショナル・カリキュラムの履行についての問題だけでなく，教室で行われていることについての非難を受けることが増していた。[49]

1991年1月，タイムズ教育版に掲載されたモーペスのキング・エドワード6世校の校長であったマイケル・ダフィーの投書が，その状況

を良く伝えています。彼の投書は14歳以上のナショナル・カリキュラムの停止を求めることが主旨でしたが，そのなかで彼は次のようにも述べました。

〔教育科学大臣の〕クラークは単純に14歳以上の成績不振を理由に，教師や地方教育当局を非難している……。ナショナル・カリキュラムの課題は，何が教えられるかではなく，またどのように試験がなされるかでもない。課題は，不確かなまま申し立てられているが，要はナショナル・カリキュラムを教える者の脆弱さである。議論の焦点は，教育改革法はベイカーが急ごしらえしたものであるという話から，学校自身の抱える弱点という話へと移ってきている。ナショナル・カリキュラムは，政治用語でいうところの，問題の規模が大きくなり過ぎて収拾がつかなくなりつつある代物という判断が下されようとしている。新大臣に必要なのは，注意を逸らしてそのような評価をまぎらわせる作戦か，教師の研修と地方教育当局を攻める作戦を導入することであった……。政治的に刺激的で撹乱的な批判の集中砲火はインディペンデント紙やガーディアン紙からさえも浴びせられ，われわれが取り組む子どもの教育に悪影響を及ぼし始めている……。キー・ステージ4での混乱は大きい。ナショナル・カリキュラムに関する一連の法令は縛りが多く，どう見ても評価の仕方が複雑になっている。また，法令で定められた最終ステージ評価のために中等教育修了一般資格を利用することはやむをえない判断であるが，こうした問題が絡み合って，解決困難な状況が作り出されている。それはシュレースヴィヒ＝ホルシュタイン問題[*7]よりも難解である……。われわれは誰もが，ナショナル・

[*7] プロイセンとデンマークの中間に位置したシュレースヴィヒ公国とホルシュタイン公国の帰属をめぐる問題を言う。19世紀半ば，プロイセンおよびその関係国とデンマークは両公国の領有を争い，2度の戦争を行った。戦争はプロイセン側の勝利に終わり，両公国はプロイセンとオーストリアの共同管理下に置かれ，のちにプロイセンが領有するところとなった。現在は大部分がドイツのシュレースヴィヒ＝ホルシュタイン州に属する。この問題の背景には19世紀に昂揚した民族主義があり，ドイツ人によるゲルマン主義と北欧人による汎スカンジナヴィア主義の衝突があった。シュレースヴィヒ＝ホルシュタイン問題の困難さが，ナショナル・カリキュラムをめぐる問題に皮肉的にたとえられている。

カリキュラムはキー・ステージ 3 で終わることが望ましいと考えている。われわれの望むそのより良き学校の実現に向け，大臣を説き，動かすべきである。」[50]

同様の文脈において，主席勅任視学官であったエリック・ボルトンも最終年次報告書でクラークを難じ，「見境いのない粗探しが良き進展を妨げている」[51]と述べました。

しかし，この非難も教師の短所を標的とするクラークの態度を改めさせられませんでした。1992 年 10 月，クラークは初等教育段階の学校の発展について意見を述べるため，ロビン・アレグザンダー（リーズ大学教授），ジム・ローズ（初等学校担当主席勅任視学官），クリス・ウッドヘッド（ナショナル・カリキュラム審議会長）に報告書のとりまとめを依頼しました。これは「三賢者（three wise men）」の報告書として知られるようになるものです。必ずしも 3 人の意見は一致するものではありませんでしたが，彼らの報告書の内容のいくつかは，大臣にとって価値ある材料を提供するものでした。その内容のひとつは「最近数十年間，初等学校の進展は極めて問題の多い独断的な考え方の影響によって妨げられている。それが教室での実践を過度に複雑なものとさせ，カリキュラムにおける教科の位置づけを不当なものとさせている」[52]という見解でした。クラークはこれを利用し，ナショナル・カリキュラムが効果的に運用されるためには，「大部分の学校の抜本的改革」が必要であることを，公然と求めました。すなわち，クラークは「この報告書は，社会から要求される当然のことを教師がなすべきよう，教師の責任意識を喚起するであろう。誤りを正すこと，能力別グループ編成を行うこと，学級一斉教授を実施することについて，罪悪感はないはずである」[53]と述べたのです。数年間，この報告書は象徴的な位置にあり，しばしば教育に関する議論において引き合いに出されましたが，その公刊と同時に，クラークにより，彼が公然と教師を非難し続けることを正当化する根拠として利用されました。

1992 年の選挙後，ジョン・パッテンが教育大臣[*8]として，クラーク

　　*8) 1992 年，教育科学省は科学部門を切り離し，教育省に改組された。1995 年，教育省は雇用省と統合され，教育雇用省（Department for Education and Employment, DfEE）に

のあとを引き継ぎました。その際，成果を上げた学校は規模を拡大することが認められるという政府声明も発表されました。その拡大によって周囲の学校が損害を被る出来事もありました。タイムズ教育版は，パッテンがこの1年間，前任者の仕方に追従し，また全英PTA連合を含む8つの組織を冷遇し，ラジオ・フォー[*9]で次のように主張していたことに，不満を表しました。

> 彼らは本当の保護者の声を代弁していなかった……。彼らは今や誰もが同意するようなありふれたことに抗議していた。すなわち，われわれはナショナル・カリキュラムを必要としているか。われわれは結果が公表される試験を行うべきであるか。彼らはこのようなことを議論している。まるでネアンデルタール人ではないか！

　この記事が読者に思い起こさせたのは，おそらくパッテンが教育白書『選択と多様性』で「保護者が子どもの必要としているものを一番知っている。少なくとも教育理論家や官僚よりもそれを知っている」[54]と述べたことでした。閣内での見解や発言は必ずしも一致していたわけではありませんでしたが，しかし政府の立場は，1988年教育改革法に対する承認をともかく取り付けていく，という態度で一貫していました。
　1994年9月，ジリアン・シェパードが教育大臣に就任しました。彼女の親和的で教師との直接的な対立を回避するやり方は，状況を改善しなかったわけではありませんでした。テッド・ラッグは現代教育事情に通ずる辛口評論家のひとりでしたが，彼はシェパードの仕事を評し，その機知に富む文章を1995年6月のタイムズ教育版に寄せました。

> 私は少しジリアン・シェパードへの興味を失っている。彼女は優れた人物であり，大きな長所をもっているように思える。彼女は「ベイカー」，「クラーク」，「パッテン」と同列にはあらず，私にとってそれは高く評されるものである。他方，しばしば彼女はその「魅力

改組された。
　[*9]　4つあるBBCのラジオ放送うちのひとつである。ニュース，教養，討論，コメディなど，主にインテリ向けの番組を放送している。

を活かした広報攻勢」がうまいとも評される。そうした彼女の政治手法に文句はない。しかし，彼女が湛える満面の笑みも，温かい握手も，何千の教師が職を失うことを埋め合わせるものではない。[55]

　振り返ってみれば，これらの教育大臣たちは，それぞれ手法や戦術で違いがあったものの，ナショナル・カリキュラムの強行という路線においては，政府の姿勢を一貫して崩しませんでした。また，新しい教育政策が教育議論をますます支配しつつある急進右派の論理を包含しながら展開されたのも，各大臣において同じでした。つまり，この時期の特色をなす「教育に関する新しい共通認識」を生み出すうえで，彼らが演じた役割は小さくありませんでした。

　教育政策の展開において看過できないもうひとつの側面は，教師が自身のやり方を定めていく力を，明らかに喪失していくことです。1992年7月のタイムズ教育版は，政府が学校運営を掌握していく現状について，次のように報告しています。

　　250の国庫維持学校の半数以上の校長は，非公開で教育大臣らに申し出た。権限をもちすぎる統治者は，教育の水準を高めようとするその試みをかえって危うくする。……そして，そのような者は校長の指導的役割を無視し，効率的な学校経営を妨げかねない場当たり的な統制を現場に施そうと躍起となる。[56]

　多くの人々の目に，教育政策の展開が政府と教師の権力闘争のなかに進んでいるように映った事実は，よく顧慮されるべき事象です。1994年初頭，タイムズ教育版に寄稿されたひとつの文章がその失意をよく示しています。

　　教師の業務量が問題の核心なのではない。質の高い教育をすべての子どもに準備することが，何よりも重要なのである。子どもは何を必要としているかが，政治的な課題や計略の後方に押しやられ，教師はうんざりさせられている。いつわれわれはぶれない見地から授業を捉えうる日を取り戻せるのか。子どもにラベルを貼ろうとする

願望の終わりはいつ来るのか。選ばれた一部の学校だけでなく，すべての学校が適切に財源を与えられないのはなぜか。そしてまた，なぜ「伝統的」あるいは「進歩的」な教授法に秀でた教師を支援するプログラムがないのか。しかしながら昨年来，教師の業務量の問題ばかりが議論となっていないか，危惧するところである。

　この投書が示しているのは，教師側の組合も政府も，両者の間の権力闘争を最優先してしまい，教育的な課題を周辺に置き去りにした点で同罪であったということでした[57)]。

　1994年2月，学校財団の設立が公表されました。この機関は200人を雇用し，年間200万ポンドの予算を擁しました。主に政府に従順でない地方教育当局が管轄する区域の学校を財政支援するため，学校財団は役割を果たしました。さらに1996年12月，政府は新たに全英読み書きプロジェクトを計画していることを明かしました。このプロジェクトは初等学校教師が関与すべきことを前提に設計されており，「プロジェクトの肝要は……，毎日1時間，読み書き，または計算に特化した指導を行うことであり，それはグループ・ワークと学級一斉教授を組み合わせて行われる」[58)]というものでした。一連の政治的な駆け引きの所産として，ここに初等教育カリキュラムの中核が確定をみました。それは後期ヴィクトリア時代の「読み・書き・計算」からの長い旅であったとも言えます。

「チェックマーク・リストの焼却」──ナショナル・カリキュラムの再考
'Burning the tick-lists': rethinking the national curriculum

　ナショナル・カリキュラムが今後長く実施され続けていくものであるなら，それの要求を再考する必要のあることが，その制度のなかにある教師において，早晩，気づかれました。ヘメルヘムステッドのキャベンディッシュ校の校長であったG・R・ウォーカーが1989年12月，タイムズ教育版に寄せた文章から，このことを認識している状況がわかります。

> 現実にすべてのカリキュラムの実施に取り組んでいるわれわれにとって，状況は裸の王様を思い起こさせるものとなりつつある。……教育改革法に関連して教職員研修が増え，最近，多くの生徒の教育が後手に回っている……。公立学校は今まさに，過去の輝かしい実践に全く逆行する形で，カリキュラムが実施される過程のなかに少しずつ組み入れられている。[59]

　政府が構想するナショナル・カリキュラムに関し，疑問を投げかけ，看過できない役割を担った機関のひとつが，ナショナル・カリキュラム審議会でした。ダンカン・グラハムがこの組織を率いました。同審議会は当初から，教育改革法のもとで教科横断的な主題を包含したやり方を検討できないか，議論の拡大を模索しました。1989年秋，タイムズ教育版は次のように伝えました。

> とくに課題となったひとつは，学校はナショナル・カリキュラム審議会から助言をうるべきか否かということであった。その助言とは，基盤教科[*10]はどのようにカリキュラム全体のなかに位置づけられるべきであり，それを教科横断的で，個人，経済，社会に関する主題を展開する教科として改善するにはどうすべきか，ということについてであった。教育科学省は……必要最小限の教科に限り，ナショナル・カリキュラムに関する助言を求めたが，それは過去の縛りから自由でない同省の硬直的な慣行を表してもいた。[60]

　2か月後，タイムズ教育版は，グラハムが中等教育修了一般資格の10科目を40週間という範囲で教授するのは困難であると考えていることを女子学校協議会に伝えた，という談話を報じていました。グラハムは「生徒は勤勉であり，時間の許す限り，懸命に勉強しなければならない。……基盤教科で生徒が習得しなければならない内容は，中等教育修了一般資格取得において求められる内容よりも少ない」[61]と語りました。

---

　*10）　英語，数学，理科以外の教科を指す。原著者によれば，「基盤（foundation）」は「基礎基本（core）」と紛らわしい表現であるが，どちらも重視しているという態度を取り繕うために，あえてこのような表現を政府が選んだとも考えられる。

1年後，ナショナル・カリキュラム審議会はダンカン・グラハムのもと，提言をまとめ，正式にケネス・クラークに「ナショナル・カリキュラムの10の教科は中等教育修了一般資格レヴェルで維持されるべきである。しかし，これを一貫性のあるものとするため，その教授と内容の両面で修正を要する」と建議しました[62]。

グラハムの議論は右派のケイティ・アイヴァンズの注意を引きました。アイヴァンズは急進右派の運動家として知られ，「25,000の公立学校の授業を管掌する政府への助言者たちは，罷免されるべきである。なぜなら，彼らは故意に教育改革を滞らせ，左派が権限を握ることを許しているからである」という主張から，ナショナル・カリキュラム審議会を非難する冊子を作成しました。同審議会はすでに過剰気味のカリキュラムに，〔教師の要望に配慮して〕多文化研究，人種差別反対主義，性差別反対主義に関する主題の授業を追加することを認めていると，彼女は批判しました。そして，そうしたナショナル・カリキュラム審議会の対応が，政府の改革を「狂信者の権益物」に転じさせてしまっていると責め立てました[63][*11]。

バーミンガム地方教育当局の教育長であったティム・ブリッグハウスは，政府が進めようとする教育政策に疑問を投げかけ続けたひとりです。「あまりに冴える」とも評される，ナショナル・カリキュラムについての共著論文もあるブリッグハウスは，1990年春，次のように述べました。

> 当時，それはでき過ぎた話であると思えた。今やナショナル・カリキュラムは全国を覆う悪夢と化している。評価・試験専門部会の規程は，われわれにとっては奇跡のようなものである。それが提示するところは，彼ら（伝統主義者）に対しては，子どもは教えられるべきであるという彼らの年来の願望を叶え，また実際に子どもは学びえているのかを知る方法を提供するという確約である。他方，進

[*11] 原著者の補足によると，ここでケイティ・アイヴァンズがいわんとするのは，ナショナル・カリキュラム審議会は教師に配慮し，政府規則を教師寄りに解釈するあまり，反人種差別や反性差別のような政治的テーマに関わる授業を加えようとする教師に利用される結果となっている，ということである。

歩主義者に対しては，子どもは発達的・特徴的な観点から評価を受けるという柔軟性を認めるものである……。もちろんこれは絵空事にすぎず，いつか歴史家は，われわれが自身を幻惑に浸らせていただけであったことを暴くであろう。[64]

こうした状況に直面し，ロンドンのハウンズローのヒースランド校の校長であったジェフェリー・サミュエルが抱く最大の懸念は，政府が要求度を下げた中等教育修了一般資格試験のなかで，学習課題の基本要素の策定を企図していることでした。彼はタイムズ教育版に投書し，次のように不満を述べました。

〔生徒が授業時間中に行う〕学習課題の構成内容は，当該学年の試験のレヴェルよりも高い。100パーセントの学習課題を採用する学校は，試験でより良い成績を達成できるであろう。しかし，悲しむべきことに，教育の水準は落ちる。この種の偽りは，果たして生徒の利益となるのであろうか。[65]

教育改革法の実施の先送りを求める声は高まりつつありました。1990年12月，全英校長協議会の代表団はクラークに，14歳から16歳までを含むキー・ステージ4については新制度の導入を少なくとも1年延期することを要望しました。タイムズ教育版は「同協議会はクラーク氏に，ナショナル・カリキュラム審議会による現在の提案は，より多くの教科をより少ない授業時間数で勉強することを生徒に求めるため，水準の低下と16歳以上の在学生徒数の減少を招くであろうことを警告した」[66]と伝えました。

1992年末までに，政府によるナショナル・カリキュラムの圧制的な押しつけとも言える状況を，教師がただ黙して承伏するものではないことが明らかとなりました。全英学校教師組合・女性教師組合は，政府の柔軟な対応がなければ，教師による大規模なナショナル・カリキュラムのボイコットの可能性のあることを発表しました。全英教師組合のマイケル・バーバーはとりわけキー・ステージ3の英語の試験が懸念の種であると強調しました。記録によると，全英教師組合のダグ・マッカヴォ

イは「政府が繰り広げる教師の専門性や判断に対する非難について，教師は怒り，辱めを受けている」[67]と述べています。昨今の政治状況下，新しい試験を運営できないかもしれないおそれについて，全英学校理事・経営者協議会のウォルター・ウーリックは次のように述べました。

> ナショナル・カリキュラムが法定どおり実行されるように努めるのがわれわれの任務であり，規則に従わないことは望まない。しかしながら，ナショナル・カリキュラムに対する批判について，理解できるところもある。……もしわれわれに期待されているのが，教師の大半が反対している方策の強行であるならば，それは非常に困難な任務であることを大臣らに訴えるであろう。[68]

当時，〔パブリック・スクールの校長らを主要構成員とする〕校長会議でさえ，教師のボイコットを支援する旨を公言し，新議長となったロビン・ウィルスンは「これは組合活動を超えた広がりとなっている」[69]との見解を示しました。

政府が統制の再構築を図るために講じた別の策略は，特殊法人の再編でした。とりわけナショナル・カリキュラム審議会は独立意識の強い組織であり，決して政府の政策にも黙従しませんでした。1992年夏，ナショナル・カリキュラム審議会と学校試験・評価審議会は整理され，両審議会の任務は学校カリキュラム・評価局が引き継ぐことが発表されました。同局は教育科学省の監督がより届きやすい組織と見られていました。しかし，ナショナル・カリキュラム審議会がその役目を終える直前，グラハムは免職となり，クリス・ウッドヘッドが短期間ながら，その後任として同審議会長を務めました。ウッドヘッドはグラハムとは全く異なった働きで光を放ち，ナショナル・カリキュラム審議会に影響を与えました。彼は，多くの校長がナショナル・カリキュラムに対する同審議会の取り組みを支持していると主張し，ナショナル・カリキュラムを再稼働させるべく道筋をつけるため，公式発表を利用しました。彼は次のように指摘しました。

> 状況はあまりに複雑であり，許容範囲を超えようとしている。……

カリキュラムの内容が多すぎて教師の負担となり，表面的な教授が行われている……。学習の深まりが，学習の幅広さを追求することによって犠牲となっている。そして，学習には困難や挑戦が欠かせないが，教師はそれを子どもに課すことが無理であることを理解している……。教師の教科に関する知識が増せば……，困難のいくらかは減るであろう。[70]

　1993年の春，これが現場の現実を必ずしも把捉しない大言であることが明らかとなりました。英語のカリキュラムが主な論争の的となり，皮肉なことに，ここで争点として浮上したのが，『教育黒書』で筆を奮ったブライアン・コックスの「ダマスカスへの道」，つまりその転向ぶりでした[*12]。コックスは急進右派の論客として知られ，彼はベイカーによってキングマン委員会に招聘されていました。同委員会は1987年に設置された英語教育についての諮問組織でした。彼は，新たに発表された英語教育に関する枠組みの基礎を定める，ナショナル・カリキュラム審議会の作業部会の主査も務めました。タイムズ教育版は「コックス教授は教師，学者，指導主事の見解に耳を傾け，彼は『現地化した』[*13]。今や彼は政府の政策に対する鋭い批判者となっている」と指摘しました。コックスは新しい英語教育についての枠組みは混乱を招くかもしれないと警告し，また〔教育科学大臣の〕ベイカーとその後任のクラークが伝統的な英語のカリキュラムが策定されるように，繰り返し作業部会に対する干渉や妨害を行ったことを公に訴えました[71]。
　同時期，ノース・ロンドン・カレッジエイト校の校長であったジョー

　　[*12]　「ダマスカスへの道（road to Damascus）」は初期キリスト教に由来するエピソードである。サウル（Saul）はキリスト教徒の敵対者であったが，ダマスカス（シリア）への旅で幻をみることとなる。その幻に導かれて彼は，キリスト教に改宗した。そして，サウルはポール（Paul）に改称し，初期キリスト教におけるもっとも重要なひとり，聖パウロ（St. Paul）となった。コックスの突然の変節が，この転向に擬えられた。
　　[*13]　「現地化する（going native）」は，19世紀の帝国時代から引かれた表現である。大英帝国の行政官としてアフリカに赴いた者のうち，アフリカ人と懇意になり，彼らの様式や習慣をまね，彼らの法を使い，時にはアフリカ人と結婚する者があった。その場合，彼は「現地化した」と言われた。『教育黒書』を書いたコックスが教師の会合に赴き，教師らの声を聞き，その見方を共有するに至った態度に対し，初期のコックスの支持者はこの表現をあてた。

ン・クランチーはナショナル・カリキュラム審議会を脱会し，審議の仕方に抗議する論説をタイムズ教育版に寄せました。そのなかで「審議の主目的が試験のためのカリキュラムの設計となっており，その結果は内実に乏しく，反知性的な英語教育に典型的である」と述べました。タイムズ教育版では，クランチーは標準英語と文法指導に賛成する伝統主義者として評されましたが，彼女はナショナル・カリキュラム審議会を，同審議会が専門家の助言を軽んじ，右派の見解を尊重するとして厳しく批判しました。

> ナショナル・カリキュラム審議会の委員の数人が右派のシンクタンクに所属することはよく知られている。私はそれに異議を唱えたことはない。なぜなら……シンクタンクのような機関は，改革に寄与する発想や知識をもつ人材を輩出していくからである。しかし，審議会の委員の1人だけに，政策問題研究センターのパンフレットがあらかじめ供与され，事前に読んで準備できるように遇されるのは，全く賛同できない。[72]

この時までにタイムズ教育版は，政府がナショナル・カリキュラムについての政府の見解の優位さを確かなものとするため，あらゆる手段を使い，多くの専門家の声を封じているということに疑いをもたなくなりました。タイムズ教育版は1993年3月の論説で次のように疑問を呈しました。

> ナショナル・カリキュラム審議会と学校試験・評価審議会の委員長が教育科学大臣のケネス・クラークにより更迭され，2人の〔ダウニング街10番地の首相官邸内の〕政策室の元メンバーが後任に就いた。これ以降，両審議会は漸次，政治的信念の近い人物で固められた。この影響――そして経済的な観点から教育が語られることが優勢となり，英語教育の議論を慎重に重ねるプロセスは省かれるという逆転した状況の影響――について，この週のチャンネル・

フォー*14)で放送されたブライアン・コックスのタイムズ解説と，ジョーン・クランチーによるなぜ彼女はナショナル・カリキュラム審議会から離れたのかという弁明が，良く言いあてていた。政策問題研究センターのパンフレットにもっぱら光があてられたカリキュラム論議や，「基礎に戻る」ことを要求する単純さは，ナショナル・カリキュラムの本質からは筋違いのものであった。[73]

　そして，同紙はジョン・パッテンが政策を修正し，数か月前には想像もしなかった教師側の団体への譲歩を余儀なくされるに至った重大な背景として，コックスやクランチーによる批判をはじめ，政府を包囲する批判のあったことを指摘するのでした。
　標準到達目標を受け入れられないと主張する国民的運動は，2年にわたって続きました。それは1993年夏，ついに相当数の保護者が子どもを学校に通わせないという方法で試験に反対するまでに至りました。この状況を受け，学校教育支援推進センターは「静かなサボタージュ，穏やかな不服従，政策への厳しい要求が，制度に突きつけるところは明白である」[74]と発表しました。こうして1993年10月，混乱を鎮め，事態の正常化を図るため，学校カリキュラム・評価局が新設され，ロン・デーリングが率いました。これに際し，クリス・ウッドヘッドは「教師のボイコットは痛手であった。喫緊の使命は，ナショナル・カリキュラムに対する国民と教師の関与を回復することである」[75]と述べました。
　デーリングは1994年から報告書を編集し始めました。彼の報告書は教師たちに好意的に受け止められました。ラトランド・シックスス・フォーム・カレッジの校長であったルイーズ・キッドからのタイムズ教育版への投書が，デーリングの報告書に対する教育専門職の意見を公平に言い表しています。

　　デーリングの最後の報告書は，教師が彼におく信頼が正当なものであることを十分に説明している……。彼は専門職としての教師の手による質の高い教育の提供という目標に向かい，一貫して取り組ん

---

*14)　コマーシャルの広告収入で運営されている公共放送である。

できた。高い地位にある者には何が教室で行われるべきか判断することはできない，という固い信念を，彼は公言してきた。政府は1994年の試験で彼の助言を受け入れた。試験は基礎基本教科に限って行われ，試験時間は半分とされるべきであろう……。彼は学校の自主的な判断が可能な，柔軟性があり，規模を小さくしたカリキュラムを考え，教師の願望に叶う提案をなした。彼は外部試験の運用と採点が簡明なやり方であると話し，到達目標数も絞り，記録作業の簡易化を図ることを約束した……。デーリングは現況をふまえ，質の高いナショナル・カリキュラムの実現に向け，建設的な連携のための扉を開いた……。彼は言う。教師は教育に対する説明責任と教育の水準に関する適切な外部評価の義務を受け入れなければならない。私も同意するところである。[76]

　デーリングが勧告したのは，キー・ステージ4で歴史と地理を止めることと，試験はナショナル・カリキュラム用に新しく作られたものではなく，現行の中等教育修了一般資格のものを使うことでした。全英学校教師組合・女性教師組合はただちに試験のボイコットを中止しました。もっとも全英教師組合はこれを数か月，引きずりました。タイムズ教育版に対するインタビューでデーリングは，英語，数学，理科の試験の重要性を明確に述べましたが，彼のねらいは「チェックマーク・リストの焼却」であることも強調しました。これまで約2,000人の教師が試験の準備や実施に関わってきましたが，彼らはほとんど相談や協議の不足について，不平の声を上げることができなかったと，デーリングは指摘しました[77]。政府と教師がナショナル・カリキュラムとその試験の実施に向け，ともに取り組みうる道筋が少なくともここに開かれました。

急進右派の固執

The persistence of the radical right

　1988年教育改革法成立後，その10年における教育に関する国民的論争の展開のなかで，留意すべき重要な点は，急進右派の論理の膨張でした。1960年代末から70年代初めにおける教育黒書運動は必ずしも特異

な状況ではなく，それは新聞を売り，野心的な政治家に声を上げるように働きかけるという新たな大衆言論活動の展開の前兆でした。タイムズ教育版が述べるように，ある種の懸念，すなわち「政府のカリキュラム統制がもたらす，子どもへの観念の植えつけ」がありました。全英学校教師組合・女性教師組合の中央執行委員長であったフレッド・スミディズは，とりわけこのようなおそれにさらされやすい教科として歴史に留意し，「保護者は教師が公平であることを信じている。……しかし，政治家が歴史に客観的で公平であると考える者はほとんどいない」[78]と注意を促しました。

メディアは，基礎基本を中心とする教育が行われている学校という，型どおりの見方を人々に伝え続けていました。例えば，1991年春，東ロンドンのカローデンのひとつの初等学校が，BBCの放送する「フライ・オン・ザ・ウォール」というドキュメンタリー番組の対象となりました。タイムズ教育版は次のように述べました。

> カローデン校はテレビ批評家の賛同にも関わらず，「現代的方法」を非難するための思わぬ材料となった。メール・オン・サンディ紙はその学校の児童が読み書きを教えられていないという批判記事を載せた。カローデン校の援助的な教育の方法や活動的な学校の雰囲気は，厳しく非難された。

ケネス・クラークはこの機会を利用し，視学官にカローデン校の査察を命じました。教育科学省のひとりが呼ぶところの「読み能力の水準についての公共に広がる関心」への対応でした。タイムズ教育版は「現代的教師を批判する右派批評家により，学校は罪あるもののように『仕立て』られている観が強い」と結びました。学校理事会は正式にクラークに，メール・オン・サンディ紙とディリー・テレグラフ紙の記事はとても「公共的関心」というほどの意味はなさないことを申し伝えました。しかし，本当に深刻な事態は，メール・オン・サンディ紙が追跡調査として独自の読み能力試験をカローデン校の児童39人に対して行い，「真実が判明した。……その児童の多くは明らかに読み書きがまともにできないことである」[79]と喧伝するに至ったことでした。

このような学校批判は，政府が教育について語る論理と非常に似通っていました。とりわけジョン・メイジャーは，彼の公式声明において，急進右派色を打ち出す準備は周到でした。例えば，1991年7月，政策問題研究センターに対する演説で，彼は次のように公言しました。

> 国民のなかに知能に対する先入観がある。……この時代がかった先入観は，左派が平等への固執とともに作りあげてきた。平等は機会の平等ではなく，結果の平等である。左派の固執する平等は子どもにその可能性の制限を強いる思想であり，まるで子どもは誰もが同じであり，同じであるようにしなければならいと迫る思想であった。その思い込みが学校における共通認識の形成を妨げ，実績のある教授法を拒み，教育の水準を低下させ，子どもをみんな同列に置き甘んじさせてきた。1960年代から広まった教育制度の腐敗は，子どもが受けとるのにふさわしい機会をことごとく奪った。私個人としては，それを進めた左派を簡単に許すわけにはいかない。[80]

この急進右派の論理は，この時期のカリキュラムに関する議論を特色づける中心的な立場でした。それはメディアを媒介して形成されるところが大きかったのです。例えば，1993年，スペクテイター紙は次のような論を展開しました。

> この国では公立セクターに悪い学校がある。私立セクターに良い学校がある……。なぜか。教員養成カレッジが……無意味で時代錯誤的な反エリート主義を売り歩くマルクス主義者で固められているからである。……彼らは何もできないし，何も教えることはできない。……そのような者が教師を育てている。[81]

1996年6月，教育関係者のディヴィッド・レイノルズがBBCの「パノラマ（Panorama）」というドキュメンタリー番組に取り上げられ，教員養成職に就く者が批判の対象となりました。この放送は，初等学校における教育水準の向上の鍵が，教師と向かい合い，列を作って子どもを座らせる教授法をどうするか，ということにあることを議論するために

使われました。それは教育実習生に学級一斉教授は「政治的に適切でない」という印象を与える効果がありました。大学教師教育審議会の議長であったイアン・ケーンはこれに激しく応じ、「初等教員養成に関する教育水準局以外の報告書が、教員養成機関は1960年代の呪縛のなかにある、という虚像を膨らませている。どの教員養成機関でも学生に多様な教育の方法を教授している」[82]と批判しました。

フィリップ・ガメッジも、急進右派の立場からの一連の攻勢に対して声を上げたひとりです。彼はノッティンガム大学の教授であり、1996年秋、タイムズ教育版のコラムでペンを奮い、子ども中心の教育を擁護する確固たる意見を述べました。

> 現在の学齢区分の設定は機械的で冷淡な感じがしてならない……。今や教師は、子どもを理屈どおりにキー・ステージにはめ込むことができるかのように話す。いかに『教育黒書』の言葉が教師において無批判に受け入れられていることか。私は暗澹とする。思慮に欠ける言葉が一人ひとりの違いを覆い隠す……。当今、1967年のプラウデン報告書を嘲る向きがあるように思われる。子どもをカリキュラムの中心に据えようとしたその試みを正しく認識せず、この報告書はその後に広がる社会的病状を引き起こした原因であると非難する。しかし、プラウデンの方針は確かに正しかった……。1960年代末の『教育黒書』の粗雑で単純化された議論は受け入れられたのか。……私には子ども中心の教育はますます賛意を得ているように思われる……。子ども中心の教育は無理なく子どもに学習を促し、彼らの動機や好奇心を育む。われわれはゆっくり歩を進めることを、能力別学級編成がいかに害の大きいものであるかを示した研究を、忘れてしまったのであろうか。

驚くべきことではありませんが、これはクリス・ウッドヘッドから、すぐさま厳しい反論を呼びました。それは教え重視の教師中心の教授法の必要の自明さを強調する立場からの反論でした[83]。教師の多くはウッドヘッドの反論を、公平を欠く、取るに足らない非難として受け止めましたが、なかにはこれに頑強に反対する態度を表明しようとする者も

ありました。実際にこの時期，急進右派が展開する激しい批判は社会的な論議のあらゆる面で影響を及ぼしましたが，その急進右派のやり方に対する行動が広がりをみせました。そして重要なのは，そうした行動が多くの保護者や一般の人々にも考えることを促すところとなったことです。しかし，その教育問題に関する国民的議論の拡大は，30年前や40年前と比べ，教師への共感や同情をほとんどともなわない状況で起きたのでした。

「怠惰な無能者」──教師への非難
'Lazy and incompetent': the teachers under attack

　急進右派の展開する議論のなかで重要な点のひとつは，教師自身の能力や責任についての直接的な非難を行ったことでした。この10年，こうした非難は弱まるどころか，強まる一方でした。その初期の一例は，サンディ・タイムズ紙が教員養成職に就くメアリー・ヒルの見解に対して行った報道です。ヒルは適格教師の「危機的な不足」を主張していました。サンディ・タイムズ紙の見方によれば，それは1950年代の「ベビー・ブーム世代」の教職への進出の結果にほかなりませんでした。

　　世界的規模で起きたキャンパス革命の騒動，ヒッピー世代，伝統的価値の揺らぎの直中に，彼らが身をおこうとすることに対する適切な統制はなかった。教員養成もそのような情勢から免れえなかった。多くの説得的な声が，秩序や権威を拒み，「社会通念」を教えることを拒否し，ブルジョワ的様式を打倒することを，価値あるものとして勧めた。こうした時代の議論に取り込まれた者で，やがて自身の進路を教室のなかで得ていった者は決して少なくない。怠惰や無能が罷り通ってしまう理由を考えることは困難でない……。このようにして教師になった者が教室に持ち込んだのは，低い教育水準だけではない。彼らは次世代への影響をもそこに居残らせた。[84]

　ダンカン・グラハムはナショナル・カリキュラム審議会の委員長に就任することが予定されており，論客としても知られるひとりでした。グ

ラハムは1991年，英国教育学会の年次大会で講演を行った際，教師の職務を軽視することはしませんでした。しかし，タイムズ教育版が伝えたところによれば，「彼はナショナル・カリキュラム以前の子ども中心の教育に言及した時，聴衆の雰囲気を読み違えていた。子どもは少しずつ学習するし，子ども自身が楽しみを得ている限りにおいて，子どもは適切に教育されるという趣旨を話した」のでしたが，聴衆から「恥を知れ！」という怒声を浴びました[85]。

グラハムの発言はナショナル・カリキュラムを実施する教師の能力を糾弾する声の高まりに拍車をかけました。グラハムからナショナル・カリキュラム審議会の委員長を引き継いだのはクリス・ウッドヘッドでした。彼は1992年に共同で話題の論文「初等学校におけるカリキュラム編成と教室での実践」を著した「三賢者」のひとりとして良く知られた人物でした。1993年1月，ウッドヘッドはナショナル・カリキュラム審議会で得た新しい地位を使い，初等教育段階におけるナショナル・カリキュラムの導入に関する楽観的な内容の報告書を作成しました。それは，ナショナル・カリキュラムの計画の狂いは主に教師の能力不足に起因することを示唆するものでした。ウッドヘッドにとって，新しい管理方法は，学業成績改善のための障害物を除き去るのに役立つものでした。

> 初等教育における難しい変革の時期であった。……今はカリキュラムは整理され，バランスも取れている。多くの学校はカリキュラム編成や学級経営の方法を見直している。学校の自主的な運営は，柔軟な予算配分を可能とした。さらに重要なことは……，専門職としての責任の……新たな意識である……。イデオロギーや権益に脅かされる者は進歩を阻止するため，あらゆる手を尽くすであろう。[86]

ウッドヘッドらの発言の主眼は明確でした。主義傾倒的で無能，あるいは妨害的な者があまりに多い，教師という専門職を立て直すには，教職が国民への責任をより忠実に果たすべく，強いリーダーシップと新しい管理方法が必要だ，ということでした。当時の政府は控えめな態度を保ちつつ，しかし同時に政府の色をすみやかに打ち出す準備のあるとこ

ろに，その対応の特色がありました。急進右派の論理は，教育のあり方を定めていくうえでの影響をいつまでも維持することとなりました。

学校査察体制の立て直し
A restructured Inspectorate

　ケネス・クラークの遺産で重要なひとつは，学校査察体制の立て直しでした。学校査察業務は今，教育水準局が担っていますが，以前は教育の専門家でない者が視学官として登録され，学校査察の任務を果たしました。1988年教育改革法はその実施当初から，視学官の活動に大きな要求を迫るものであり，視学官制度の少なくない部分はその求めに対応するため，大幅な改変が予測されました。しかし，クラークは視学官を政府の緊密な管理下におくという措置の強行に慎重でした。と同時に，学校で行われていることに対する政府の仲裁的立場を強める方策を練りました。その答えが教育の民営化路線への舵取りでした。

　この民営化の方針の直接的な結果のひとつは，学校査察業務の教育科学省からの分離でした。主席勅任視学官であったエリック・ボルトンは，この分離を将来的にみて大変重要なこととしてとらえていました。「私は勅任視学官が脇に追いやれてしまわないか危惧している。……視学官の職務は将来，政府から離れる方向に進み，学校に近づくであろう。……政策を決定する情報として視学官の査察は，ほとんど消えゆくほどの格下げ扱いである」[87]，と。

　視学官のこのような危機感の伸長は，1992年1月，視学官が彼らの業務の民営化に抗議し，「行動の日」という前例のない試みに及んだ事実から判明します。

　当初，教育水準局はスチュアート・サザランドに率いられました。1994年9月，クリス・ウッドヘッドが主席勅任視学官となると，彼はその先の数年間で教育に関する辛口発言を積極的に行い，広く耳目を集めました。最初彼は進歩主義的な教授法を批判しました。次いで6か月後には著作をもって学級規模に関する議論を展開し，問題は学級の児童生徒数よりも，教師の資質にこそあると論じました。彼は主席勅任視学官として最初の講演となった王立技芸協会でのスピーチで，進歩主義的

な教授法を激しく非難しました。彼は1960年代の子ども中心の教育にしがみつく教師を，教育水準の向上のための最大の障害とみなしました（「子どもは発見を通じて学習することが期待され，何も教えられない，無益な進歩主義的な教授法」だと）。彼がとりわけ非難の対象としたのは初等学校の学級でした。そこでは子どもは異なった活動をいくつかの集団に分かれて行い，教師は子どもの活動を促す世話役（facilitator）でした。彼は「教師にとって，一斉教授によって生徒に新しい教材を教え，課題に取り組ませる方が容易であることを示唆する根拠が豊富であるにも関わらず，初等学校の学級ではこれに抵抗的である」と不満を述べました。彼は経験豊かな地方教育当局者のひとりを召喚し，問いました。

> 誰かに何かを教える初等学校教師はどこにいるのか。私はその教師を見ることがないが，なぜか……。問題は単なる変化への抵抗ではない。教育の目的と行為についての信念に根づく問題である。その信念がより良い教育制度を築くための真の妨げとなっている。政府内には学校統制を強めんと主張する者がいる。彼ら干渉主義者が抱く野心の先に，教師の頑強な信念が待ち受けているのである。

タイムズ教育版はこれを黙過できず，「三賢者」の報告書（ウッドヘッドはその共著者のひとりでした）の残響としてみました。

> 学校に広がる文化は，ウッドヘッド氏によると，教育は子どもの関心やニーズと直接的に結びつかなければならず，また知識の教授は基礎的な技能の発達よりも重要でないとする信念に特色づけられると言う……。今週のクリス・ウッドヘッドの講演は，初等学校に関する「三賢者」調査を立ちあげたケネス・クラークがなした大言に相当する観念的なものである……。それは非生産的であるだけだと思われる。ウッドヘッドは初等学校の教師が独断的な考えをもっているとして初等学校を非難しているが，彼の主張を実証する根拠はない。彼の言い張ることは，およそ事実無根である。これが報告書（近く発表される教育水準局の年次報告書）を念頭に，それに

先んじて自身の解釈を示しておく意図からなされたことは明白である。[88]

引き続きタイムズ教育版は，ウッドヘッドの発言が聴衆を煽ったことの余波への懸念を強調しました。

主席勅任視学官のクリス・ウッドヘッドが王立技芸協会での講演に期した反応が何か，まだ明らかでない……。しかし，その講堂に参集した人々，そして教師は，確かに挑発された。

教師・講師協議会の中央執行委員長であったピーター・スミスは，次のように応じました。

着手されようとする改革について，それが子どもの便益に資するためになされるという脆い認識が明らかにされた時，ほとんど信じがたい驚きの思いであった。あなたは意図してわれわれを動転させ，論争となることを予期した議論を起こした。

ディヴィッド・ハートは全英校長協議会を代表し，「教師が再び攻撃されるのではないかとおそれを抱くことを，私は危惧する。教師を狭い巣穴に押しやりかねない」と述べました。グロスタシャーの教育長であったキース・アンダスンも慎重であり，「単に教師の活動を『世話役』として描き，また教師が知識を教えることを嫌うように描くクリス・ウッドヘッドの筋書きは，私の認識と一致しない……。それは私の首肯しうる実像と違う」と述べました。さらにウッドヘッドの前任者であったエリック・ボルトンは，端的に「彼がその発言に至る経緯に，一粒も残さずに豆を挽き終えたコーヒー・グラインダーのごとく，確かな実証があったと信じることはとうていできない。人々はきちんと内容を判断する」と述べました。しかし，こうした専門家からの擁護の声も，ディリー・エクスプレス紙が「児童生徒に害悪な学級の特性」という大見出しでウッドヘッドの講演とその後の議論を報じ続けることを控えさせるものとはなりませんでした。ウッドヘッドのレトリックは，巧みに教育

専門家を苛立たせ，また右傾新聞に報道ダネを提供したと説明づけうるでしょう[89]。

　確認すべき重要なことは，視学官制度に変化のあった点です。歴史的に勅任視学官は，時どきの政府の諮問的存在として役割を粛々と果たしてきました。しかし，この間の国民的議論のなかで生起してきたのは，視学官を政府から分離する方針でした。視学官の分離により，歴代の政府がその「特別顧問（special advisers）」の設置を通じて埋め合わせてきた溝が置き残されました。視学官に代えて政府は〔民間のシンクタンクから〕「専門家（experts）」を雇い，政府に雇われた彼らは教育政策の詳細を決定する者として存在感を増しました。シンクタンクは否が応でも，政府の附属的機関としての性格を帯びました。この民間行政機関と言うべき機関[*15]は，学校やカレッジの業績の裁定を任され，かつてないほど直接的に教育に関する国民的議論のなかに組み込まれていきました。このような変化の意味するところは，必ずしも今も十分明らかではありません。しかし，政府の教育政策における重要な転換であり，教師の職務のあり方にも影響を及ぼさざるをえませんでした。

新労働党の打つ布石
The repositioning of New Labour

　労働党が自身の教育政策の転換を進めていたことが，1988年教育改革法の実施後，次第に明らかとなりました。1989年末，タイムズ教育版は教育広報官としてのジャック・ストローに着目する記事を書きました。

　　ストローは注意深く，彼の党を穏健派中道の立場にあることを示し，シティ・テクノロジー・カレッジのような問題を衝いて政府を批判し，政府から距離をとりつつ，一方で新聞で悪評の「進歩主義的」な政策（それゆえ労働党である）を静かに引っ込めた。スト

---

　*15）　政府はシンクタンクに金を払い，助言を得る。政府はシンクタンクと短期間の契約を結ぶのが普通であり，シンクタンクは政府との契約期間が終わると，通常は民間機関に戻る。

ローのもと，今や労働党は試験，厳格管理，学校業績監視，教員評価に賛成している……。ストローは労働党政権下におけるアメリカ式のスペシャリスト・スクールや「マグネット」・スクールの「廃止」を主張し，しかし個々の学校が専門的特性を伸ばすことは妨げなかった。……言うなれば，事実上のマグネット・スクールの支持であった。[90]

1992年4月，公共政策研究所の研究員であったディヴィッド・ミリバンドは，先の総選挙から学ぶべきことを党に提言しました。

> 労働党は教育事業の5年後のあり方に目を向けなければならない。その時には選択性が教育における重要な要素となり，たいていの学校は実質上，中等モダン・スクールとなるであろう。[91]

1995年，タイムズ教育版は，ジリアン・シェパードに対するシャドー・キャビネットの教育大臣であったディヴィッド・ブランケットが，クリス・ウッドヘッドの教師に対する痛烈な批判を歓迎したことに注目しました。ブランケットは教育水準に関する議論をめぐるウッドヘッドの支持を表明し，「労働党はこれまでたびたび，このような議論を呼びかけてきたところである」[92]と述べました。1996年春，ブランケットはさらにトーキーでの全英校長協議会の総会において，労働党の教育政策の概要を提示し，続いて労働党が保守党の新しい政策に参加する準備のあるところを披瀝しました。

> 教室における基礎への立ち返りを計画している。……基本的技能に重点をおく。……学級一斉教授は教員養成における抜本的な改善点となるであろう……。教師は，学級で一斉に教える方法はもちろん，学級経営の仕方についてもっと教えられなければならない。それは他国では当然，教師が教えられていることである。[93]

1996年夏，トニー・ブレアは総合制中等学校における学級内能力グループ別指導と能力別学級編成への深い関心を表明し，その政治的主導

権を握ろうとしました。

　　トニー・ブレアが総合制中等学校の学級内能力グループ別指導に関する見解を明らかにする決断をしたのは，良くない一歩である……。それは労働党が教育を統制しようと考えている方向を良く物語っている……。ブレアの宣言は，彼が明確な根拠のあるものを信じ，しかし教師に信頼をおかず，教師の取り組みを信用しないことを示唆している……。われわれは保守党の同じやりくちをしばしば見てきた。「新労働党」が同じやり方を取ってくることを注視する必要がある。[94)]

　労働党が政権の座に就いて明らかとなったのは，彼らが前政権の保守党とまるで変わらないことでした。保守党のやり方を気にかけてきた多くの保守党支持者以上に，むしろ労働党は保守党的でした。

結　論
Conclusion

　本章で扱ったこの時期は，イングランドにおける学校教育の発達を考えるうえで極めて重要な時期のひとつと言えます。以上の考察において示した事実から，暫定的ながら，いくつかの判断を求めておくことは可能でしょう。第1に，教育制度は決定的に変化しました。1988年，教育改革法が施行され，学校は以前にはなかったほどに，社会に対する説明責任を負わなければならない状況がもたらされました。消費者主義の影響は現代生活のさまざまの面で見られましたが，それは学校についても例外でありませんでした。この過程において，校長は熾烈な児童生徒獲得競争に追われ，また学校は視学官の報告書や新聞の批評というかつてない仕方で国民的注目を浴びることとなりました。地方教育当局の支援という保証が剥奪された学校は，その新しい枠組みのなか，財政的態勢を整えようと，競争意識を高めました。教育の民営化路線は，校長の地位や職務に経営者的性格を付与しました。特色的な学校経営の要請は，校長や理事に対し，地域における学校の位置づけや学校の財源に対

する問題意識を強めさせました。そして，学級の教師にとっては，まさに試練の時でした。教育の専門家はナショナル・カリキュラムの最終決定までの過程において，一定程度の役割を担うことができました。しかしながら，教師はその過程に加わることができず，他人がこしらえたメッセージを子どもに伝え与えるだけの存在と化しました。教育をめぐる国民的議論の高まりのなかで明らかとなった結果のひとつは，ナショナル・カリキュラムへの関心と相俟ち，人々の目がより教室での営みに向くようになり，教師に注目が集まったことです。教室で教師が児童生徒に教え，手ほどきする自由は，1960年代と1970年代に顕著でしたが，もはやその自由は失われました。1988年教育改革法と同法が引き起こした権力闘争は，教育実践者がイギリスで働くことの意味を変容させました。このことが1997年までに明白となりました。労働党政権において，これまでの取り組みがどれだけ活かされるのでしょうか。1997年の時点で，イングランドで教育を見守る多くの者にとって，それは大きな懸念でした。

第7章

新労働党と1997年以降のカリキュラム
New Labour and the curriculum since 1997

　みなさんが受けている授業，そのなかにはわくわくするような授業がありますね。しんどいところもあるけれどもやっぱりやりがいがあるなぁと感じる授業や，自分が身につけてきたいろいろな技能を実際に活用してみる機会があるような授業があります。そして，みんなで一緒に学びあっていく授業などはとくに楽しい授業でしょう。しかしながら，授業のなかにはちっとも面白くもない授業もあります。また，想像力がかき立てられることもないような授業もあります。これらは，みなさんとの対話を通して私たちが学んだことです。それをふまえて，私たちは先生方に，授業についての生徒のみなさんの希望を伝えました。よい授業をつくることにもっと注意を向けてくださいねと先生方にお願いしておきました。おそらく，みなさんの先生方はこれから一生懸命努力してくれるでしょう。そして数か月たったら，みなさんの授業の多くがもっとおもしろくて楽しいものになっていることでしょう。私たちは学校の関係者の方々に，みなさんが受ける授業の質が高くなるのが少しでも早くなるように努力していただくようお願いしました。
（2006年2月，教育水準局の査察団が，北部イングランドを視察してその報告を行った際，ある中等学校の生徒に向けて書いた公開書簡から）

　労働党は1997年5月に再び政権を奪還しました。その時のスローガンが「教育，教育，教育」でした。このスローガンからはっきり読み取れることは，労働党の主要な政策目標のひとつが，教育制度のさらなる改革であり教育の向上であるということです。しかし，この新政権がただちに手腕を発揮したのは経済分野においてでした。低金利政策を推進し，主要な公共事業の多くを民間資本に委ね，未曾有の規模の個人債務を可能にするなどの政策を次々と実行に移しました。ちょうど，このころに貿易赤字の方も解消しましたので，イギリス経済はこの時，10年

以上にわたって連続的な成長を遂げる結果となったのでした。一方，この経済成長は，富裕層と貧困層の格差を増大させるという代償を払うことによって初めて実現しました。もっとも，国家レヴェルの政策としては，シュア・スタート[*1]のように，多くの人々を貧困状態から脱出させる努力がいくつかなされました。しかしながら，格差はそれでも拡大してしまいました。当然の帰結かもしれませんが，教育が社会に対して果たした貢献についても同じことが言えるような状況となりました。すなわち，政権によってもたらされた重要な変革は，社会のなかのさまざまな層の人々にそれぞれ違ったように影響を与えました。一方，中流階級の人々はブレアが手掛けてきた政策を支持していましたが，一連の改革はその中流階級を弱体化させることがないようにと周到に計算されておりました。こうした背景から，10年間のブレア政権の成果として，現代のイギリスの学校間格差がこのようにして解消されたのだと言い切ることはとても難しくなっております。また，逆に，教育に関する状況については，社会的矛盾が紛れもなく存在するのだと指摘することが非常にたやすくなってしまいました。こういった事情から，この時代のカリキュラム政策がどのように発展していったかを簡潔に説明しようとしても，それがどのような事柄であっても至難の業となってしまいます。また，単純化して説明しようとすると，それは矛盾に満ちたものとなってしまいます。

　教育の対象となっている子どもたちの実態も2000年前後の10年の間に劇的に変化していました。しかし，その事実の捉え方においては上記と同様な複雑さがともなってしまいます。タイムズ教育版の2005年の記事のなかで，ある記者は次のように述べています。さまざまな事情が原因となって，現在の子どもたちは，昔の子どもならほとんど関わりがなかったようなことを経験している。また，暴力の生々しい描写，露骨な性描写，売らんかな主義の商品販売，ジャンクフードの消費増大，遊びの習慣や就寝習慣の変化などが蔓延している。さらに，親たち自身の状況も，働くことと家庭で生活することのバランスを欠いてしまうことが少なくなく，「今の子どもは，かつてわれわれが熟知してい

　[*1]　人生のスタートを子どもにとって可能な限り最高のものとさせることを目的とした施策。1998年，アメリカ合衆国のヘッド・スタートなどの施策も参考にして始められた。

た子どもの姿ではなくなっている」[1]というのです。グローバル化とインターネット社会の到来はこれらに拍車をかけました。また，2006年9月，子ども期に関心をもっている専門家110人がディリー・テレグラフ紙に投稿しました。彼らは，「子どものうつ病がますます頻繁に発生しており，子どもの問題行動や発育の不全などが大いに懸念される」と訴えました。そして，引用を通して，ジャンクフード，子どもの遊びの変容，身近な大人との関わり方の変化などを要因としながら次のように述べました。「変化が激しく，高度に競争的である文化のなかにあって，現代の子どもたちには，かつてないほどの幼い時期から学校の勉強の準備を始めることが期待されている。初等学校のカリキュラムも必要以上に学問的な色彩が濃くなっており，しかも学力テストによって学びのあり方が誘導されている。現代の子どもたちはそれにも対応しなければならない」。また，この記事の共著者のひとりである元校長のスー・パーマーは，現在の11歳の子どもについて次のように述べました。「平均して15年前に比べて2～3歳，発達が遅れている」，「非常に幼い時期から子どもたちは学問という拘束衣を着せられており，創造性や子ども時代の豊かさが封じ込められている状態にある」[2]。このような状況がもたらす当然の結果として，保護者や子どもたちが学校に期待することがらも変容してしまいました。現在では，教育を経済活動と同じ尺度で測ろうとする商業主義的な態度が以前にも増してより深く浸透しています。そのことにより教育そのものが商品化されてしまっていると説明してよいかもしれません。また，この章の冒頭に引用した公開書簡をしっかりと読めばご理解いただけると思いますが，懐柔的な魔の手が子どもに向かって忍び寄っていると言っても過言ではないと思います。さらに，子どもたち自身をあたかも商品のようにみなすようなことが多くなったことを裏付ける証拠が散見されます。BBCのラジオ・フォーでは，上記の投稿記事についての討論が繰り広げられましたが，ある教師は番組の討論に電話で参加して次のように問いかけました。「私たち教師は子どもの質を高めようとしているのでしょうか，それとも，工業製品を作り出しているのでしょうか」。また，このような状況の結果として，正しいか正しくないかは別にして，次のように考えている教師が明らかに多くなっています。最近の子どもたちは教室で指導しにくくなっ

た，専門職である教師としての目標を達成しようとすることがますます困難になってきた，とくにそれは，近年とりわけ中等教育段階の学校で生徒の長期欠席の割合が未曾有の高さになっていることが原因となっている，というのです。

「政策立案の蔓延」[3]

'An epidemic of policymaking'

　1997年の選挙期間中に，労働党が強調したのは，改善計画を通して地方教育当局が学校に対して直接的な指揮権を行使することでした。その改善計画の中心的な対象となっていたのが，読み書き能力と計算能力，教育水準の向上，教師の再教育でした。皮肉なことに，政権を譲ることになった保守党の教育分野のマニュフェストには，すべての公立学校を準私立学校化して生徒獲得競争に巻き込み，学力テストとリーグ・テーブルを重視することが提案されていました。保守党は地方教育当局の権限を各学校にこれまで以上に委譲する提案も行っていました。そして，これらのすべてが，数年もしないうちに労働党の主要な政策となったのでした！　教育サーヴィスを救済するのに必要な21ステップの一覧が労働党によって有権者に示されました。そして，労働党が政権に就いた直後，イギリス女王はその式辞のなかで，最優先課題は教育問題であり，とくに，教育水準と学級規模が重視されるべきであることを明示的に言及しました。

　これらのことすべては，のちの政府がとった未曾有ともいえる施策の序章となりました。それ以来，政府は，政令，声明，報道発表を矢継ぎ早に出し，10年の間に12の国会制定法を成立させ，教育が民衆の注目をあびないことがない状況が生まれました。新たに教育大臣となったディヴィド・ブランケットは，校長たちを安心させようとして，「門戸開放政策」を約束する公開書簡を出しました。そこには，「学校が成果を上げようと思うなら，協力関係が絶対不可欠です。私たちは独断的な考えには興味がありません。私たちの関心事は，何が有効な結果を出すかということです」[4]と書いてありました。

　おそらく，最も象徴的だったのは，政府が新しく設置した教育水準効

果部の課長にマイケル・バーバーが指名されたことでしょう。役人は選挙で選出されているわけではありません。そこで，役人として任命された人物を政策の責任者に据えるという手法は，教師たちの感情をますます逆なでました。さらには，役職からあぶれてしまった議員たち，教育分野にかぎらずありとあらゆる政策分野に関わるそういった議員たちを，怒り心頭に発しました。このことがもつ重要な意味をタイムズ教育版はただちに理解しました。タイムズ教育版は，バーバーが40人のスタッフを擁する局を任されることになると指摘して，次のような論評を出しました。

> このことが示しているのは，新政府が大きな規模で学校に直接介入していこうと計画していることである……。バーバー教授は，政府高官の職についたが，その職が本来もつ以上の影響力を彼はもつことになろう……。政治任用職の者に役人と同じ特別な権限をもたせるというのは，おそらく初めてのことである。彼を任命するにあたっては，市民行政委員会からいくばくかの抵抗があったが，トニー・ブレアが直接介入することによって，彼の任命が承認されるに至った……。〔ダウニング街〕10番地〔の首相官邸内〕の政策室のメンバーは，労働党が選挙で勝利したことによって解任されることになった。その結果，教育水準局の政治的運命，とりわけウッドヘッド氏の政治的運命は激変した。政策室のメンバーが教育水準局を動かしていくことができなくなったのである。[5]

2001年，タイムズ紙は，教育雇用省にブランケットが与えた影響について，短いながらも一方の立場に片寄ることがないような評価を次のように下しました。

> ブランケットが実権を握って3週間もたたないうちに，彼は効果を上げていない学校の実名を挙げて厳しく非難（実名非難）[*2]した

　＊2）この英語表現は，'named and shamed' である。動詞の name は1語だけでも名指しで非難するという意味をもつ。それに加えて shame は侮辱するという意味なので，'named and shamed' はかなり厳しい制裁である。

……。彼は，教育水準効果部を創設し，部外者を部長に就任させ，役人たちのいかなる懸念にもかかわらず，さらに議論を呼び起こしそうな改革を推し進める体制づくりを行った……。彼はひと月に1度以上発議権を行使し，報道機関への発表も平日のほぼ2日に1度の割合で行った。

　このような過剰行動が必然的に内部矛盾を引き起こすであろうということも，この記事は指摘しています。すなわち，ブランケットが「私の言うことに注目しなさい。選択肢はありません」[*3]という持説をあちらこちらで公言していることを引用し，同時に，労働党の選挙マニフェストが保護者の最終決定権を約束していた！，ということも指摘したのでした[6]。
　次に起きる大事件は，教育水準局が，効果を上げていない学校として281校を特定して学校名を公表し，それに基づいて特別措置が執行されることになったことです。新しく教育水準担当大臣に就任したスティーヴン・バイアースは，「効果を上げることができない学校については，それらを閉校にし，新たな学校の設立を命じるつもりである。問題校と同じ校区にある善良校を巻き込み，問題校の支援にあたらせる……われわれは，怯まずに厳しい決断を下していくつもりである」[7]と公約しました。一連の出来事があってまもなく教育白書が刊行され，法律の制定に至りました。そして，新しい読み書き能力戦略がただちに導入されました。さらに，私学就学援助計画が廃止され，一般教育審議会が招集されました。それから6か月後，タイムズ教育版は，「報道発表は毎日，意図的リークが1日おき」に出されることについて論評し，「この6か月間の変革の速度はすさまじいものがある」[8]と付言しました。この新しい熱狂的な政治姿勢は，新労働党政権の間，一貫して持続することになりました。そしてそれは，教職に就いている人々の側にとっては非常に厳しい苦痛の種となったのでした。
　それ以降の数年間のなかで教育現場に影響を与えた主な施策には次の

　[*3]　自分の命令が絶対であり，命令に従わないという選択はできないし，命令を知らなかったと済ませることはできないという意味の主張である。このことは，たとえば，保護者の最終決定権を尊重するという方針と大きく矛盾している。

ようなものがありました。教育アクション・ゾーン*4)が発表され，それが1998年の春に導入されました。1999年9月には，練りに練られた新しいナショナル・カリキュラムが告示されました。このカリキュラムは，初等教育段階の観点から見ると，これまでのいかなるナショナル・カリキュラムよりもはるかに詳細にわたって記述されることとなりました。2000年1月には，さらに抜本的な見直しがなされた14～16歳段階のカリキュラムとそれに対応するテストが，北イングランド教育会議の席で，ディヴィッド・ブランケットから発表されました。2000年3月には，財布のひもが劇的に緩められることになり，10億ポンドの追加予算が直接学校に配分されました。タイムズ教育版はこれを手厳しく論評し，次のように述べました。「〔1992年当時，シャドー・キャビネットの首相だった〕ゴードン・ブラウンの方が，ディヴィッド・ブランケットとトニー・ブレアの2人を合わせたよりも，教育においてより良い方向での影響を及ぼしている」[9]。2000年のなかばには，政府はそれまでの教員養成政策を突然逆転させ，養成期間中の教師に給与を支給する制度を導入しました。そしてその年の瀬，ブランケットは，学校から見れば棚からぼた餅のような思いがけない大きな予算を学校に配分したのでした。次の年，一定期間同じ職場に在職する教師に対して最高15,000ポンドを支給するという〔転職を防ぐための〕「特別待遇」措置*5)が導入されました。当時，多くの学校が人材供給の不安定さに直面していましたが，「特別待遇」措置はその事態を改善するために導入されたのでした[10]。2002年2月，政府は14～16歳段階の基礎基本のカリキュラムから，理科を撤廃することを発表しました。それは，各学校が職業コースをより多く提供できるようにすること，そして，年長生徒の職業体験をより充実させることを目的としていました。

新政策に対する熱狂ぶりは，第2期労働党政権の期間中も変わらずに持続しましたので，報道機関は食傷気味となり，徐々に斜に構えた態度となりつつありました。そして最新の革新はどんなものであれ，それ

---

*4) 学力の向上が困難な学校に対して，地域の保護者，民間企業，教育当局が一体となって支援する施策。

*5) 金を利用して教師を縛りつけておくという意味から，英語ではgolden handcuffs（黄金の手錠）という表現が用いられている。

を批判してやろうとする姿勢がますます強くなりました。2002年8月，実績を残した学校にはナショナル・カリキュラムを免除してもよいとする新たな教育法の骨子が提案されました。その時，タイムズ教育版は社説のなかで，「二重構造になっていると批評家たちは警告している」[11]と指摘しました。数か月後，当時の教育技能省の大臣であったエステール・モリスが「発電所でありインキュベータでもある」と呼んでいた「革新局」構想を公表しましたが，マスコミは費用がかさむのではないかと警鐘を鳴らしました[12]。2004年7月，タイムズ教育版は，間近にせまった総選挙に向けて労働党が用意しているマニフェストを精査しました。そして，政府によるアカデミー校[*6]の政策に大幅な進展があることに注目しました。それによると，2010年までに新たに200校のアカデミー校を設立することが目標となっていました。また，マニフェストには，近い将来，すべての中等教育段階の学校をスペシャリスト・スクールにしていきたいということも書かれていました。「すべての学校が〔地方教育当局から独立した〕私立学校になってしまうのだろうか」とタイムズ教育版は疑問を投げかけました。そして「地方教育当局は冬の時代を迎えそうだ」[13]と指摘しました。

　しかし，政府の教育改革に対する意気込みが衰えそうな気配はありませんでした。2004年7月に新たな五か年計画が発表されました。そこには保護者と子どもによる学校選択，スペシャリスト・スクールの増設，地方補助学校施策の拡張，学校の新設を要求する保護者の権利，すべての学校が生徒用制服を採用することを促す政策などが盛り込まれていました[14]。2005年の総選挙に向けて，労働党は10項目の教育公約を発表しました。そこには3年間にわたる学校予算の概要，スペシャリスト・スクール推進施策を刷新していくこと，人気のある学校をますます拡張していくこと，2010年までに私立のアカデミー校を200校創設すること，教室から強制排除される粗暴な生徒が増加していることに対応した児童生徒受入施設[*7]を拡張していくことなどが組み込まれてい

　[*6]　国庫により設立されるが，地方教育当局からは独立して運営される学校。イギリス版のチャーター・スクールとも言われている。ナショナル・カリキュラムを順守し，教育水準局の査察を受けなければならないが，民間資金や寄付金を大幅に自由に運用できる。
　[*7]　病気や退学処分などによって通常の学校に通学することが困難な児童生徒を一時

ました。ブレアが「保護者の力を教育制度の核心に据えるのだ。かつてのように一部の保護者の意見を反映させるというのではなく，すべての保護者に，必要な選択権と有利な条件を与えるのだ」[15]と述べたのはまさにこの時でした。2005年の末，トニー・ブレアは新しい教育白書の内容を公表しました。その白書は「総合制中等学校の次の時代」の基盤づくりを準備することになるのですが，そのなかで，ブレアは「強いて言うなら，これまでの〔中等教育改革の〕推進の程度がまだ徹底しておらず，〔その改革の〕進展の仕方がまだまだ速いとはいえなかった」といえると述懐しています[16]。しかしながら，この同じ時点でタイムズ教育版は，次のように酷評しました。「10億ポンドもつぎこんだ5年前の「都市の卓越性」[*8]施策は，結局めぼしい成果を出すことができず，該当する生徒についての中等教育修了一般資格の成績向上が全く認められなかった」[17]。それゆえ，この10年間の学校をめぐる実態は，常に流動的な状態にあり，変革しても成果が明確に見えてこないという感覚が漂っている状態でした。それは，歴史上かつてないほど変化が激しく万華鏡のように変幻きわまりない状況にありました。

「基礎基本ばかりでそれ以外がほとんどないカリキュラム」
――読み書き・計算能力指導の推進

'A basics and little else curriculum': the drive for lietracy and numeracy

　政治的議論において個別の教育政策は次々と現れては消えていきましたが，このように猫の目のように情勢が変化するなかでも，展開が見出せる一定の方向性といったものを特定することは可能です。当時の新聞の見出しによく登場していたのが，労働党政権の初期における計算能力と読み書き能力に関する方向性についてです。このことが，とくに初等学校において大きな影響を与えるようになりました。これについて疑問を差し挟む人はまずいないでしょう。

的に受け入れて就学機会を与えるための施設。すべての地方教育当局が設置義務をもち，英語，数学，理科などの授業も行われる。2010年9月以降は短期滞在学校（Short Stay School）と呼ばれるようになった。
　＊8）　貧困化が進んだ地区を特定して1999年から始められた施策。

労働党政権が始まって1か月たたないうちに，ブランケットは合格率による目標設定（目標設定はこの政権下で繰り返し使用される重要な策略となりました）を，読み書き能力についてはキー・ステージ・テストの80パーセント，計算能力については75パーセントにすると発表し，政権の任期の終わりまでに到達しなければならないとしました[18]。まもなく教育専門家や教育関係の新聞は，合格率による目標を強調すれば，初等教育カリキュラムは必ず弱体化してしまうと指摘しました。初等教育カリキュラムは数年前と比較しても，すでに基礎基本のカリキュラムばかりに偏重して時間が割かれていましたが，合格率による目標設定がそれに拍車をかけるというのです。1997年の暮れに開かれたある会議の席で，ロビン・アレグザンダー教授は，「基礎基本に焦点をあてて，カリキュラムの他の部分を軽視するのは間違っている」と述べました。また，政府が読み書き能力や計算能力における教育水準を向上させる手段として喧伝している学級一斉教授[*9]は，「教育の成功を保証するものではなく……イギリスは現在，読み書き能力や計算能力の目標という強迫観念に囚われている状況にあるが，その根底に強く流れている価値観は，1870年代の経済道具主義，文化再生産，社会統制といった価値観と同じものである」[19]と述べています。

　しかしながら，このような指摘があっても，政府の政策推進はとどまるところを知りませんでした。1998年1月，初等段階のナショナル・カリキュラムの必修細目については，向こう2年間は必ずしも教えなくてもよいという猶予を設け，2年後に見直しを行うと発表しました。この猶予によって，読み書き能力や計算能力を効率よく指導するための時間がより多く確保できるようになりました。そして間髪を入れずに，英語，算数，理科，情報教育，宗教教育のみが必修とされ，残りの領域は必修から外されました。タイムズ紙の教育担当編集員のジョン・オーリアリーは，次のように述べています。

　　この決定が出されたことは，主席勅任視学官のクリス・ウッドヘッドが政府のカリキュラム顧問との勢力争いに勝利したことを象徴的

　　[*9]　whole-class teaching の訳。ここでは暗に，グループ学習や少人数指導，あるいは問題解決学習や体験学習等と対比して述べられている。

に表している。ウッドヘッド氏は教員組合と歩調を合わせることはほとんどなかったのであるが，このときばかりは教員組合の意見に同調して，初等段階の教育が基礎基本の徹底にもっと労力を注ぎさえすれば合格率による目標を達成することができると議論した。[20]

政府顧問たちがこの問題に関してどれほど混乱していたかは，資格・カリキュラム局長で，政府の強い意向に対していつも理解を示していたことで知られるニック・テイトでさえもが次のように述べたことからも見て取れます。上記と同じ日付のタイムズ紙には次のように書かれています。

英語と算数で最も優れた結果を出している学校は，他の教科にも力を注いできた学校である。初等学校で「基礎基本ばかりでそれ以外がほとんどない」カリキュラムを導入することは時代錯誤である。たしかに大昔の経済社会は知識技能を必要とせず，公教育の目標はその経済社会の要望に対応すればよかった。そういう時代なら「基礎基本ばかりでそれ以外がほとんどない」カリキュラムが許容されたかもしれない。しかし今日ではそのようなことは全く許されないのだ。[21]

政府はこの案件を教育改革の中心に据える決定をしましたが，それにもかかわらず，数年もたたないうちに，その実効性について大きな疑問符をなげかける人々が出てきました。2001年8月，オブザーヴァー紙は，最新の研究成果が発表され，読み書き能力の点において社会は確実に後退していることがわかったと伝えました。「読み書き能力を向上させようとする政府の努力にもかかわらず，その研究成果によると，15歳から21歳のイギリス人の15パーセントが機能的非識字であるという。1912年の視学官の報告によると，読み書きができない若者はわずか2パーセントに過ぎなかった〔ことを考えるとこの非識字率はとても高い〕」[22]。

学級における指導のあり方にこの政策が直接影響力をもつであろう，ということが読み取れる確実な兆候が現れました。それは，初等学校の

校長の間から，読み書き能力や計算能力の指導をより着実に行うために，学級内能力グループ別指導や能力別学級編成を導入したい，という意見がどんどん聞かれるようになったことです。教育水準局は，900校を超える学校で調査を実施し，その分析結果を，1999年1月に『初等学校における学級内能力グループ別指導』として報告しましたが，この報告書がこの傾向に拍車をかけました。というのはこの報告書には，学級内能力グループ別指導や能力別学級編成によってすべての学年の児童が恩恵を受けると書いてあったからです。報告書には次のような記述もありました。「学級内能力グループ別指導を避けて通る学校はほとんどない，あったとしてもそれはイデオロギー上の理由からである……現時点で学級内能力グループ別指導を実施していない学校でもその4分の1は，近い将来それを導入するつもりである，と答えている」[23]。この報告書によると，その前年度の間に，学級内能力グループ別指導を受けた児童数が2倍となり，結果として初等教育段階の学校の全授業の4パーセントがこの学級内能力グループ別指導をしていました。調査結果のなかで最も重要な知見は，学級内能力グループ別指導が，都市部の貧困地域において，最も一般的に実施されているということでした。一方，「学級内能力グループ別指導を実施すると，指導の質が高いグループと低いグループに二極分化してしまうことを教育水準局が確認している」[24]とタイムズ教育版は警告を発しています。また，さらに明らかになったのは学級内能力グループ別指導が大きな流れになっていたことです。1999年の夏，タイムズ教育版は，「イングランドとウェールズの全初等学校のおよそ3分の2が，政府の示した高い教育水準に向けた圧力に対応する形で能力グループ別指導を導入しているようである……，62パーセントの初等学校が，1997年以来，グループ分けの方法を変えてきた」[25]と論評しました。

「総合制中等学校の次の時代に向けて」
―― 中等教育段階における専門分化と私学化の動き

'Towards a post-comprehensive era': the drive for speicialism and independnece at secondary level

　労働党の掲げた教育政策のなかで，2つめの大きな脅威となっていたのは，中等学校をより専門分化させ，硬直化した規制から解き放そうとする動きでした。この論点は，第2期および第3期政権の期間中，徐々に中心的なテーマとなりました。労働党が政権をとった時，保守党の教育政策に反対すると労働党は声高に主張していたはずでしたが，その保守党の教育政策の主要な要素を，労働党は，意識的にしろ，無意識的にしろ，自らの教育政策のなかで最大限に利用したのでした。

　しかし，労働党の意図は最初から明確でした。1997年7月の教育白書に先立ち，『多様性と卓越性』を公刊して，「3種類の学校」すなわち，有志団体立補助学校（aided school），地方補助学校（foundation school），公立学校（community school）のあり方を提案しました。そして，それまでの〔公財政によって設置・維持される〕国庫維持学校が，この新しい制度のなかに組み込まれ，〔補助金業務を行っていた〕学校財団は解体されることになったのです。このようなことが起これば，ケント〔ケントではほとんどの学校が公財政によって設置・維持されている〕，エセックス，グロスタシャーのようなカウンティでは，重大な問題が巻き起こるであろうとタイムズ教育版は指摘しました。これらのカウンティではどこでも「地方教育当局はすでに弱体化して，骨と皮のような状態になっている。もし，この政府の提案が現実のものとなると，問題がさらに深刻化する可能性が高い」[26]とタイムズ教育版は報じました。同年の秋，苦境に立たされた教育長たちは，これらの新しい種類の学校が導入されれば，もっぱら，「分断や不信を助長し，地方教育当局の多くの部分が崩壊してしまうことになる」という警告を発しました。また，そのような提案は，そもそも労働党の選挙マニフェストには書かれていなかったということも付け加えて指摘しました。それから数年のうちに繰り返し聞かれるようになったのは，不平と不満でし

た[27]。

　続く数年の間に，政府は中等教育段階の学校に関する懸念は膨れあがり，それが徐々に政策のなかに反映されるようになってきました。2000年の夏，公立学校が重大な失敗をもたらしたことを〔政府自身が〕容認する第2期政権の政策案の写しが漏洩し，サンディ・タイムズ紙がその書類の内容を伝えました。「1970年代，1980年代に発達した総合制中等学校制度は，その提唱者が望んでいた成果すら未だにもたらしていない。21世紀の社会に必要な資質については，もう問題外である」[28]。1999年の暮れ，ブレアは「画一化し硬直化した総合制中等学校は，子どもの多様な能力差に対応することができなかった」[29]と糾弾しました。タイムズ紙の伝えたところによると，この時までに，「労働党の大きなもくろみ」は，

> トーリー党の打ち出したスペシャリスト・スクールの提案*10)を取り入れ，それを大規模に拡張することであった。総合制中等学校の名の下で，もはや，言語，数学，音楽といった分野の専門分化が進展し，その代わりに，10分の1の子どもを自由に選別することがまかり通っている。2006年までに，総合制中等学校の半分がこのような道をたどることが奨励されているが，このことにより，労働党は新たな階層社会を作っているだけだという批判に対して火に油を注いでいる。[30]

　数週間後，ブレア政権の報道官であるアラスター・キャンベルは，「平々凡々の総合制中等学校」という表現を使ってこの政策の転換を支持しました。キャンベルは，この「平々凡々の総合制中等学校」という表現を口癖のように使うことで広く知られていましたが，当時の教育をめぐる議論のなかでは際立って弁が立っていました。しかし，まもなく，〔教育大臣の〕ブランケットの側からも，〔副首相の〕プレスコットの側からも強く非難されることになります[31]。タイムズ紙は，社説のなかで，「今の政府が教育政策において平々凡々ではないことを証明しよ

---

　*10)　多様性を通じて教育水準を引き上げる政策。多様性のなかで，技術的・職業的な教育も重視されている。

うと思ったら，よほど過激な論理が必要となるであろう」[32]と簡潔に論評しました。

　一連のこれらの議論は，学校の教育水準を向上させうるものは学校選択制の導入しかない，といった理解を前提にしていました。この多様化した中等教育制度は市場原理の力にますます委ねられるという運命をたどりました。結果としてのちに学校間の激しい競争が始まりますが，それは，必然的に学校内部の変化をもたらすことになりました。しかし，この選択は少なからぬ問題を引き起こすことになりました。2001年，ケイト・ケラウェイはオブザーヴァー紙に辛辣な論説を寄稿しました。そして，依然として164のグラマー・スクールが選抜試験を実施しており，前の年には，自分の息子が通っていた初等学校の60人の児童が，ロンドン地区にある28の異なる中等学校に選別されて進学したと指摘しました。

> 現在，われわれが目にしているのは，11歳試験時代の再来である……。しかし，それは新しいタイプの11歳試験である……。せめて地元の最も優れている総合制中等学校に子どもを入学させたいといったつつましやかな願いしかもっていない保護者ですら，失望してしまうかもしれない。定員超過が甚だしい……。すばらしい選択の自由の権利を行使できる……それはいいことだと説明を受けてきた。その選択の自由は幻想であった……。結局，誰が選択を行っているか？　それはもちろん学校の側なのだ！[33]

　労働党の若手議員や一般大衆の多くは，宗教学校を設立することを嫌っていました。それにもかかわらず，学校間にはっきりとした差異をつけていこうとする動きのもうひとつの側面として，宗教学校の設立を奨励する決定がなされるに至りました。2001年9月，キヴィタス[*11]が『教育における信仰』[*12]という冊子を公刊しました。その1か月後，オブザーヴァー紙は，それを記事にして，「卓越性は教会学校が先導する

---

　*11)　市民社会を研究するシンクタンクの名称。キビタス（Civitas）はラテン語で「市民」を意味する。

　*12)　この冊子の副題は「教育における教会の役割」。

という神話をむき出しにしている」とし、そのような宗教学校を増長させていくことになる無思慮な政策に疑問を投げかけました。同紙は次のように論評しています。

> 反対意見が、若手下院議員の間で広まりつつあった。大臣や教育関係者の心配は、宗教学校が増加していくとイギリス人のなかに「教育的な人種隔離」意識が起きてしまうのではないかということだ。イギリス人は、ひと夏の間、北アイルランドで相次いで起こった暴動や宗派抗争の暴力シーンにショックを受けている。これらは学校の外で起こっているものの、それと重ねあわせて「教育的な人種隔離」を考えてしまう。[34]

1か月後にユーゴヴ社とオブザーヴァー紙とが行った世論調査によると、80パーセントを超える人々が、宗教学校促進政策のいかなる広がりにも反対すると考えていることがわかりました[35]。人々のなかには、政府が政策の一部として、学校教育と宗教的信仰を結びつけることを目論んでいるのではないか、と危惧していた人がいました。一方ではブレア首相が自分の息子を宗教学校に入学させるという選択肢をとったということが起こり、もう一方では、ルース・ケリーが2004年12月に教育技能大臣に大抜擢された（この抜擢の直後から、彼女は、〔ローマ・カトリック教会の組織である〕オゥプス・デイと関係があるとして攻撃されることになりました）ことが起こってしまいました。それゆえ、上記の危惧は払拭されることはありませんでした[36]。2006年1月、タイムズ教育版は、ロンドン市内の全アカデミー校の3分の1がキリスト教関係団体から出資を受けており、なかでも無宗派のキリスト教慈善団体であるユナイテッド・ラーニング・トラストと福音派のエマニュエル学校財団が主要な活躍を果たしていることを明らかにしました[37]。一連の政策がこのような学校に通学している子どもたちに与える潜在的な影響については、ガーディアン紙が明解に報告しています。それによると、イギリスの生徒の3割以上が、天地創造説を信じているというのです[38]。

政府の方針の公表は差し控えられていたにもかかわらず、その内容

は広く知られるようになりました。そしてついに，トニー・ブレアは，2002年10月の党大会において一歩踏み込んだ発言をしました。「総合制中等学校の次の時代」が到来するのが望まれるとしたのです。そして，その年の秋の一連の大臣会見の場では，スペシャリスト・スクールや「高度スペシャリスト・スクール」の増設が発表されるであろうと発言しました[39]。2004年1月，政府顧問の影響力がまだ存続していたことがはっきりとする出来事が起こりました。ブレア首相の教育に関する私的顧問であったアンドリュー・アドニスが，「アメリカ合衆国型の民間によって運営される中等学校」の構想を次期選挙に向けての労働党マニフェストのなかに盛り込み，近い将来実現させることを強く要求している[40]，とタイムズ教育版が伝えたのでした。この選挙公約が2006年春の立法化へとつながりました。その法案によると，どの学校でも基金学校になることができ，基金学校になると，独自の資産をもち，独自の教職員を雇用し，独自の方法で入学選抜を行うことができるということでした。この法案は，保守党の支持をとりつけること，かつ，労働党の若手議員に対しては生徒の選抜に面接試験を用いるにあたっての大幅な譲歩をすることによって，初めて成立が可能となる状況にありました。この論争の展開のさなかにあって，反対を唱える議員のなかで最も発言力のあった議員のひとりのサイモン・ジェンキンスは，ガーディアン紙のなかで次のように指摘しました。この法案は，「ケネス・ベイカーによって提案された1988年教育改革法案の丸写し」以上でもないし以下でもない，「〔せっかく〕ジョン・パッテンが1992年にそれを修正した〔のになんということか〕」と述べたのでした[41]。さらに，サンディ・タイムズ紙は，この法案に対して，より辛辣な描写をしています。

> 〔この法案は〕もともとはトニー・ブレアとアドニス卿の間の非嫡出子として生まれ，のちに代理母のルース・ケリーに育てられた子どもである。地域の学校を公立枠から離脱させ，私立の基金学校にしたところで，学校の中身は少しも変わらない。これは，外観だけは真新しいが実質が旧態依然としているという典型的な見本ともいえる。選挙で選ばれてもいない男爵にデリケートな社会政策の担当をさせるからこのような事態が起こってしまったのだ。[42]

しかし，中等学校の自治権を強化しようとするこの動きは，内部矛盾を孕んでいました。それをみごとに端的に表現したのが，ウォリックシャーにあるウォルヴァリー・ハイスクールの教師ケヴィン・オゥレィガンでした。彼はタイムズ教育版に次のように投稿しました。

> 1997年以来，地方教育当局や学校に次々と責任を押しつける政策，そして，中央政府によって教育を統制することを確立する政策，これらの猛攻撃にわれわれは苦しめられ続けた。われわれの学校は凄まじい人数のコンサルタント大軍団を雇い入れ，国家戦略を推進した。その結果，質の高い教師が教室から去らねばならなかった。そして，管理者軍団が帝国を動かしていった。もちろん，教育水準局は，ダウニング街10番地〔の首相官邸〕が押しつけた筋金入りの正統性にわれわれ教師全員が確実に従うような手立てを打った。ブレアは，公立学校の私学化を推進していくことを切望すると発言したが，その時，われわれは冷たいまなざしを向けざるをえなかった。というのは，彼が指導者として行動してきた過去の履歴と全く矛盾した発言だったからである。[43]

「熱心な奨励と責任追及の交錯」[44]
——教師に喝を入れようとする政府の企て

'A mixture of exhortation and blame': government attempts to galvanise teachers

学校教育制度を再構築しようとするこの企てに深く関連しているのは，政府のある企てでした。それは，教師の営みをあるべき姿に保ち，教師に喝を入れて政府の政策を支えるようにしようとする企てです。のちほど本章で議論することになりますが，もし，教師たち自身が上から圧力を受けていると感じていたならば，この企ては簡単には成功しなかったでしょう。しかし，労働党が政策として常に心がけていたのは，成功をおさめた教師や，労働党の提案を歓迎する教師，あるいは，ただ単に提案にそった教育を黙々と実践する教師に対して，なんらかの褒賞を与えていく道を敷こうとすることでした。

1999年10月，マスコミへのリークによって次の情報が世間に知られ

ることになりました。トニー・ブレアが，学校の「言い訳体質」を激しく攻撃したうえで，一流の校長たちには年収70,000ポンドを与えることによって，校長たちに〔政府と〕ともに教育制度を改革することの要請を今日にでも行う[45]というものでした。数か月後，タイムズ教育版は，国立教育管理職養成カレッジはブレアの「お気に入りの政策」だ，と描写しました。ブレアはタイムズ教育版で，「極めて優れた校長たちに，ダイナミックでカリスマ性のある新しい世代の学校指導者」になってもらいたいと述べています[46]。教師の転職を防ぐための「特別待遇」措置が発表されたのはまさにこの時期でした[47]。2003年3月，実績をあげた教職員に対する報奨金の予算がさらに3,000ポンド追加されました。しかし，現実には，教師の人員削減が先行して行われており，それによって確保された財源が，まわりまわって褒賞を受けた教師の収入増加のために使われたのであり，そのことを褒賞を受けた教師たち自身も気づいている，とタイムズ教育版は伝えました[48]。同じ年の5月，同様の戦略として，金銭的誘因策によって首都で働く「質の高い教師」を支援する計画が出され，ロンドンの学校から教師が大量流出していくのを堰き止める試みがなされました[49]。また，数学教師の人員不足に関する政府調査結果を受けて，同年，同様の政策が提言されました[50]。このようにして，選ばれた教師に報酬を与える政策（その過程で，選ばれなかった教師は疎外感をますます強くもつことになる）は，労働党が政権にある期間中，繰り返しとられることになりましたし，段階別給料と校長への高額給料は，永続的な特徴となりました。

将来のカリキュラム計画を抵当に入れる ── 民間資金主導政策
Mortgaging the future of curriculum planning : the PFI

労働党は民間資金主導政策を広範囲にわたって実施しました。またその政策のもとで地方教育当局に対して校舎の新築をめぐって圧力をかけました。この民間資金主導政策こそが，労働党が教育設備の民営化を決断したことを示すもっとも顕著な証左であるといえます。また，この民間資本主導政策は，学校やカリキュラムに対して長期間にわたりもっとも重大な影響を潜在的に与えた政策であるといえます。民間資金主導政

策はもともと1992年にジョン・メイジャーによって導入されましたが，それが，のちに，労働党政府の立案する計画の中核的な策略となりました。民営化政策では，学校を新設する際に，中央政府や地方政府が直接資金をつぎ込みません。その代わりに，企業にとって魅力的な契約を通常25年間といった長期間にわたって結ぶことができます。そして，このことを通して，共同企業体が公立セクターに出資することが奨励されたのです。民間資金主導政策の協約条件のおかげで，これらの私企業は新しい学校の設置を立案して創設することができるようになりました。また，学校清掃や学校給食といった，直接教育に関わりない領域における学校関連サーヴィスをする契約をも勝ち取ったのです。一方，これらの学校におけるカリキュラムの決定権は，知事や地方教育当局に残されており，学校の敷地と校舎の所有権も，通常，知事や地方教育当局が握っていました。2003年の初頭までに，25校の民間資金主導学校が設立され，さらに，それ以後の3年間の期間に20億ポンドを越える資金が拠出されて500校が新設されるという計画が立てられました。この時期以前には，学校建築に対して予算がなかなかつぎ込まれなかった状況にありましたので，それを補填する資金を調達するための現実的な方法はこれしかなかった，ということがしばしば指摘されました。

　2001年2月，オブザーヴァー紙経済版が行った調査によると，民間資金主導政策は外部委託の慣行から自然に発達したものであり，もともと，

　　　外部委託された専門家は，教員の雇用から，教員給与，文房具やIT関連機器の発注，教室の維持管理に至るまですべてを取り仕切っていたのである……。私企業は，〔獲物に跳びかかるために〕その筋肉を動かし始めていたのである……。ロンドン市の「教育支援」は成長部門である……。キャピタル・ストラテジー社[*13]は，5年以内にこの部門の市場規模が間違いなく16億ポンドから50億ポンドになると予想している……。1997年以降に政府が新しい学校を建設することに関連した90億ポンド以上の予算のほぼ20

　　＊13）資産戦略等を研究する民間シンクタンク。

パーセントが，民間資金主導政策によって割りあてられたものである。[51]

21世紀の初頭までに明らかになったことは，この民間資金主導政策が非常に大きな議論の焦点となっていくという兆候でした。2002年7月，建築都市環境委員会の委員長であるスチュアート・リプトン卿は，「民間資金主導政策で建築された校舎の大半は設計がずさんで，次世代のみならず現在の世代の新しい需要にも対応できないであろう」[52]と警告を発しました。2003年1月に出された監査委員会報告書によると，民間資金主導政策で建設された学校は，既存の学校に比べて「非常に劣悪な状態」にあり，とくに「広さ，採光，暖房」の側面においてそれが著しい状況になっていました[53]。こういった警告があったにもかかわらず，そして，2002年の労働党大会で，民間資金主導政策の「完全かつ適切な評価点検」が要求されたにもかかわらず，政府は，この政策を推進するという決定を覆すことはありませんでした（そして本書の執筆時点においても覆していません）。

しかし，民間資金主導政策，そして，長期間の計画が学校内部の教育実践に大きな影響を与えることに対する反対意見も述べられました。その最も大きな理由は，民間資金主導政策によって当該の地方教育当局や学校の将来が「抵当」に入れられることになるということ〔すなわち，民間資金主導政策といっても，将来的な「つけ」は当該の地方教育当局や学校が担うことになるという構造になっていること〕です。これらの校舎を建築するために私立セクターから調達した基金は，公立セクターが借り入れるよりもずっと高い金利で借入されたものでしたが，その利子の支払いは，すべてのケースにおいて当該の地方教育当局が行うことになっていました。民間資金主導政策に反対する労働組合は，民間資金主導政策の推進によって，公的資金から将来支出することになる金額の見積りを算出しました。それによると，公的資金の年間総額が300億ポンド，そのうち教育関係は50億ポンドに達する見込みとなりました。〔労働組合の〕ユニゾンの総書記であるディヴ・プレンティスは，「巨大な富が私企業の懐に入っていくのはまったく道理に合わない」と論評しました[54]。イギリス一般労働組合は，向こう30年間で，学校のために

行われた投資によって私企業が獲得する利益が34億ポンドに昇ると算定しました。2002年には，注意深い試算を欠いたまま民間資金主導政策が増長していくことに対して，保守党が労働組合とともに反対意見を表明しました。シャドー・キャビネットの大臣であるマイケル・ホワードは，11月27日，下院において民間資金主導政策について言及し，「公的会計にはブラックホールが存在している。これは大蔵大臣が作りあげたものだ」[55]と述べました。医療部門において，政府は，〔国からの資金によって運営される〕病院委託事業の経営管理がなっていないと糾弾し，その主張を政府側の隠れ蓑として利用しながら，大規模な職員解雇計画を公表していました。同様の流れが民間資金主導政策の学校に関しても始まりつつあったのです。

　それゆえに，当然の成り行きとして，民間資金主導政策が学校にもたらす影響に関わる不平不満の声がますます多く聞かれるようになってきたのです。ロンドン自治区のエンフィールドにあるハイランズ校[*14]（2001年，国内初の民間資金主導政策による学校として開校）の初代校長は，2006年に校長を辞任した際，ディリー・テレグラフ紙に，ハイランズ校は民間資金主導政策によって「手足を奪われてしまった」と述べました。彼女は設備整備者（この学校の場合はエクィオン社）を糾弾したのです。というのは，この業者が安価で品質の悪い建築資材を使って校舎を建築したからです。また，多種多様にわたる維持管理費を法外な価格で請求したのにもかかわらず，補助的校務のうちもっとも重要で基本的な業務すら実施することができなかったからです。そして，この時に，同時に明らかとなったことは，学校における補助的な校務を担当する職員枠が民間企業に移管されると，多くの場合，公務員として契約していた賃金や待遇の条件が破棄されるということでした。それは，潜在的に，これらの職員にとっては重大な結果をもたらすことになります。ハイランズ校を辞任した校長が，ディリー・テレグラフ紙の取材に答えて，「営利企業が社会的良心をもっていると考えたのは，あまりにも世間知らずだった……。あまりにも多くの予算を民間資金主導政策事業に持っていかれたので，私たちは子どもに最低限のことしかしてあ

　　*14）　創設当初は11〜18歳の子どもが通う総合制中等学校。現在は7歳〜18歳の子どもが通う初等学校と総合制中等学校の両方の機能をもった学校になっている。

げることができなかった。」[56]と述懐したのは無理もないことでした。事実，チャンネル・フォーのテレビ番組が2006年の夏に民間資金主導政策事業を取材した結果，次のことが判明しました。民間資金主導政策事業から得られた利益の還元に関する政府契約があったにもかかわらず，関与した会社の多くは海外の銀行口座を利用して，あらゆる課税を回避していたのでした[57]。教育に関する公的資金から企業が甘い汁を吸い出すという物語が延々と続いていたのですが，そのクライマックスを飾るような，読者をあっと言わせるような展開がありました。それは，タイムズ教育版が2003年3月に明らかにした次の事実です。「勝訴できなければ手数料をお返しします，といった宣伝文句で売り出している法律事務所が，貧困層の保護者を勧誘して回り，学校を告訴するよう促している。その告訴によって，学校が支払う賠償金が年間2億ポンドに達している……こんなことも起こった。ある子どもが事故にあった。すると，そのわずか50分後に，ある弁護士がその地方教育当局に連絡をとって損害賠償を請求したというのだ」[58]。民間資金主導政策が完全な形で動き出すのはこの本の執筆時点以降のこととなりますが，悲しいことに，このような記事はこれからもどんどん書かれることになるでしょう。これからの数年の間でも，民間資金主導政策が学校のカリキュラム提供能力やカリキュラム修正能力に対して，多大な影響力をもち続けるのは確かなことです。

「個に応じた学習に向けて──大規模な失敗を繰り返さない」[59]
──新労働党と指導方法

'Forward to personalised learning: not back to mass failure':
New Labour and teaching styles

2003年の秋までに，労働党の教育政策のなかで何が新しい特徴となっているかがはっきりとしてきました。そのなかには，教室のなかで行われている実際の教育実践を，以前に増して直接的に統制することが含まれていました。つまり，それは，「個に応じた学習」の重視の傾向がますます強くなったということです。政府は進行中の教育改革の中心的な柱に個に応じた学習の推進を据えたいという決意を強固にしました。実

は，この節のタイトルとして引用した「個に応じた学習に向けて―大規模な失敗を繰り返さない」は，労働党の2005年の選挙マニフェストの中の教育政策についての文章の導入部分です。それを見ても労働党の決意のほどがうかがわれます。この専門的な響きをもつ新しい言い回しを最初に用いたのはチャールズ・クラークです。それは，2003年10月の党大会において「個に応じた学習」を新しい「経年到達度分析」*15)に関連づけて議論した時でした。もっとも，この時，この用語が厳密には何を意味するのかについては，全く明らかになっていない状態でありました60)。2004年春には，タイムズ教育版がこの政策をやんわりと皮肉ろうとして，次のように書きました。「現在，教育大臣が教育について語ればいつでも，その口先から『個に応じた学習』という用語が躍り出ているようだが，その用語が何を意味しているのかを突き止めるのに四苦八苦している人がとても多い」61)。2005年初頭，フランク・コフィールド教授は，「不満を表明するEメールがひっきりなしに現場教師から」送られてくると指摘しました。その不満とは，「視学官や管理職が，学習スタイルに応じて授業を細分化するようにと奨励（つまり強制）することをやめない」ということでした。彼の見解によれば，「害多くして益なし」62)というのが，まさにこの施策でした。2週間後には，ダグナムの校長であるアンディ・バックも投稿し，「流行している指導法の危険性」について警告しました。そして，「現在，脅迫観念的に蔓延している学習スタイルは，研究の成果を踏まえたものでは全くなく……1週間に500人以上の生徒を教えている教師が，それぞれの生徒の個別的な学習スタイルに対応した指導計画を作ることができる，といった考え方はナンセンスでしかない」63)と付け加えました。

---

*15) 細分化された到達目標に対して生徒一人ひとりが，いつ，どこまで達成できたかを，ある程度の長期間にわたって記録して，それを指導に活かしていくための分析。「個に応じた学習」が「経年到達度分析」と結びつけて議論されていることから，「個に応じた学習」が子ども中心的な発想からではなく，決められた到達目標の達成を重視する立場から論じられていることが明らかにされている。

政府の介入と学校カリキュラム

Government interventionism and the school curriculum

　もし，労働党の 1997 年以降の教育政策にいくつかの主な要素があるとすると，それは，やはり，計画したことを確実に，そして，できうる限り効率的に実施できるようにするという用意周到な政治スタイルに裏づけされたものでした。新労働党の教育政策がもつ教育現場への影響を説明する際にもこのことはあてはまります。最初に挙げられることは，そしてこれは最も重要なことでもありますが，この政権が発足当初から，教育現場に対してこれまでで最も強い介入主義をとってきたことです。〔それまでは，教師たちに教室のなかで何をするかについての裁量権がまかされていましたが，〕この政権は，トップレヴェルの公務員，教育行政官，校長に対してさまざまな規制を適用することによって，その政策が教育現場の実践の細かなところにまで直接影響を与えることを着実に行おうとしたのでした。

　労働党が政権に就くや否や，この方向性は明確になりました。1997 年 6 月，サンディ・タイムズ紙は次のように伝えました。

> 教育現場で人気のあった指導方法をイギリスの教室から撲滅する計画が，今週，労働党政府から告示された……。進歩主義の教育方法を使うことに固執し，「基礎に戻る」ことを拒絶している教員養成カレッジは，政府からの交付金を失うことになり，実質的には閉校に直面することになるだろう。ブランケットは，教室における教育文化を転換させようと画策している……。それぞれの子どもが自分のペースで学ぶことを許していた子ども中心の指導法にとってかわって，ナショナル・カリキュラムは学級一斉教授を強制することになるであろう……。読み書き計算（スリー・アールズ）[*16)]がさらに重視されるようになり，1 日 1 時間の読みの時間とフォニックス[*17)]の指導方法ももっと重要視されるようになるであろう。[64)]

　＊16）　スリー・アールズ（3R's）とは Reading, wRiting, aRithmetic のことである。
　＊17）　綴り字と発音との間にある規則性を利用して正しい読み方を学習させる方法。英

その1か月後，タイムズ紙は，『学校に卓越さを』の刊行について報じ，「そうすることによって，労働党の内閣は，これまでに多くの時間を割いて戦ってきた人物や政策を自分の側に取り込んだ……教師の成果は教育水準局によって監視されることになろう。このような管理体質の政権は，それに匹敵するものがあったとすれば，それはプロシアの政権といえようが，労働党政権の管理体質はプロシアの政権を上回っている」[65]と論評しました。この政治手法は，労働組合の攻撃の的となりました。全英学校教師組合・女性教師組合の中央執行委員長であるナイジェル・ドゥ・グルーチーは次のような意見を表明しています。

> 政府が学級規模を決め，読み書き計算の時間を押しつけ，宿題の適切な時間を勧告し，目標設定について厳しい態度で臨み，失敗に対しては不寛容（ゼロ・トレランス）を持ち出す。このような政府のやり方に対しては，介入主義や中央集権化がますます増長しているとの批判が出ている。[66]

　同様に，ピーター・ウィルビーは，タイムズ教育版に次のように論評しました。

> 読み書き計算の時間の設定には驚いた。この中央政府による教育方法への介入は尋常ではない。もし，一連の政策が間違った方向に向かってしまえば，その結末は大破局となるであろう。インナー・シティの学校から逃げ出す保護者や教師は，大群の行列となるであろう。[67]

　同様に退職した勅任視学官のジョン・スレイターは，次のような意見を公表しています。

> 労働党はさらにナショナル・カリキュラムの内容を削減することに

語では規則性が完璧ではなく，1980年代，文脈に沿って単語の意味を理解させるホール・ランゲージの学習法が導入されていた。教育論争のなかでは，フォニックスは「基礎に帰れ」を標榜する考え方の旗印と見なされていた。

なろうが，中央集権的に統制を強化していくことにおいてトーリー党をしのいでいる。労働党の読み書き計算政策において，初等学校の教師は何を教えるかのみならず，どのように教えるべきかについても指示されている。[68]

しかし，新政権のメンバーが同時期に明らかにしたことですが，このことはまさに労働党の意思そのものでした。1998年の夏，マーガレット・ホッジは，タイムズ教育版に「第三の道」についての投稿を行い，政府の立場を説明しました。そして，「以前の労働党は，教育の成果というよりも学校の仕組みづくりに重点をおいてきた……。現政権では，学校の仕組みづくりを最優先課題として選んでいない……。教育成果が重視されることにより，教師にとっては新たなそして困難な課題がつきつけられることになる……。教育成果を評価するということは，学校が今まで以上に社会に対して説明責任を果たしていかなければならないということである」[69]。

このやり方は，のちに，労働党政権がしつこくこだわった政策立案方法のひとつとなりました。2006年5月には，算数教育の指導顧問であるウェンディ・フォーテスキューは，この期に及んでも次のように不満を漏らしていました。

> 教師は，自分たちが教えていて幸せを感じるだけでなく，教えていることに自信をもつことができるような教育方法を自分で選ぶことが許されるべきである……。算数教育の刷新構想を読んでいると「それぞれの演算については，それぞれ決められた標準的な唯一の教え方で子どもに教えなければならない」と書いてあったが，これには背筋がぞっとした……。あらかじめ教え方を固定してしまうことは，教師にとっても，子どもにとっても，算数の楽しさにとっても，危ない綱渡りとなる。[70]

さらには，基本構想のみならず，具体的な政策の立案についても，頻繁に，ダウニング街〔の首相官邸〕から直接指示が下されるということが徐々に明らかになってきました。エステール・モリスは，教育大臣を

辞任した直後のラジオ・フォーのインタビューで，自分の苛立ちの気持ちを率直に述べていたのですが，彼女の在任期間中，政策立案や施行の詳細に至るまで，再三にわたってダウニング街の顧問から介入があったようです。彼女は「この世界に跋扈（ばっこ）しているアンドリュー・アドニス流の人々」との政策論争に勝つ必要性について述べました。そして次のように続けました。

> それは私の仕事であって，あの人たちの仕事ではありません……。私は選挙されたけれど，あの人たちは選ばれていない……。首相官邸は成果を出す能力はありません，これっぽっちも成果を出しません。あの人たちは，いつも，ある思いつきを持ち出したかと思うと，それを忘れ，今度は別の思いつきを持ち出すということをやりました。私は，始終，「ちょっと待ってください，前に提出された提議に対して，現在，一連の成果を出そうとしています。今はその仕上げをするのに忙しいのです」と言っていました。[71]

テッド・ラッグのマスコミでの発言はいつも政府の側にとって目の上のたんこぶのようでしたが，彼は，トニー・ブレア首相の執務室（Tony's office）〔ブレア首相の執務室，続けて発音するとトニーゾフィスと聞こえる〕をもじって，「トニー・ゾフィス（Tony Zoffis）」という架空のキャラクターを生み出しました。ラッグはこのキャラクターを使いながら，この時期の教育政策の立案過程において，どこが実際の政権を握っていたかを軽妙な方法で指摘したのでした。

恣意的な情報操作の迷走──新労働党とメディア
Spinning out of control : New Labour and the media

労働党が広報活動と恣意的な情報操作（spin）[*18]に依存していたこと

---

*18)「スピン（spin）」とは，クリケットの投手がボールにスピンをかけて，投球をカーブさせたり，バウンドを変化させたりすることを指す。この表現を借用し，ここでは，政治家が情報を恣意的に操作することによって世論を誘導することを指す。また，spin out of control は，くるくると回転して制御不可能になることを意味し，標題の Spinning out of

は，労働党が政権に就く以前から広く認知されていたことでした。ひとたび政権に就くと，マスコミを操作することが彼らの最大の関心事となりましたし，とりわけ教育政策は，このマスコミ操作のなかで最も影響を受けやすい領域のひとつとなっていったことが後からはっきりしました。2000 年，ディヴィッド・ブランケットが情報を恣意的に操作することによって政府の教育支出についての数字の印象をごまかしていたことを，ニック・ディヴィスは，学校報告書のなかで，容赦なく暴露しました。ブランケットは1998 年 7 月 14 日，教育費として 190 億ポンドを追加支出すると発表しましたが，これこそが，確信犯的な情報操作以外のなにものでもないことをディヴィスが明らかにしています。「そのからくりはこうなのである」とディヴィスは書いています。

> 最初の年の増額分をとりあげて「最初の年にこの金額を支出します。これらは予算配分のうちの恒常的な部門となります……。そして次の年に支出する金額は〔恒常的部門に追加した〕増額分となります。こうやって毎年増額がなされ続けることになります」と言えばよいというのである[*19]。このような計算の仕方は，イギリス政府の歴史上一度も行われたことがない。

このからくりが行われていたことを予算委員会がどのようにして見抜いたかについてディヴィスは報告書のなかで述べています。その結果，「新聞の見出しが書いていたような埋蔵金はなかった」と結論づけました。実際上，ブランケットが教育雇用省で執務した最初の 2 年間は，教育に対する支出額が，政権を追われた保守党の支出を上回ったことは一度もありませんでした。かつてブランケット自身が，保守党の教育への支出状況を「悲惨な」[72]状況と冷笑していたにもかかわらずです。当然

---

control は，恣意的な情報操作をすることと，迷走することの両方の意味を spin に持たせているので，本書では「恣意的な情報操作の迷走」と訳出することにした。

　＊19）著者は訳者の質問に答える形で，このトリックを次のように補足説明している。最初の年に 4 パーセントの増額を行い，「今年は 4 パーセントの予算増」と公表する。次の年に 4 パーセント上乗せして「今年は 8 パーセントの予算増」と公表する。そして，4 と 8 とを単純に合計して，「2 年間で 12 パーセントも増額した」と宣伝する。このように大衆を煙に巻くような説明が労働党によってなされたと言う。

の成り行きとして2001年ごろには，オブザーヴァー紙のような新聞社が，政府の教育政策の提案の仕方には懐疑的にならざるをえないという旨の表明をするようになりました。オブザーヴァー紙は，「周知のとおり，政府資金についての発表の際に，ブランケットはいつも抜け目のない立ち回りをするが，それには辟易している。われわれが懐疑的になるのもご理解いただけると思う」[73]と自らの立場を説明しています。

そして，情報操作の仕掛けに労働党がいかに依存していたかについての全容は，ブランケットがエステール・モリスの後任として内務大臣になった時に明らかになりました。ブランケットの「情報操作長官」とささやかれていたコナー・ライアンは，ブランケットの執務室で何が行われてきたかを公表することを決意しました。タイムズ教育版には次のように書かれています。

> 教育担当の報道関係者は，よく御存じであろう，……情報の操作が行われているのは事実であるということを。都合のよくない情報を隠蔽してしまおうという文化がホワイトホール[*20]に蔓延している……。コナー・ライアンが，先月，イーヴニング・スタンダード紙に，「真実隠蔽の手口」と題する記名記事を寄稿した……ライアンはブランケットが教育大臣に在任している期間中ずっとブランケットの特別顧問をしていた人物である。[74]

記事のなかで，コナー・ライアンは，政府資金の規模の説明において，かなり誇張されていたことを告白しました。「極めつけは，例の190億ポンドの新しい投資である。ブランケットは，それが教育にどんどん投資されていると主張していたが，それは明らかに3倍増しの計算であった。この手口は現在でも教育雇用省の資金についての週例会見においても引き継がれている」。

教職に就く人々との信頼関係や教師たちの士気にこれらのことがいかに大きな悪影響を及ぼしたかについては，教員組合の立場から，ジョン・ダンフォドが詳細に説明しています。彼によると，1997年から2000年

[*20] イギリス政府の所在地：日本の「永田町」にあたる。

までの間に起こった教員不足の真実を繰り返し隠蔽しようとし，ついに2000年9月には，「政府がこれまでの悪行を告白せざるをえなく」なりました。こうした隠蔽の結果，教師はますます疎外され，深刻な状態に陥ってしまったというのです。「政府は選挙でふたたび勝利するという目標を第一優先にして動いていた……教育技能大臣には，教育サーヴィスの従業員とお客様の利益を第一に考える責任があるというのに，これは非常に残念なことだ」[75]と彼は述べています。

しかし，このような情報操作は2002年まで続きました。その時，エステール・モリスが3人の特別顧問をおくことになるとタイムズ教育版が報じました。タイムズ教育版は3人の固有名詞を特定した上で，実証されていない評論を使うことによって世論を操作するということが現在でも行われていると指摘し，次のように書きました。

　　彼らはともするとマスコミを政府の自分たちのサポーター・クラブであるかのように考える……。そして彼らは自分たちを伝道者であると考えている……。このようなことが続けば，彼らの目の前で爆弾が炸裂する……。そのうちしっぽを捕まえられる……。これは脅しではない。[76]

その後，学校の職員室内の意見が疎外されることになるのですが，その大きな原因となったのは，政府が教育政策の成果における発表やその扱いについて，このような手法を用いたことにある，と言って間違いありません。

教育信条と不適切な学校管理が混ざり合った毒素[77]
―― クリス・ウッドヘッドの話術の意味

'A toxic mix of educational beliefs and mismanagement': the significance of Chris Woodhead's rhetoric

労働党が政権に就いた後も，クリス・ウッドヘッドが主席勅任視学官の職にとどまっていたことの意義は小さくありませんでした。そのことによって，政権奪取後の数年間，政府は，論客として知られる彼の話術

の背後に隠れることができましたし，政府に賛同するような「りっぱな」世論を形成することができました。確実に，ウッドヘッドは，教職にある人々や現行の教育実践の成果をこき下ろすことで世間から注目を浴び続けましたし，彼の公式な表明は広くマスコミから好評を得ました。1998年4月，ウッドヘッドは，極右派のシンクタンクであるポリテイアに対して申入れをし，次のように述べました。「教育信条と不適切な学校管理が混ざり合った毒素によって学校教育の命が風前のともしびのようになっている……。よくある例としては，卵の包装ケースでピラミッドを作る活動，子どもたちが道路わきに立って車の数を数える活動[*21]……こんなことで生徒の時間が浪費されている」[78]。教師・講師協議会の中央執行委員長であるピーター・スミスからの引用となりますが，「クリス・ウッドヘッドにとって，学校が直面している資金不足の問題を認めるよりも，教師をスケープゴートにする方が楽なのだ」[79]ということなのです。

　実際，ウッドヘッドの弁舌の多くは周到に計算されており，政府の政策が大衆に支持され，政府が政策の実施をやりやすくする効果をもっているように見えます。1998年6月，ウッドヘッドの視学官に関する次の発言によって，〔これまで教育現場を批判していた立場にあった〕視学官たちは，〔今度は〕自らが責めを受ける側にまわったと悟ることになります。

　　優れた学校には，そこで何を教えるかについての裁量権がもっと与えられるべきだ……。教育水準局の視学官のなかには，要求されている基準を下回るものもいる……。学校にやってきた視学官が自分の信じているイデオロギーに染まった無理難題を学校に持ち込むようなことをしたら，学校は「警笛を鳴らし」て警戒しなければならない。学校経営における地方教育当局の役割はもっと小さくするべきである。[80]

　彼の持論は教師の資質の低さを是正すべきであるというものですが，

　　[*21]　いずれも，教科横断的・体験的な学習であり，子ども中心の教育の実践例として知られている。

1999年初頭，この論を再び展開し，教師のうち15,000人が能力不足であると主張しました[81]。その1年後，彼はタイムズ教育版に教師バッシングの記事をふたたび書きましたが，その時は，1学級あたりの児童・生徒の数は，指導が成功するかどうかということと関係がないのだという持論を繰り返しました[82]。

政府がウッドヘッドの弁舌をどれほど喜んでいるかが露呈したのは2000年7月のことでした。それは，学校にはもっと独自の経営方針をもつことができる裁量が与えられるべきであるという公開提案がウィリアム・ヘイグからなされた直後のことでした。ウッドヘッドはGMTV局[*22]のテレビ放送番組のなかで，このような見解が人々の「心を揺さ」ぶり，そして「リベラルな権力層」が学校教育を荒廃させた元凶であるとして，「リベラルな権力層」が攻撃されるようになったと述べました。労働党の特別委員会座長のバリー・シュアマンはウッドヘッドの上司で，ウッドヘッドはシュアマンに対して説明責任がありましたが，シュアマンは，ウッドヘッドについて次のように述べました。「彼は憎めない変質者としての名声を保ちたいよう」なので，このまま「事実と調査」にこだわり続けるのもよかろう。しかし，「主席視学官としての真摯な目的を見失わないように注意する必要がある」と述べました[83]。同じ時期に全英教師組合と全英校長協議会が彼の辞任を要求しました。しかし，ディヴィッド・ブランケットはこれに介入して，ウッドヘッドの味方をし，広報担当者に「ウッドヘッドは学校教育の官僚主義と規律についての懸念を表明したが，それは，政府としてもすでに発表し始めていることとと同じ主旨である」[84]と発表するよう動いたのです。ウッドヘッドは，2000年11月に辞任してジャーナリストとしてのキャリアを歩むことになりましたが，興味深いことに，その際，貴族の地位を獲得して，進行中の政府政策批判をし続けることができる特権を得ることも視野に入れているのだと保守党が明らかにしました。これに対して，労働党側は，情報を漏洩しました。それは，もしウッドヘッドが貴族の地位を獲得すれば彼の私生活の詳細がマスコミに流れることになるだろ

---

　*22) Good Morning Television という名のテレビ局。BBCに匹敵することを目指して1993年に開設された全国ネット局で，文字通り朝の時間帯に限定して放送された。2010年に閉局。

う[85]，ということを暗示するような情報漏洩です。このことにより，彼の貴族の地位を獲得する話は揉み消されました。彼の民衆に向けての論評の力の大きさに政府が神経をとがらせていたことを雄弁に物語るものは，このエピソードをおいて他にありません。

　2年後，ウッドヘッドは，『クラス闘争』[*23]と題する本を出版しました。この本では，主席勅任視学官在任当時の彼の発言に対して政府がいかに圧力をかけて影響を及ぼそうとしたかが明らかになりました。出版にあたってのタイムズ教育版のインタビューに答えて，ウッドヘッドは次のように述べています。

> コナー・ライアンは，私によく電話をかけてきて，声明や報告書に何を入れるべきか，内容をどう修正すべきかについての……体よくいえば……提案をしてきました。マイケル・バーバーは，彼が大事に温めてきた政策をわれわれが批判すると，よく不快感を表したものでした。ディヴィッド・ブランケットは，取るに足らない短い書簡に対してもしばしば砲撃を加えてきました……どちらに向かって発砲命令を出すべきかについて，彼はどう考えていたかは明白でした。[86]

　このことは，彼が在任中に世間の目を自分に引き付けることに喜びを見出していたという単純な事実のみならず，自分が政策策定過程に影響力をもっていたことを紛れもなく自覚していたという事実を反映しています。主席勅任視学官在任中，政府は初等学校段階のナショナル・カリキュラムを削減して，基礎基本のカリキュラムにさらに多くの時間を割けるようにする方針を発表しましたが，その際，ウッドヘッドはタイムズ教育版に次のように書いています。「私の声が大臣の政策決定に届くと言うつもりはないが，とても，とても，喜んでいるとだけ言っておこう」[87]。

　[*23]　階級間闘争（class war）をもじって学校教育をめぐる闘争を「クラス」闘争という書名にしている。

急進右派的な言葉遣いの取り込み
The expropriation of radical right rhetoric

　クリス・ウッドヘッドのような人物は政府にとって引き立て役として好都合であったのですが，彼はそれにとどまりませんでした。政府の指導者たちは自らの政治的な声明のなかで，ウッドヘッドの考え方を下敷きにして利用していました。例えば，1999 年，トニー・ブレアは，ロンドンの新任の校長を集めた会合で次のように述べました。

> 　われわれは，教職の一部に蔓延しているもの，つまり，私が「言い訳体質」と呼んでいるものと戦っていかなければなりません……その体質文化のなかでは，熱意がない状態を許容し，卓越性を拒絶し，教育の失敗の原因を貧困のせいにしようとしています……。改革や変革が行われる時には，いつも小文字の c で始まる守旧派[*24)]……そういった人々は，変化に懐疑的で変化に抵抗します。[88)]

　ブレアとブランケットの政治活動の 2001 年末の総括記事のなかで，タイムズ紙は次のように振り返りました。

> 　両者は一致団結して，子どもの学力を低下させてきた「人気のある」教育関係者に対抗してきた。教育雇用省に攻撃を加えるのみならず，地方教育当局にも攻撃を加え，その業務を民営化した。イズリントンが最初の格好の餌食となり，地方教育当局は仕事を失った……。ブランケットは自叙伝『ある晴れた日に』のなかで，「現代っ子が大嫌いな，しつけ，確かな暗算力，正確な読み書きのための学習，たくさんの宿題，大きな期待をどんどんかけること。これらこそが重要であると考えている」と強調している。[89)]

　新労働党が多くの触発を受けてきた「シンクタンク」の人々自身が，

---

　*24)　第 4 章 *8)（本書 125 頁）参照。

今度は新右翼や新保守主義者からの影響をかなりの程度受け始めたことを鑑みるならば，上記で見てきた一連のことは，さほど驚くことではありません。フェビアン協会[*25)]は，現代でも大学関係者から大きな影響を受けていますが，こういった組織とは別に，1990年代末までに次のようなものが設立されていました。新政策研究所——1996年設立，代表はピーター・ケンウェイとガイ・パーマー。ディーモス——1993年にジェフ・モーガンとマーティン・ジャックスによって設立。社会資本基金——指導者にはオウエン卿，ロバート・スキデルスキー。公共政策研究所——1998年設立。

　ディーモスは公共サーヴィスの選択制の可能性を追求することに多くの勢力を注ぎましたが，その関心事のひとつが教育アクション・ゾーン政策でした。ディーモスの代表のジェフ・ムルガンは，トニー・ブレアに直接的に政策提言する官邸内政策室の一員にまでなりました。社会資本基金は，アメリカ合衆国で試行的に実施されているチャーター・スクールに対してイギリスの政治家の目を向けさせることに最も力を注いだ団体でしょう。1999年，同団体は，教育アクション・ゾーン政策を拡張して，当該学校の経営に企業，教師，保護者が直接関与できるようにすることを提唱しました。しかしながら，これらの団体のなかで，社会から最も手厳しい批判を浴びたのはおそらく公共政策研究所でしょう。この団体が，2002年12月刊行の団体出版物のなかで，民間資金主導政策の効果について疑問をなげかけるといった議論も展開していたことは事実です。しかし，民間資金主導政策を批判する主導的研究者であるアリスン・ポラックは，この団体の内部調査を行いました。そして，この団体が企業からの出資による支援に深く依存しており，これが「大企業と政府のみごとな連携」[90)]の証拠であると暴きました。新労働党が政策の着想を得ようとした団体は，少し前までは保守党が信頼をおいていたシンクタンクであるといった様相を呈するようになってきました。新労働党が政権にある期間，新労働党はサッチャー政権やメイジャー政権の特徴であった学校政策に関する新右翼的な言葉遣いに寄り添うように，そしてそれをさらに発展させるように進んでいくことになりまし

---

　　*25)　現在でも労働党の基盤団体となっている。

た。しかし，上記のようなことを考えれば，それほど不思議なことではありません。先進諸国のなかではどのような形態であれ，政府は，ますます中道右派の讃美歌の旋律を歌うようになってきています。そして，この讃美歌の旋律に乗って，多くの政治的な音調と主題とが決定づけられ，同様に，学校教育についての政治的声明の音調と主題が決定づけられたのでした。

教師の勤労意欲の課題
The issue of tearcher morale

　教育現場で影響力を強めようとした新労働党が努力を注ぐべき中心的課題としてますます大きな意味をもつようになったのは，教師の労働意欲という課題です。しかし，初期段階においてすでに，つまづきの様相を呈していました。労働党が政権をとってから 1 か月もしないうちに，全英校長協議会の中央執行委員長であるディヴィッド・ハートが新政府に向けて公開書簡を送りつけたのでした。

> 新労働党は間違ったレコードの溝に針を置いてしまった〔つまり，ボタンの掛け違いをしてしまった〕。仮に，全国大会で公立学校が成功したと一度でも喧伝すれば，教師の労働意欲はずいぶんと高まるだろうにと思われる……。前の政権がとっていた公立セクターに関する給与政策を踏襲している限り……問題は解決しない……。保守党政権が 18 年間にわたって学校予算に対して与えてきた莫大な損失を修復することに，政府は目を向けなければならない。[91]

　同様の嘆願書がロンドン大学教育学研究所所長のピーター・モーティマーからも寄せられていました。彼は次のように指摘しています。

> この 3 週間の間にタイムズ教育版に掲載された 652 頁にもわたる求人情報を見れば，我が国の教育制度が潜在的な危機に直面していることがよくわかる。政府はただちに校長や教師を説得して，現職にとどまる価値がある，と思ってもらうようにしなくてはならない

……政府は教師を問題の種とみなすのではなく，宝としてみなすべきである……，リーグ・テーブルを重視することをやめるだけで，新しい政権が前政権の「辱めと責め」の文化から距離をおき，より建設的な取り組みを行っているということを社会に示すことができる。[92]

　しかしながら，労働党が政権についた最初の1年の間に，政府が多くの教師の説得に失敗したという証拠が次々と出てきました。9月にはタイムズ教育版が，「全国的な教師不足により都心部の学校は危機的状態に陥っているが，その教師不足が原因で，教育水準を向上させようとする計画は脱線転覆の危機にさらされるようになっている」と報じました。この記事は，ブルーネル大学の研究報告書を詳細に引用し，教師不足は中等教育段階の現代語，数学，理科，デザイン・テクノロジーの教科において深刻で，イースト・アングリアでは致命的な状態であると報じました[93]。同報告書には，「学力向上が地道になされているにもかかわらず，マスコミはそれを無視し，誤った情報に基づいて過度に批判を重ねる，それによって教師たちは不当な圧迫を感じている，そういった声をいたるところで聞くことができる」[94]と書いてあります。
　同じ月，タイムズ教育版特派員のピーター・ウィルビーは，次のように不平を述べています。

　　授業案作りやら，学習計画やら，全校教育方針やら，そういったものすべてが強要された。教師の実態は，他人の考えと価値観を単に子どもに伝達していくだけの機械装置となんら変わらなくなった……。構造化された授業，そして，あらかじめ外部から定められた教育達成目標値，これらが過酷なまでに重視され，テストや査察や査定によって学校や教師に重圧がかかるなかで，学校も教師も，そしてその結果として子どもたちもが，委縮しきってしまい，新たなことに挑戦しようという気概がなくなってしまう。進歩主義教育のもとで，膨大な量の無意味なことがなされてきたというのも確かなことである。しかし，年月を経るにつれ，進歩主義教育の底に流れている哲学は，実は，時代を先取りしていたということも徐々に分

かってきた……。私は，授業の筋から脱線する自由，その自由をすべての教師から再び奪ってしまうようなこと，それは国として賢明な選択ではないであろう，と考える。[95]

ひと月後，タイムズ教育版は次のように論評しました。

教師は尻込み状態になっている。イギリスが創造と活気に満ちあふれている時代にあって，教師たちは取り残されてしまっている。教師は今でも教育現場[*26]で日々格闘しており，過重労働だと不平を漏らしている。労働意欲も低い……。教師は今すぐ立ち上がらなければならない。ほんとうに問題なのは教師が正しく評価されていないことである……。教師が直面している困難は泣き言として退けられている。歴代の教育雇用大臣が毅然としたイメージを保とうとして，教育水準向上に手をつけようとすると，お決まりの手口は，公立の教師叩きである……。今，教師がすべきことは，着実な戦略をとって，政策決定の議論の場に教師を送り込むようにすることである。[96]

1997年，教師の離職数は，前年の15,400人から40パーセント増加し8月までに21,300人に達しました。同じ時期に，教員養成志願大卒者登録機関は，教職課程を希望する学生数が10パーセント減少し，とくに人員不足の著しい教科においてその傾向が最も強くなったと発表しました[97]。

このような圧力が存在していることが，ひとつの要因となって，地域の格差，そしてさまざまな種類の学校間の格差（そしてカリキュラムの格差）が助長されることになりました。タイムズ教育版は皮肉る機会を逃しませんでした。1999年の政権当初に，教師の労働意欲は極めて低い状態にとどまっているものと述べ，次のように言及しました。

私立セクターはかつてないほど活況を呈している——とくに，裕

[*26] 原文は chalk face。炭坑の採鉱面，炭鉱仕事の第一線という意味の coal face をもじった表現。教育現場の辛さや教師の労働者性といった意味も込められている。

福な南部ではその傾向が強い――……生徒1人あたりの予算額では公立学校の2倍から3倍の金額を使うことができるという理由だけでなく……。私立セクターは，ナショナル・カリキュラムの受け入れを断固として拒絶することもできる。この直接的な結果としてほぼ確実にいえることは，この……教科――芸術系の教科がとくにそうであるが――，ナショナル・カリキュラムが脇に追いやったような教科が，現在，私立セクターでは花盛りとなっている……それは1960年代とは全く対照的な状況となっている。1960年代には，〔公立セクターにおいて〕芸術，創造性，新しいアイデアなどが指数関数的に発達したが，……当時〔私立セクターの〕パブリック・スクールのほとんどは伝統的で創造力に欠けるお決まりの教育課程から一歩も抜け出すことができない状況であった。今はその正反対となっている。[98]

　しかし，教師確保の問題は依然として大きくたちはだかっていました。政府の政策にはこの問題をしばしば助長させる副作用があると考えていた人が多くいました。例えば，1999年10月，教員養成評議会は，担当する教科の種類にかかわらず，教員志望者の全員が数学の試験を受けなければならない，という制度を初めて導入する，と教員養成評議会が発表しました[99]。2000年初頭，全英校長協議会ロンドン支部長のジャネット・ピジョンは，次の声明を公表しました。「ロンドンにおける教師不足は危機的な状況にある……。海外からやってきた教師に頼っている校長が多い。常勤の教員がひとりもいない初等学校の学級も多い。教員養成系学部への進学者数がまたもや低下した……。安定した教員数が確保されなければ成功をおさめることはできない」[100]。1年後，マスコミは，多くの学校では教師の人数を確保できないという理由で，学校週四日制の導入を考えている，と伝えました[101]。その時期に，政府は，格差を是正するために，地方教育当局に対して，何千人もいる退職教師に現場復帰させることを奨励しておりました。スィンドンのヘッドランズ校では，教師の数が確保できないために，子どもを家庭に待機させておくことも計画していました。一連の問題は，ロンドンとエセックスでとくに深刻であると言われていました[102]。この時期には，オブザー

ヴァー紙は教員募集キャンペーンを行っていましたが，その2001年1月の論説で次のような論評をしています。

> 教師不足，とくにロンドンやサウス・イーストにおける教師不足が深刻な状況に陥っている現在，教師確保の危機がますます悪化していることに対して，教師や保護者の怒りが頂点に達している。教育水準局の視学官は，先週，教師不足の状況が「限界点にまで達した」とみなして，初等学校をさらに1校閉校した。その視学官は当該の学校の教師不足は，ナショナル・カリキュラムを教えることすら事欠く状態であったとしている。

ロンドンで教えている外国人教師のなかでは，オーストラリア人教師が多いのですが，オブザーヴァー紙は，オーストラリアから教員を採用することについての論評にも踏み込んでこう伝えました。

> 非常に，非常につらい仕事である。オーストラリア人の教師ならだれでも，イングランドで起こっている悪夢の物語を語ることができる……イギリスでは，教師たちが嫌気のしない日は1日もないようだ。われわれのような臨時採用の教師は，採用の枠が空いたという電話を待つ必要さえなかった。とにかく学校に出勤すれば，たいていは，そこに病欠の教師がいたものだ。[103]

その年の終わりまでに，エステール・モリスは新しい十年計画を発表せざるをえませんでした。補助教員は，正規の養成を受けず，資格をもっていませんが，それにもかかわらず，その十年計画では，補助教員に学級担任をさせることが許されていました。オブザーヴァー紙は，教師不足は過去36年間で最も深刻になっていることを指摘しました。そして，この発表によって影響を受けるであろう現職の補助教員の数は127,000人であり，政府がこの政策を続けるならば，さらに20,000人の補助教員が2006年までに増員されることになろうと書きました[104]。しかし，学校支援要員の問題はなくなることはありませんでした。政府は徐々に方針を変えていき，子ども1人あたりの教師数の割合を計算す

る際の基礎数を，学級内で指導に従事している大人ならだれでも教師数として扱ってもよいとしました。その一方で，マスコミは，国内の地域によって補助教員の平均賃金や労働条件に格差の問題が広がっていること，指導業務以外の学校雑務に補助教員をどの程度まで従事させるかについても地域の方針に差があることを浮き彫りにし，補助教員の大群の増員をもってしても，それだけでは，教師の労働意欲の問題を終わらせることはできない，と警鐘を鳴らしました[105]。2001年4月，オブザーヴァー紙は，「郵便番号によるくじ引き」[*27]がどの程度起こっているのかについて明らかにする記事を載せました。それによると，マンチェスターの地方教育当局が，子ども1人あたり35,000ポンド支出しているのに対し，グロスタシャーでは26,000ポンド，タワー・ハムレッツでは45,000ポンド，レッドブリッジでは31,000ポンドでした[106]。これらの数字を見れば格差は歴然としています。

このような状況にあって，教職に就いている人々は徐々にではありますが，教育現場で何が起こっているかについての自分たちの怒りを表明する準備を始めました。1999年10月に行われた労働党大会で，ナイジェル・デゥ・グルーチーは，トニー・ブレアの言う「言い訳体質」に対抗して，ブレア自身に向かって次のように述べました。

> あなたはあなた自身へのすべての批判を「保守主義の闇の軍団（ダーク・フォース）」として拒絶していますが，拒絶されたことによって，あなたに見下されて侮辱を受けたと感じている教師は少なくありません。教師たちはこのような論評の仕方にとても懐疑的にならざるをえません。私たち教師は一丸となって，あなた自身，そして，あなたの教師に対する態度を現代の社会にふさわしいものにしていく必要があります。[107]

1週間もしないうちに，これらの意義申し立てと同じ趣旨のことが，グライアム・ヒルズ教授からのタイムズ教育版への投稿のなかで述べられました。

＊27）勤務地によって運・不運が決まってしまうことを指す。

まともな社会なら，教師を大切に扱う。また，優秀な教師を雇用することの方が他の施策よりもコストパフォーマンスがよいということをよく知っている……。そうすれば，教師の給与を2倍にする必要があろう。しかし，1世代たつかたたないかのうちに，その国には，国民が誇りに思うことができる教師が数多く存在することになるであろう。暮らし向きのよい階層の人々はこのことをよく知っている。富裕層の人々は，よりよい買い物をするために，いろいろな手段に訴えて，国家が所有している宝物の中から可能な限りよいものを買っていく……。これが今日の公立の学校教育の多くに向けられている批判である。しかし，もしこの責任を負うのが政府でなかったとしたら，いったい誰が責任をとるのであろうか……。ブレアが他人に責任を押しつけるのをやめ，今日われわれが直面している現状に対してある種の責任をとる時がきたのである。[108]

2002年6月，タイムズ教育版はいわゆる「お役所仕事で教師を窒息させている82通りの実態を暴露する政府秘密文書」についての記事を載せました。この書類は内閣執務室のために教育技能省内で準備されたものですが，これがマスコミにリークされ，政府の政策が教師の日々の教育活動にいかに大きな影響を与えているかが明らかになりました。この報告書によれば，中等教育修了一般資格試験の英語の授業を行うために，それぞれの教師は生徒1人あたりにつき，少なくとも7枚の書類を書かなければならなかったそうです。また，1人あたり12教科を履修している生徒を6人担当した特別支援教育のコーディネーターは，1学期間に72枚の書類を書かねばならなかったそうです。全英教師組合の総書記であるダグ・マッカヴォイは，教師は自分が事務書類の海に埋没してしまっていると感じている，そしてその書類のほとんどが無意味なものである，と述べています[109]。2001年，一教師であるスー・パーマーは，「教える時間」というウェブサイトを立ち上げ，「政府が立てた新しい目標と格闘する次のラウンド」と彼女が呼ぶ闘いに参戦しました。その結果，2003年までには，このサイトの閲覧回数が非常に多くなりました。タイムズ教育版は，「新たな，そしてより強力な代弁者が現れ」，このサイトは政府が延々と続けている目標設定の政策から教師

が受けているストレスの「原因を論点として取り上げている」と報じました。

　　政府から新しい政策戦略についての意見書を委託されたトロント大学の研究者たちは，その最終報告書で，政府が設定する目標について強い関心があると述べた。元主席勅任視学官のディヴィッド・ベルもその動きに加わった……。タイムズ教育版は，新たなキャンペーンに着手し，ある事件に社会の注目を集めようとした。それはのちに国家的スキャンダルに発展した。[110]

　2003年の暮れまでに，政府は，教師の業務量に関する合意事項を実現させていく公約をしていました。そして，この合意は2005年7月までに完全実施となりました。これは教師のかかえるストレスに対処するためのものでした。マスコミはそれについてあからさまには反対をしませんでしたが，その効果についてはかなり懐疑的でした。2004年の初頭，タイムズ教育版は，全教師の半分以上は，この合意事項からなんら利益を受けていないと伝えました[111]。2005年2月，同紙は，資格・カリキュラム局の年次報告によると「教えなければならないことがどんどん増加しており，初等学校教師はそれに対応するため，去年よりも1時間長く勤務している」と報じました[112]。
　教師のかかえるストレスの問題と同じ程度に深刻な問題があるとすると，それは，いかに教師を確保し離職させないかという問題でしょう。この問題は，学校教育の基礎体力に大きな影響を与えており，カリキュラム計画と並んで教育に関する社会的な議論の論点として大きく取り上げられていました。この状況は，ある評者が2004年1月に「職員室の静けさから聞こえてくる不気味な音」と呼んだ事態にまで発展しました。この論評は，トゥーティングのグレイヴニー校の体育科主任であったディヴィッド・パークスによるものですが，彼は次のように指摘しています。

　　教師に意見が求められることはめったにないし，教師が意見を述べてもそれに耳を傾ける人は全くいない……1980年代とは大違いで

ある……。現場で教育に従事している者には，政治家の説明責任を問いただす責任があるのだ……。もし，教師が教育の未来についての議論に参画することに躊躇してしまったならば，その職責をこの議論の最も向いていない人々に委ねてしまうことになるのだ。その最も向いていない人々とは政治家なのである。[113]

　この議論は，当時，タイムズ教育版の記事でとりあげられました。1週間後，同紙の社説は次のように強調しました。

現在，学校の管理職の役割が強調されている傾向にあるが，それでは教師の存在価値を見逃してしまう危険性がある。教師は実際に成果をあげているにもかかわらず，その栄光をほとんど手に入れることのない人々である。何か変革を打ち出そうとする際に，教師ではなく校長に意見を聴取する傾向にある。それが問題であるとした教員組合の指導者であるメアリー・ブースフィールドの指摘は正しい。政策立案者のみなさん，心して聞いてほしい。教師にも意見聴取する価値があるのだ！[114]

　1997年以来の労働党政権下において，教師が丁重に蚊帳(かや)の外に葬り去られたということを端的に指摘した文章が，タイムズ教育版の社説に載りました。2005年5月，教育技能大臣のルース・ケリーが更迭されてアラン・ジョンソンが指名されたことを報じた際，タイムズ教育版は次のように論評しました。

間近かに迫った総選挙を念頭において，教師よりも保護者に照準を合わせるようにと彼女が指示されていたのではないか，と憶測できる。このような考えが出てくるのは，2005年1月にマンチェスターで彼女が行った演説を聞いたからである。44分間の演説のなかで，彼女は保護者という言葉を44回以上使った。それに対して，教師に言及したのはたったの6回であった。[115]

「身をかがめろ！　振り子がやってくるぞ！」
――カリキュラムへの影響

'Duck! Here comes the pendulum!': the impact on the curriculum

　労働党が政権をとって最初に現れた影響は，学校のカリキュラムがどんどん削減されて基礎基本に限定される，という印象をもたらしたことでした。そして，それはある程度現実のものともなりました。しかしながら，数年ののちに，この傾向に対するある反応が顕著になりました。それは，教育関係者と政府関係者の両者が強調したことですが，基礎基本のカリキュラムや指導方法を制限するといったことよりも，もっと大切なことに着手する必要があろうということでした。21世紀の最初の数年間に優勢だったのが，カリキュラム計画に関わる2つの意見の間にあった緊張感でした。

　しかしながら，当然のことでしたが，労働党が政権をとった最初の数年間は，基礎基本のカリキュラム，とくに初等教育段階の基礎基本のカリキュラムを新たに重視してほしい，という要望が教師から寄せられるようになりました。タイムズ教育版は次のように伝えました。ブランケットが1997年5月に発表した読み書き計算能力の目標は，「初等教育カリキュラムを読み書き計算（スリー・アールズ）に焦点化するように改訂しなければ政府のキャンペーンは失敗に終わるであろう」という初等学校の校長たちの意見に対処したものでした。マンスフィールドのシャーウッド校の校長であるマイケル・ブルックスは，「ナショナル・カリキュラムはあまりにも広範囲にわたり過ぎている。〔ナショナル・カリキュラムの〕キー・ステージ2を担当する教師には，それらを教えるのに四苦八苦している人が多い。その結果，児童は基礎基本に十分な時間をとれない状態になっている」[116]と述べています。1998年の夏になって初めて，教育科学省が「初等教育カリキュラムの厳選の仕方を示した待望の指導書」[117]を公刊しました。1999年5月に改訂版ナショナル・カリキュラム案が発表されましたが，タイムズ教育版は，「教師」のなかで指導的存在であった人々は，このカリキュラム案では大臣が約束した時間割の厳選化を実現できないとして怒りを露わにしている，と

報じました。改訂版ナショナル・カリキュラムは2000年に完全実施されることになっていましたが、初等段階では「読み書き計算の時間に加え、歴史、地理、音楽、芸術、体育がすべてそろっており」、かつての教科が復活していました。一方、中等段階では、以前よりも教師の裁量の幅を認めることになると政府は説明していたのですが、学習時間の5パーセントを大人になる準備としてのシティズンシップの学習に使うことが義務付けられていました[118]。

この一連のいきさつは、1999年の夏に発行されたケンブリッジ・ジャーナル・オヴ・エデュケーションの特集号に要領よくまとめられています。そこには、労働党が政権について以降の、教育に関する記録に基づいた論評がなされています。そのなかで、ロンドン大学教育学研究所内の公共政策研究センターのセンター長のスティーヴン・ボールが次のように述べています。

> 労働党はテストに依存し、読み書き計算を重視しているが、それは高度な技術をもち柔軟性のある労働者を創生するという目標にそむくことになるかもしれない……。政府が掲げている、全英読み書き計算プログラムや極度に限定された目標設定では、学校のカリキュラムの脆弱化を招き、労働者の力量をほんとうに向上させるような学習が犠牲になっている……横断カリキュラムによる学習、オープン・エンド型学習、実生活に対応した課題解決学習などは、グループ作業、創造性、学習転移の応用などを育むような学習なのであるが、これらの学習が犠牲になっているのである。[119]

ボールの論評は、新労働党政権がいかに教育現場に影響を与えていたかという単なる総括にとどまっていませんでした。彼は、一部の教師や教育関係者から反発が出るだろうという予想もしていました。そしてまもなくその予想が的中しました。予兆を示したのが、タイムズ教育版特派員で洞察力の鋭いダイアン・ホフキンズでした。彼女は、2000年6月、読者に向けて次のように警告を発しました。

身をかがめろ！　振り子がやってくるぞ！　ほら、また揺り戻して

きた！　振り子は，規制強化と自由化の間を，形式主義の教授法と発見学習の間を，そして，教師を信頼することと教師に細かく指示をすることとの間を行ったりきたりしている。振り子は10年で反転する。1989年のナショナル・カリキュラムの制定，リーグ・テーブルの導入，子ども中心の学習を「問題多き教義」として駆逐するための闘争，〔成績不良な学校の〕名指し批判，テストの成績による目標設定，読み書き計算の時間について詳細に規定しているシラバス……。そして振り子は，端まで到達して動きを止めようとしている。今度は振り子の重みで振り子は，下に下がっていくだろう。しかし，それだけではないであろう……。雰囲気が変化している……。しばらくは教育現場では察知できないかもしれないが，兆しはすでにある。

　政府に新しく就任したカリキュラムと試験に関する主席顧問であるディヴィッド・ハーグリーヴスが，「評価革命」を要求しました。その「評価革命」には，形式の整った評価をもっと取り入れることと，大臣の間で思考力と社会参加について関心がもたれ始めたことが盛り込まれていました。ダイアン・ホフキンズはこの要求を指摘して次のように述べました。

　　創造性というのが今はやりの専門用語である……。ここで，「教育の過程の中心に子どもがいる」という1967年のプラウデン報告書を再び引用しても非難を浴びることはなかろう……。プラウデン卿夫人と彼女の委員会が，「発見すること」が「伝えられること」よりも重要であるとの結論を出していた。当時は，11歳試験の対策のために初等学校が退屈で過度に硬直化していたのだが，この報告書は，こういった背景を念頭におき，それに反対するために書かれたのであった。[120]

　創造性をもっと育成する必要性があるとか，教師はもっと創造的である必要があるということが，21世紀の最初の数年間の政府の説明のなかでより強調されるようになったことは事実です。しかし，現実には，

これは振り子の部分的な揺り戻しに過ぎませんでした。多くの有力勢力や評論家の意見は，規制中心の新しい体制の枠内にとどまっていました。2000年10月，サンディ・タイムズ紙は，「整列座席の方が子どもはよく学ぶ」という見出しでノッティンガム・トレント大学のナイジェル・ヘイスティングスの調査結果を紹介する記事を掲載し，〔規律を重んじ型を重視した〕形式主義の教授法をとれば子どもの勉強量を2倍にすることができる，と伝えました。この記事は，プラウデン報告の影響をあまりにも過小評価していましたが，「整列座席の学習からグループ学習に変化したのはプラウデン報告書の影響である……。その報告書は，子どもは子どもどうしで学びあうことができるという『進歩主義』思想に基づいている。」と付け加えています。この記事は，新進気鋭の急進右派の論客でニューカッスル大学教授のジェームス・トゥーリーが述べた「グループ学習は教室の秩序を台無しにしかねない。そのような指導法は創造性を窒息死させてしまう」[121]という言葉まで引用しました。この論点における議論の戦場の光景は，なんと1950年代から少しも変わっていないのです！

しかし，この時代の底流に流れている別の現実を指摘する識者もいました。2002年7月，モーリス・ゴルトゥン教授とジョン・マクビース教授は，初等学校現場の実態調査を行い，その結果を公表しましたが，当時の数年間に起こった変化について楽観的とはとてもいえない見方をしていました。

> 学級での指導の様子は劇的に変化した。教師が時間に追い立てられた結果，教師が個々の子どもと会話する時間は50パーセント近くに減少した。子どもが発言しても教師がその場で一対一で答えることはほとんどなくなった。ひとまとまりの学習活動が終わるまで子どもによりそって対応するといった時間的余裕が教師にはなくなったし，子どもに本を読ませてそれを教師が聞くという時間もなくなった。教師が一人ひとりの子どもの前でドリルや宿題のマル付けをして子どもに声をかけるといった光景もほとんど見られなくなった。

全英教師組合の指導的存在であるジョン・バングスは,「報告書を読んで衝撃を受けたのは,芸術関連の学習が初等学校の教育から大幅に削減されていたことである」と述べました。創造性はまさに政府が価値をおくべきであると主張していた能力なのですが,テストや到達目標によって,教師や生徒の創造性は壊滅状態になりました[122]。

　それゆえ,政府からは,教育現場ではもっと創造性を育成すべきである,という圧力をかけるような政府声明が次から次と出されていましたが,(そして,この時期,教育水準局の視学官も同じことを強調していましたが),現場の教師の多くは,大きな欲求不満を覚えていましたし,また,それを表明しておりました。現場の言い分は,教師に要求されていることや毎日の学校現場の労働条件がこのようでは,子ども中心の指導法をとるための有効な体制をとろうとしても,結局はその選択はできないことになるというものでした。2003年3月,初等教育連絡会が結成され,初等教員組合,全英初等教育協議会,初等学校長協議会が連携を組んで,テストの廃止を訴えました。彼らの見解によると,テストによって読み書き計算が偏重され,芸術,音楽などの学習活動が締め出されてしまった。それゆえテストを廃止すべきだというのです。ひとりの校長の言葉を借りれば,「テストはカリキュラムを根本的に脆弱化させてしまった」[123]のです。1か月後,ノーサンプトンシャーにあるハヴロック・ジュニア・スクールの校長であるロン・エヴァンスは,多くの教師たちの不平不満を集約し,タイムズ教育版の記事のなかで次のように述べました。

　　初等学校の教師は,いわば,「拳鍔(けんがく)」[*28]で殴られた上に,無理やりカリキュラムという「拘束衣」を着せられ,脆弱化した基礎基本のカリキュラム〔拘束衣〕のなかで,情け容赦ない高い目標(テストの点数)に向かって跳べと「背中を押さ」れ,無理やり「踏切板」で踏み切って跳べと言われているようなものだ。しかし,彼らは微妙な変化を感じている。それは,査察団だ。彼らは,ちょっと前までは,教師たちを言いくるめて,この教科のこの部分をこの子ども

───────
　＊28) 握って拳にはめる武器用金具のこと。

に教えるべきで，この教科のこの項目はこの子どもに教えるべきだというように非常に細かい指示を出していた。このように教師の視野を狭くしていたにもかかわらず，今は，学校教育の幅が狭いとか創造性に欠けるとか，子どもたちが退屈していると言い，このことの責任を学校に押しつけようとしている。あたかも，みじめな出来事はすべて教師が扇動したとでも言っているようなものである。[124]

政府が当惑したのは，この時期にロンドン大学のキングズ・カレッジから研究報告書が公刊されたことです。そこには，「子どもは掛け算の九九を自分のものとして習得するであろう」とブランケットが約束していたにもかかわらず，実際には，「児童の掛け算と割り算の理解力は低下してきている」と書いてありました[125]。

2004年初頭，政府内部の関係者がこれらの問題を察知し対応を模索していたことを示す証拠がいくつかあります。新たな初等教育戦略は，資格・カリキュラム局からの声明によって支持を得ました，そしてまもなく，政府が独自に提案した『卓越性と楽しさ——初等学校のための戦略』が発表されました。そこで強調されているのは，「豊かで胸が躍るようなカリキュラム，すべての教科が十分に教えられるようなカリキュラムを，すべての学校が子どもに提供することを望む」[126]ということでした。同時に，主席勅任視学官のディヴィッド・ベルは，年次報告書のなかで，「創造性を育てる指導をすれば，教育水準が求めている学力も実際に伸びるのだ，ということをわかっている学校があまりにも少な過ぎる」ということを強調しました。教育水準局が前年の秋に公刊した『成果をあげる初等学校のカリキュラム』は，創造性を高める学習活動を増加させることが求められるとしていますが，ベルはさらにこの冊子からも引用しています[127]。タイムズ教育版は，「芸術，歴史，体育などの教科は1990年代以降にないがしろにされていたので，遅れを取り戻すためにはかなりの努力が必要である」と論評しました。そして同時に，「教育水準の推進者たちは学校に統合的なカリキュラムを開発するように奨励しているが，そうすると，1980年代にありがちだった，どっちつかずで虻蜂取らずのプロジェクト学習になってしまう。そういった学習は，焦点が定まらず深化がないとして以前から非難されていたもの

である」[128)]と警告しました。

しかし，タイムズ教育版のこの介入によって，一部の教師からさらに強い反発の声があがりました。ノーサンプトンシャーのティム・ペスケットもそのひとりでした。彼はタイムズ教育版に次のような苦言を呈しました。

> ディヴィッド・ベルの話を聞いた時，正直言って目まいがした。初等学校の教師はカリキュラムを自分の裁量で作っていく自信がないのだ，と彼が述べたのである。中身がほとんどないのに態度だけは図々しい困った人がよくいるが，彼はまさにその典型だ。視学官たちは，何年にもわたって現場の実践に対して細かなところまで規制し，それをトップダウンで行い，何を重視するかの決定を押しつけてきたのである……しかも，主席勅任視学官自身はそれらを緩和させることはいっさいしていない……。当の本人の主席勅任視学官ですら，何年にもわたって規定が定められていたことの論理的な遺産の意味を理解できないのか。今になって教師に裁量権をあたえたところで，教師はまた，ぼろくそにこき下ろされることになるだろう。今度はそうならないのだ，ということをどのようにして教師たちに説得して回るつもりなのか。[129)]

しばらくして，他の論者が政府の方針の自己矛盾を指摘し，今回の施策は失敗するであろうと述べました。ロンドンの元主席勅任視学官であるビル・リアーは，タイムズ教育版の複数のページにわたって次のように論述しています。教育水準局が依然として基礎基本のカリキュラムを重視していることにより，カリキュラムに幅をもたせたり，カリキュラムに自由度をもたせたりすることが限りなく不可能になっている。「視学官たちが，基礎基本の教科の実践を厳重に査察していたことは，教育水準局による答弁のいたるところから明白である。それと好対照をなしているのは，視学官たちが，基盤教科〔英語，算数，理科以外の教科〕の実践には，通り一遍の関心しか示さなかったことである。」その結果，最も悪影響を受けたのが貧困家庭の子どもたちであり，さまざまな地域の間の学校格差の緩和には全くつながらなかったのだと，リアーは指摘

しています[130]。同様に，1か月後，歴史協会の会長であるロイ・ヒューズは，タイムズ教育版に次のような論評を載せました。

> 主席勅任視学官が二重構造のカリキュラムを発見したことは，寝耳に水の出来事であったが，考えてみれば充分に予測されうるものだった。政府はカリキュラム政策において思慮を全く欠いた。この政策によって教育現場に圧力がかかり，教師には過重な負担がのしかかった。そればかりか，この政策は全く正反対の方向に作用してしまった。テスト（英語，算数，そして理科）で高い点数がとれるように教えることは，道理にかなった戦略である……政府が打ち出したカリキュラムにはそれを支える一貫した哲学が皆無であり，二重構造のカリキュラムはその産物である。[131]

そしてその年の暮れ，ヒューズは次の点を強調しました。

> 初等教育国家戦略が，参画，卓越性，楽しさといった特色を初等段階に盛り込もうとしたことは明らかに歓迎すべき試みであるが，それは砂上の楼閣に過ぎない。それは，テスト，リーグ・テーブル，目標という大波によって洗い流されてしまうであろう。初等学校の豊かなカリキュラムは回復不可能なほどに脆弱化されているのである。[132]

新たな歴史的正当性を構築する
Creating a new historical orthodoxy

この時代の政策文書や教育関連報道をつぶさに読んでみて明らかになってくるのは，まさに新たな歴史的正当性[*29]と呼ぶべきものが台頭していることです。教育をめぐる世論には立場によってさまざまなものがあります。それらを俯瞰してみると，第二次世界大戦以降のカリキュラムの変遷の流れと同じようなことを，学校カリキュラムについての議

[*29] 多くの歴史研究者や識者の間で定説として信じられている歴史の流れについての認識。

論のなかに見出すことが日常的にできます。また，そのようなことがこれからも起こるであろうと十分予想できます。戦後のカリキュラムの変遷は次のようなものでした。子ども中心のアプローチや進歩主義的な指導法が1960年代に優勢となりました。しかし，まもなく，学級一斉教授，教育水準と目標設定に重点をおくべきであるという圧力が優勢になり，それらが新たに強調されるようになりました。そして，1980年代，1990年代の教育制度がかかえていた多くの欠点は，それ以前の時代の進歩主義の考え方を熱狂的に適用し過ぎたことに起因する，とも考えられています。

この考え方を読み取ることができる投書が教育関係の新聞に多く寄せられました。そのうちのひとつが，マイケル・ハードゥルの1998年の投稿ですが，彼はつぎのように述べていました。

> クリス・ウッドヘッドは「教育の成果が上がらないのは貧弱な指導法に起因する……」という見解を繰り返し述べている。しかし，「貧弱な指導法」は最初どのようにして生じたのであろうか。10年前まで，視学官たちは学校に対して次のように指導するのが普通であった。教科に基づくのではなく，トピックに基づいて教えることが初等学校の指導法として唯一有効である，教師は直接的に教えることを——とくに学級一斉教授で教えることを——避けなければならない，子どもが自分の力で学びを深めていくことが大切であって，そのことを「可能にさせる人」が教師である，という考え方をもつようにと指導していたのである。10年前に自分が伝道して回ったことと全く逆のことを今になって持ち上げようとしている視学官がすこぶる多い。[133]

1年後，数年間の教育の変化を総括したタイムズ教育版の社説が下敷きにしていたのは，上記の考え方でした。その社説を引用します。

> 人々の間で強く信じられている神話のひとつは，伝統主義者と進歩主義者の間の大論争である……。教育についてのある立場の人々がよく使う表現が，ただちに反対勢力の人々の攻撃の標的になるので

ある。「子ども中心の教育」「本づくり」*30)といった言い回しが、闘牛の牛に見せつける赤い布のように伝統主義者の怒りに火をつける。「学級一斉教授」「暗記学習」という言い回しは、怒った時に逆立つおんどりのまわりの毛を逆立てるように進歩主義者を怒らせる……。しかし、そのような時代はもう終わった……分裂は過去の話になったのである。[134]

同様に、1999年、ブレアが「保守主義の闇の軍団（ダーク・フォース）」と演説で述べた時、たくさんの投書が新聞に寄せられました。そのうちのひとつが、グレゴリー・シンクマンの投稿記事ですが、カリキュラムに関する議論が、いかにカリキュラム現代史の説明によって根拠を与えられているかについて、すばらしい洞察を加えています。シンクマンの記事は次のとおりです。

ブレア氏は前人未踏の本質的なところにまで到達している。今日の学校教育における悲しむべき現状の多くは、1960年代、1970年代に左派の理想論者が流行させた教育改革が直接の元凶となっているというのが現実なのである。ブレア氏が「保守主義の闇の軍団」と呼んでいる人々は、これらの左派理想論者に対抗していたのだが、〔保守主義の〕賢明な声をもってしても、労働党は当時進歩派とみなしていた勢力に抵抗しきることができなかった。それゆえ、ブレア氏が罵倒している保守主義の闇の軍団を進歩派が圧倒的な力で押さえ込んでいた時代に、進歩派が教育現場に持ちこんだ「進歩的」な教育改革の流れを逆転させなければならないのだ、というのがブレア氏がほんとうに提唱しようとしていることである。ブレア氏はこのことを認めるのをいさぎよしとしていないものの、皮肉にもブレア氏は往時の進歩派に今日の守旧派という名称を再付加したのである。[135]

---

*30) 子ども中心の考え方に基づく一種のプロジェクト型学習。子どもは、作文のための作文を書くのではなく、読者を想定して本物の本の文章を書き、装丁も本物の本のようにして作品として仕上げる。本のカバーにも「作者について」の欄をつくり、子どもが自分自身の紹介を書く。

1960年代の影響に関して，同様の認識が読み取れるのは，教師のアラン・カーが2000年10月のタイムズ教育版に寄せた投稿です。

> プラウデン報告書の影響は……30年以上にわたって子どもたちに影響を与えてきた。そして，その子どもたちには大人になっても報告書の影響が残っている……。読み書き計算の基礎的能力が不足しており，自然科学や人文学の知識が不確かである……。この遺産の2つめの特徴は初等教育関係者にある……。彼らは初等教育関係者たちがプラウデン報告書の教義を全面的に断念することに対してずっと後ろ向きの態度をとり続けてきたことである。そして，彼らがずっと渋ってきたことは，自分たちの任務を見つめ直す際に，イデオロギーに汚染されていない客観的な明快さで見つめなおすことである。グループ学習，教科横断的テーマ学習，座席の配置の工夫，子どもの学習成果などの手の込んだ展示，教科書中心の学習に批判的であること，などはプラウデン報告書に逆戻りしている例である……。プラウデン報告書の3つめの影響はその報告がもたらしたものの先にある。進歩主義的な考え方が教室の学力低下をもたらし，それによってあまりにも大きな混乱が生じたため，進歩主義思想や実践に対する反動が避けられなくなった。ナショナル・カリキュラム，読み書き計算能力戦略，目標設定とテスト，といったものがここで言う反動であり，それが，プラウデン報告書の初等学校における真の遺産を体現しているといえる。われわれはプラウデン報告書によって正当化された進歩主義のイデオロギーに反対している。今日の子どもたちはより構造化された学習方法を経験しているが，われわれの多くは，遠慮なしにとまではいえないものの，この傾向を露骨に歓迎している。プラウデン報告書はとてつもなく大きな過ちであった。そしてそこからの回復は，長期間にわたる手間のかかる道のりであった。[136]

戦後の教育に関する世論の動きのなかでは，本質論として一種の超保守主義の意見といえるものが常に存在してきました。現在，新しい歴史的正統性が議論されていますが，その正統性が，急進右派の意見にど

れぐらい大きく依存しているかということが，近年のカリキュラムの変遷史を吟味することによって，はっきりしてきました。例えば，新ヨーロッパ・センターのスティーヴン・ポラードがタイムズ紙に2003年1月に書いた記事をよく読んでみてください。「どうしてわれわれはこの有害でくだらないことを教えるのか？」という標題のもとで，ポラードは次のように書いています。

> （中等教育修了一般資格試験の点数が低くなっていることにより）イギリスの教育制度を依然として腐敗させている根本的な病巣が存在していることが確認できる……。1960年代の教育を支配した「子ども中心の教育」は失敗に終わったが，その考え方は現在でも教育関係者の頭のなかに巣くっており，依然として教員養成カレッジに影響を与えている……。このナンセンスの根源は教員養成カレッジである。教員養成カレッジの悪影響により，教師は日常的にしなければならないたったひとつのことが何世代にもわたって実行できなくなっている。そのひとつのこととは，教えることである。[137]

同様にして，同じ月にジェニー・ラッセルがサンディ・タイムズ紙に記事を書きました。それは，ときめくような魅力的な教育がもっと必要だとチャールズ・クラークが要求したことに呼応するもので，次のように述べています。

> このことは明らかである……しかし，過去15年間に学校に押しつけられてきたことのすべてが正反対の効果をもたらした……。その原因は分かっている。むかし，むかし，何千もの子どもたちが学力を低下させたが，それは，進歩主義の教師が，教師の自主性を隠れ蓑に利用して，自分たちがほとんど何も教えなかったということを隠ぺいしたのが原因である。保守党と労働党は，学力を目覚ましく向上させるために，カリキュラムズ（ママ！）[*31]，テスト，到達目

　＊31）　原文では，Curriculums [sic!]。Curriculumの複数形はCurricularであるが，論者のラッセルは綴りを誤っている。それを指摘して，あえて原文のまま[sic]引用している。sicの後に「！」があるのは，原著者の皮肉が込められているからである。

標，リーグ・テーブル，などを導入した。振り子が復讐の思いを込めて揺り返されたのである。今の学校教育はだれに対しても機能するようにはなっていないのだ。このことを認める時がきた……。子どもたちが自分たちが教えられている知識によってわくわくするという余裕をほとんど全く与えないような構造をわれわれは作ってきてしまった……貧困の背景をもち，あえいでいる子どもたちにとって，学校はしばしば屈辱的な経験をし，当惑を覚える場所であった……。クラークは，政府の中央集権的な統制を緩和すべきである。もっと勇気をふるって，カリキュラムを絞り込む必要がある。そして，最も重要なことは，みんながリーグ・テーブルや公開テストに依存している状況を終わらせることである。[138]

　最後に結論を述べておきましょう。暗示的であれ明示的であれ，近年の歴史の変遷を見て，これは過去の論争のむしかえしであると言っても意味がありません。また，学校カリキュラムをめぐる伝統主義と進歩主義の戦いが，1988年以降の新しい教育施策のなかに内包されているといった見解を導き出したとしても，それは全く意味がありません。2003年に，ダイアン・ホフキンズは次のように述べています。

　　敵役はどこに消えたのか？……。トーリー党が政権にあった時代には，力が強く恐ろしい一群の人々が存在していた……その人たちに敵対していた人々全員がそういった人々に対して心から敵愾心をいだいていた……。1970年代になると，キャロライン・コックス，ジョン・マークス，ローズ・ボイスン，および悪名高き教育黒書に文章を書いていた執筆者たちは，世論の標準から見ると十分に右寄りであったように思われるが，それでも激怒や議論を呼び起こした……。現在は，彼らの考え方が新労働党の政策（読み書き計算の教え方を上意下達で決めること，学校運営の権限を移譲すること，学力テストを行うこと）のなかにあまりにも多く採用されているので，それらが右よりの考え方であるとはもはやいえない状況になっている。激烈で頑なに意見を曲げないような人物がいなくなった代わりに……ご立派な管理主義者しかいなくなった。制度を微調整ば

かりしているこれらの人々に対して，どのようにして怒りで拳を震わせることができるのであろうか。[139]

　21世紀の初頭において学校教育が展開していこうとしている新しい方向性ですが，予測可能な限りの将来において，可能性としてもっとも高いのが，カリキュラムに関する論争が急進右派思想の枠組みのなかで推移しそうだということです。それは憂鬱ではありますが，近年のカリキュラム改革の変遷の考察から読み取れる結論のうちのひとつです。

結論と展望

Conclusions and prospects

　以上の全章の論述から導き出される第1の結論は，従前から存在していた学校教育における伝統的な緊張が戦後期にもずっとあったということです。その緊張とは，基礎基本に焦点を合わせた民衆教育を望む人々と民衆の学校教育への可能性をより楽観的に考える人々との間の緊張です。黒書運動では，何ひとつ新しい動きが出てきませんでした。黒書運動を直接的に先導したのは，1940年代後半と1950年代のマッカーシー流のレトリックでした。それは教育政策の特徴として残っている，つい最近の過激な右翼のレトリックの多くに反映されています。しかも，教育政策に対する見解への反対意見も，その多くは教育の専門職内部からのものだったのです。それは絶えることなく存在し続けてきました。最初に論じましたように，学校でなされるべきことについてのこのような意見の不一致は，おそらく国家出資の教育が出現してきて以来ずっと，教育の歴史の内部に存在していました。そして，また今後もそれが続くように思います。

　新しい事態は，過激な右翼の議論に耳を傾け，それに応答しようとする社会一般の，そして政府の姿勢です。戦後初期には，多くの人々からは（そして，おそらく政策を遂行する責任をもっている者からも）影響力をもたない人物とみなされていたジェフリー・バントックやジョン・ガレットのような論者が出てきました。彼らが選りすぐりの私立セクター内にいる多くの者の熱望をいかに主張しようとも，ほんのわずかな影響を政策に与えただけでした。しかし，1960年代後半から1970年代以降，政府はこのような考えに応えるべく何かをしている，と見られることをますます切望してきました。そして，他方には，教育の過程の

中核に子どもの要求を据えようとする人々の声があった，ということです。彼らはそうした意見を述べるために戦ってきた人々でした。

　なぜ，こんなことが起こるのでしょうか。大衆の認識の転換をほぼ避けがたいものにした，相互に関連するいくつかの社会的・経済的な変遷状態を明らかにすることは可能である，と思います。まず第1に，豊かさの実現の結果，社会ははるかに消費主義的になりました。つまり，人々は，広がり続ける活動の範囲以上に選択を行使することに慣れてしまっています。休日に行く所を選んだり，消費財や生活様式の諸々の局面で選択能力（と成長していくレディネス）を行使したりしています。こうして始まった選択行為が，国家によって提供されるサーヴィス，とりわけ学校教育と医療といった点にまで広げられたのです。しかも，それらは他の類似の要求や期待よりも下位におかれてきたのです。こうした理由で，教育や健康管理をめぐる政府のレトリックのなかでも，選択ということが非常に人気のある要素になりました。ただ，それらの基本的水準の規定に対する関心は，大衆の議論の片隅に退けられています。提供されるものの選択の多くが，実際には架空であるという事実は，ほとんど重要ではないようです。問題は，選択自体が可能であるように見える，ということなのです。

　これは，第2の一連の変化，すなわち第二次世界大戦以後の期間のマスメディアの変遷と密接に関連しています。ジャーナリズムは，テレビや，大衆娯楽の影響，さらには多国籍企業の管理の下で新しい様式をもちました。新しい様式の影響は，政治の議論を永遠に変えることになりました。1947年の燃料危機のピーク時のことです。クレメント・アトレーは，ダウニング通り10番街〔にある首相官邸〕を出ようとしていた時，ひとりのジャーナリストから「首相，報道関係者に言いたいことはありませんか」と尋ねられました。「いや，別に。どうも」というのが，彼の返事でした。「グッド・ナイト」。このような落ち着いた返答をするのは，メディアに誘導されて危機感が煽り立てられている今日の世界では，いかなる政治家でも不可能でしょう。おそらく今日ほど，前日の報道の騒動への対応が政府の務めとなった時代は，未だかつてないのではないでしょうか。学校教育はこうした傾向にとりわけ影響を受けやすいのです。そして，今日のこの傾向は政府の教育への関心が着実に

一定程度上昇し続けている，ということを説明するのに役立ちます。また，絶えず規則的に増えていく教育関連の立法化と教育の管理態勢を受け入れていく準備とが着実に一定程度上昇し続けている，ということの説明にも役立ちます。学校教育についての報道は過剰な興奮をもたらし，その多くは，当然，過激な右翼のレトリックを反映するものです。ですから，このような状況において，政策全般の管理は，当然のこととして起こってくる方向だといえるのです。

さらに，多国籍企業の容赦ない勃興という状況も起きています。多国籍企業は世界的な規模で経済への支配力を強めつつあります。それは間違いなく，労働現場の変容という結果をもたらしました。このことはコンピュータとマスコミュニケーションの新しい方式の出現によって，多くの関係者の雇用の本質自体が変容した時に起こりました。ものすごい競争がますます教育制度の「産物」を期待する状況をもたらしました。これは手に入れることができる経済的報酬のはなはだしい差異と結びついていました。「産物」はこの変質した労働現場に入ってきたのです。その現場で，成功するための資格と技能をそなえた若者を産出することが，教育制度に求められました。そして，学校教育の重点は急激に移っていきました。すなわち，学生が学校教育をより良く通過していくような体験を重視するということから，成果や資格の獲得を重視する方向へと変化していったのです。新しいメディアは，1つのシステムをうまく提供し，それ自体を取り入れるよう要求しています。このメディアは，そのシステムを使うと，成果を計測することが可能であると捉えています。そして，メディアに関わっている者には，またそのシステムのなかにいる者には，目標は設定可能であると思われているのです。多国籍企業の勃興，成果の要求，新しいメディアの出現といった3つの要因を合わせますと，教師が教室で行っていることになぜ主導権を失ったのかを理解するのがずっと容易になります。

ここで，新しい世界で勇敢に生きる生徒たちの運命について考えてみましょう。これは立ち止まって再考するに値することです。以前は決してこんなふうではなかったのですが，おそらく，彼らは教育制度の犠牲者になった，あるいはなりつつあると言っても過言ではないでしょう。第二次世界大戦以後，子ども時代それ自体が変質したのです。大家族の

完全な崩壊，子ども期の危険やリスクに対する意識の高まり。こうしたことによって，忠実な仲間となったテレビ，携帯電話，携帯メールを手にした若者たち，核家族に閉じ込められた若者の，新しい孤立的な生活様式。こうした状況とともに，子ども期の新しい形態が生まれてきました。子どもたちに関わって働く人々は，ますます子どもたちの肩にのしかかっている隠れた問題を点検しなければならなくなりました。これを怠りますと，ますます訴訟好きになっていく社会を増長させることになります。この訴訟好きの傾向はすべてにおいて強くなってきました。その上，部分的にはこうした発展の結果としてなのですが，遊びははるかに孤立してきました。私の学生時代は自分の家から数マイルの範囲に遊びが広がっていました。しかし，元気の良い若者の遊びの範囲は，今は極度に縮まっています。大多数の子どもの社会的発達の機会，また社会的技能を獲得する機会，さらには自分を発見する機会が，50年前のようには存在していないということなのです。悲しいことですが，学校が若者にもっと広い多様な経験を提供できるように変わろうとするや否や，学校教育の日々の営みは昔よりも狭くなっていったのです。1980年代の教師たちの労働争議の結果，組織的な教育活動や学校間でやっていた試合は，取り返しがつかない程のダメージを受けました。また，教師たちには，厳しく制約された新しいカリキュラムを与えようとする圧力が存在するという証拠もあります。その圧力の下では，大戦直後の数年間の顕著な特徴であった校外活動の範囲を広げづらくなっている，ということも実証できるのです。学校は，変化する子ども時代に対応し続けています。しかしそれだけでなく，学校は，今日の子どもたちに課された期待を通して，子ども時代を変えていく1つの要因を作っているのです。私が子どもたちのことを犠牲者と書くのは，このような意味においてなのです。

　では，今の時代を生きている私たちの前には，どのような見通しが開けているのでしょうか。教師は，自分のすることを決める権限を取り戻すことができるのでしょうか。純粋に子ども中心的な教育経験が私たちの学校での標準となる可能性は，本当にあるのでしょうか。教師たちへの束縛が変わらず，この新しい学校教育の状態が変わらないのなら，それは起こりそうにありません。本書で取り上げた出来事から導かれる私

の結論を申しましょう。私たちの学校は，私たちの学校が仕える社会と同じ程度のものにしか良くなれないということです。学校教育の行く末は，教師たちだけではなく，学校外の者によってもまた決定されているのです。こうした人々は常に存在していました。教育職の専門知識に従おうとしていた社会は，教師たちが大衆の絶え間ない監視に従う社会になってしまいました。本書で私が描こうとした変化はまさにこれなのです。

　もし私たちの社会が，貧富の著しい不平等を許す社会のままなら，またそれぞれの広域都市圏から出現する地域間や郊外間の著しい生活様式の格差を黙認し続ける社会のままなら，やはり社会は学校に特段の成果を要求し続けるでしょう。親たちが，自分の子どもたちのために入手できる最良の教育を確保しようと努めるにつれて，社会的・経済的により強い力をもつ者が，彼らにそのような意図があってもなくても，また彼らが自らの願望がこのような結果をもたらすということに気づいていてもいなくても，必ず教育の供給を歪めるということが必然的に起こりうるのです。権力と資源の分配が均等でない社会に，すべての子どもたちが同じ学校教育を経験する教育制度を作り出すことは期待できません。今の時代が示しているように，たとえ生徒たちの経験を減らすような方法でしか測定できないとしても，社会は，教育の達成状況を消費者に示すことができる教育制度を望み続けているようです。教師たちは，この状況を助長していくような試験結果を期待され続けるでしょう。学校でなされることについての期待は，測定し査定することができる一度か二度のことに限られ，それらに焦点があてられ続けるでしょう。侵入する報道機関，消費に振り回される社会，メディアに脅かされている政府。これらが存在する限り，事態がこのようにならないということはまずありえないでしょう。またそれは不可能でさえあるようです。子ども時代という良い経験が，そして学校教育という極めて良い経験があるのです。これらを私たちは子どもたちに提供せねばならないのです。しかし，私たちがもっている多くの野望と信念体系を捨てない限り，それは実現しないでしょう。私たちの社会が良い生活であると思うものを，私たちはかなり再考する必要があるのです。また，社会政策が目指している価値自体を再考する必要がある，と思います。端的に申しますと，私

が必要だと考えているイギリスの教育制度が重要な方向転換をするという見込みはわずかしかない，と言わざるをえないのです。

訳者あとがき

1．本書の要約

『進歩主義教育の終焉——イングランドの教師はいかに授業づくりの自由を失ったか』(*The death of progressive education: how teachers lost control of the classroom*, Routledge, 2007) は，第二次世界大戦後のイギリスの学校に潜在するポリティクスについての最初の権威ある概説書，といわれています。タイトルに付されている「進歩主義教育」という言葉は，子ども理解への責任，教育内容や教え方の選択権といった「教師の専門性」に裏づけられた「教育の自由」や「子ども中心」の立場を表明している教育史（学）の専門用語です。ただ，この言葉が「終焉」という言葉とともにフレーズ化されますと，些か悲観的な印象を与えます。しかし，著者は，教師が学校のカリキュラムとその教え方を決めていた状況から，多くの外的な力によって，教育の本質が規定される状況へと変化していく過程に存在するポリティクスの実態・実相に焦点をあて，その歴史を，感情を抑制しながら客観的に辿っています。そして，教室実践が変わっていく社会的・政治的状況を見極めること，また同時に，教師の統制力の消失が，進歩的で子ども中心の教育からどれだけ乖離したかに目を向けることの重要性を主張するのです。

以下，各章を簡単にまとめてイギリスの進歩主義教育が終焉していく過程を辿ってみたいと思います。まず第1章では，イングランドの民衆教育がどのようになされてきたか，その時，国家の関心はどこに向けられていたか，これらを明らかにするため，20世紀初めに台頭した進歩主義教育——新教育（New Education）とも称されている——とその展開に焦点があてられます。その契機となったのは，勅任視学官のエドモンド・ホームズらによる「出来高払い制」への批判です。ホームズは，自らの職務を根拠づけていた「出来高払い制」をその経験に照らして告発し，この制度を支えているのは，民衆教育の成否を「目に見える

試験の結果」や「外面的な基準によって内面を見る」西洋の思考様式であり，それは西洋の悪しき信仰だとまで断罪したのです。それゆえ，イギリスの進歩主義教育の源流には，国家の教育制度と教育理想との間に生じた理論的・実践的乖離への批判があった，ということが想起されねばなりません。

　第2章では，第二次世界大戦後の教育事業が取り上げられます。1944年教育法にはカリキュラムへの言及はなく，教室実践は主に教育の専門家の領域である，と考えられていました。国民教育の理想を求め，戦前の進歩主義教育の勢いが増してゆきます。しかし，著者の精緻な考察によれば，同時期には一般の人々から，カリキュラムについての気まぐれで私利私欲に満ちた多様な陳情が政府に対してありました。その後，カリキュラムは国家のみならず一般の人々の関心事になり，カリキュラムに関する論争が展開されます。それは，共産主義を敵視するマッカーシズムによってとりわけ耳目を集めることになるのですが，教育学の専門家の反論はといえば，分極化した論争に終わってしまい，一枚岩にはなりえなかったのです。こうした状況下で優位な地位を得たのが教育心理学者です。彼らの影響力は，「能力の異なる生徒には異なる道」をという考えを生み，そしてイレブンプラス試験の結果に応じて生徒をグラマー，テクニカル，モダンの中等学校に振り分ける，かの三分岐システムが成立することになったのです。

　第3章では，これまでの教育史の通説，すなわち「1960年代と1970年代初期は進歩主義教育の黄金期であった」，ということが再検討されます。能力別学級編成の廃止，中等学校の総合制化による学校再編，新しい教授法が俎上に載せられ，進歩主義に基づいた教育実践の内実が考察されます。学校組織や新しい教授法が改革され，そこでは教師や教育の専門家が関与しました。しかし，他方で，この時期には，黒書運動が展開され，子ども中心の教育に対する疑念やその平準化に対する批判が出てきました。ですから，伝統的な教育制度や教授法も支持されていたのです。「進歩的」とみなすことができる教師は一部であり，多くの場合，教授の仕方は依然として教師による教え込みであった，と著者は考察しています。したがって，1960年から1970年代初期の教育実践を「進歩主義教育の黄金期」と解釈することはできないのです。

第4章では，教師の指導力の消失過程にあるダイナミズムが考察されます。教師の指導力の消失は，中央政府による教育費の統制や管理への期待が高まっていったなかで進行するのですが，その背景には，とりわけ1970年代半ばまでに，教師に対する不信感や教育効果に対する疑念が強まった状況がありました。それを受け，労働党政権は教育を国家政策の中心に据え，教育費の効率的な運用を強調し，そして教育水準の保証を論じたのです。しかし，その一方で，労働党は教育議論を右派へと変えてゆきます。専門家であるはずの教師の実践は支持されなくなり，教育科学省と視学局が教育政策を執行し，中央政府が権限を行使する権力バランスの転換が生じました。それゆえ，現在まで続く教育のポリティクスの構図は，労働党政権によって描かれた，と著者は言明しています。

　第5章では，1979年に，イギリス最初の女性首相になったサッチャーの10年間の教育改革が取り上げられます。イングランドでは，元来，国家から学校に対して統一的なカリキュラムが提示されることはなく，教師は子どもの関心やニーズに基づき，教育実践を展開する自由がありました。教室で子どもに教えるということは，まさに創造的で自律的な仕事だったのです。しかし，サッチャー政権は新急進右派の計略を駆使し，保護者と教育科学省の権限を拡大し，地方教育当局への圧力を強化しました。また，厳密な学校査察業務を課し，試験改革を断行したのです。そして，ついに1988年教育改革法が制定され，ナショナル・カリキュラムが導入されました。サッチャー政権下，進歩主義教育は国家に取り込まれ，教職のあり方も大きく揺らいでいくことになるのです。

　第6章では，1988年教育改革法によってもたらされた，教育の「新しい共通認識の構築」が論証されます。保守党急進右派の政治権力は絶頂を極め，教育を管理する国家という姿勢を鮮明にしていきます。このことは，教育水準局の新設（1992年）に顕著に見られます。視学官ら教育の専門家は，ナショナル・カリキュラムの最終決定までは一定程度の役割を担いましたが，教師はその過程に加わることができず，準備されたメッセージを子どもに伝え与えるだけの存在と化したのです。急進右派のレトリックによって，教育政策と教育関係の出版物もまた国家に巧妙に支配されました。地方教育当局から公立学校を離脱させる選択肢

が親に提示・保障され，教育の民営化路線，特色ある学校経営の要請，説明責任が強調されたのです。専門職であるはずの教師は追い込まれ，「金賞」教師が称揚され，教育組織の官僚制化が進みました。こうして，教育に対する国家の管理と教師の自由裁量のバランスが，大きく揺れ動くことになります。その結果，一般の人々の目は教室実践にますます向くようになり，教師に注目が集まるようになったのです。

　第7章では，労働党が政権を奪還した1997年以降のいわゆる新労働党の教育政策がテーマになります。新労働党は保守党の教育政策を引き継ぎ，カリキュラムの内容や教え方を細かく規定しました。その結果，学校現場から進歩主義的な教育実践が払拭され，競争原理と市場主義が学校に定着していきました。そして，教師の大量流出を招き，学校間格差を拡大させ，また「選択」されるのは学校ではなく生徒であるという現象を生み出すことになります。教育成果を求める親や政府は，ますます学校に圧力をかけるようになりました。著者は，新労働党政権が保守的な政策を展開したことによって，保守か進歩かという単純な議論ができなくなった，と考察しています。このような状況は，日本の昨今の学校をめぐる政策状況と極めてよく似ているのではないでしょうか。

　最後の「結論と展望」では，進歩主義教育が終焉していった背景に言及されます。著者によれば，それは，強力な消費主義社会の到来，第二次世界大戦後のマスメディアの変遷，多国籍企業の容赦ない勃興と労働環境の変化という状況です。著者は，人間が自らの幸せのために開発したもの自体への「深い反省」がなければ，学校教育における教師の専門性，自律性，創造性を維持することはできないと述べ，私たちがもっている多くの野望と信念体系を捨て，社会が良い生活であると思うものや社会政策が目指している価値自体を深い洞察でもって再考する必要がある，と強調しています。そして，このことを欠いては，これからの教育の見通しはない，とすら言明するのです。

　以上，著者の考察したイギリス進歩主義教育の終焉過程を辿ってきました。「終焉」という言葉が用いられてはいますが，本書を貫いているモチーフは，教師の専門性への政治的・社会的介入の思想を歴史家として問い続けること，と解することができます。本書で明らかにされていますように，ブレア首相率いる新労働党誕生後の約10年間の教育政策

は，進歩主義教育の方法論を新しい認識枠組みにおいて捉えることを促進しました。歴史家にとって，このことは看過できない事態ですが，この歴史解釈は，さらに現実のものになりました。実は，2010年5月に誕生した保守党と自由党による連合政権は新労働党の政策を踏襲するだけでなく，その延長線上でさらに「教育の自由」を如実に示す方向を打ち出しているからです。そのひとつに，「フリー・スクール（Free school）」という言葉を用いた新しい学校が創設されていることが挙げられます。フリー・スクール（自由学校）という言葉は，そもそもイギリス新教育運動やその後の進歩主義教育を代表するA・S・ニイルが，1920年代に「教育の自由」や「子どもの自由・自治」を意味して用いた言葉です。その後，フリー・スクールという呼称は，子どものニーズを民主的に保障する学校の代名詞として用いられてきました。しかし，昨今のイギリスの「フリー・スクール」は，伝統的な急進右派の政治思想を基底にした「学業成果偏重」の学校ですので，その先駆となったフリー・スクールの理念を巧妙に変容させている，と捉えることができます。ここに著者の強調した「進歩主義教育に対する政府のレトリック」の様相が現れていることがわかります。

　こうした歴史認識を踏まえるならば，教師にとって教育におけるポリティクスという事象が極めて重要であるということが着目されねばなりません。『ポリティクスと初等学校教師（Politics and the Primary Teacher）』（London: Routledge, 2012）を刊行したピーター・カニンガムによれば，教師は国内外の政治，経済，教育政策に大きく影響を受けていますので，そのことに向き合い批判的に思考し行動することなしには，教師の専門性は維持できません。もちろん，教育という営み自体も極めて動的ですので，教育改革の意図が直截に教室実践を左右するわけではありません。ただ，保守か進歩（革新）かという単純な議論ができないということは，「教育改革」や「教育革新」を標榜する教育思想やポリティクスのなかに，保守と進歩（革新）双方に通底する親和的な教育観があると解することができます。そうであるなら，教育思想の歴史において，その親和性が，時に連続的に時に非連続的に微妙に水脈をつないで今の教育を形作っていると，解することもできましょう。それゆえ，こうした状況を歴史的に考察し続けることの意味は大きいのです。

学校はいかなる過程を経て今のような状態になったのでしょうか。イギリスの政治状況や教育政策は日々刻々変化し，教室実践もその歴史を刻み続けています。また，本書で述べられている状況は，これまでの日本の教育改革のさまざまな局面においてもみられます。ここに教育の歴史をポリティクスの文脈で問い続けることが求められる所以があるように思われます。

2．著者略歴と翻訳作業

本書の著者は，教育史家として国際的に名高いロイ・ロウ氏です。彼は1940年7月にイングランドで誕生し，1963年にキール大学で学士号，1967年に同大学で修士号（教育学），さらに1977年にバーミンガム大学で博士号（教育学）をそれぞれ取得しています。また，彼はグラマー・スクールや総合制中等学校での教師，教頭，歴史学講師を経験し，その後キール大学やカリフォルニア大学で研究職を開始した後，バーミンガム大学教育史講師（1970-80），同上席講師（1980-91），同教育学部主任（1991-95），ウェールズ大学教育学部教授および学部長（1996-2001）を務めています。このウェールズ大学時代の功績が認められ，2002年に，教育に献身した人に与えられる大英帝国四等勲爵士（OBE）を授与されています。さらにまた，彼は多くの大学で外部経営・評価委員，博士号授与のための外部試験官などを永年勤め，連合王国教育史学会の編集委員（1985-2011），同学会長（1997-2001）を歴任し，教育史研究におけるリーダーとして，その名をイギリス内外に知らしめてきました。そして，ウェールズ大学定年後の2004年10月，ロンドン大学教育学研究所の特任名誉教授に就任しますが，その教授就任講義は，*Whatever happened to progressivism: the demise of child-centred education in modern Britain*（Professorial Lecture, Institute of Education, University of London, 2005）にまとめられています。彼はそこで進歩主義教育の史的変遷とダイナミズムに着目することの意味を強調したのです。2007年7月に刊行された本書は，その後の研究成果を加えて完成されたものと位置づけることができます。また本書刊行後の彼の研究には，監修の任を果たした『高等教育史（*The History of Higher Education: Major Themes in Education*）』（Routledge, 2008, 4分冊）があ

りますが，今もその研究を継続させ，安原義仁氏（現・放送大学広島学習センター所長，広島大学名誉教授）と共同して高等教育史研究に尽力しています。

さて，ここで本訳書刊行の背景について少し触れておきたいと思います。著者のロイ・ロウ氏と訳者との研究交流は，山﨑洋子（当時，鳴門教育大学）がウェールズ大学で開催された 2002 年 12 月の連合王国教育史学会（実行委員長：ロイ・ロウ氏）に参加したことに端を発します。彼は学校建築と教育内容の相関性に先鞭をつけた研究者と評されていたのです。山﨑は，プラウデン報告書に取り上げられ，進歩主義教育を代表するロンドンの公立イヴェリン・ロウ初等学校（Eveline Lowe Primary School, 1967-2011. 現在は Phoenix Primary School と名称変更）と研究交流をしていましたので，彼の最初の研究書『イギリスの学校――建築と組織（*The English School: its architecture and organisation, 1870-1970*)』（マルコム・シーボーンとの共著）にイヴェリン・ロウ初等学校の学校建築論が収録されていたことが，著者との研究交流を深めることになったのです。研究交流は，山﨑の異動先（武庫川女子大学）でも招聘講義などの形で，またイギリス高等教育史研究者の安原義仁氏の協力を得つつ，2007 年から今日までずっと続いてきました。ここで紹介しておきたいのは，彼の熱意ある講義が，学生・院生の学習意欲や教育への探究心を喚起し，女性が教員になることの意義と課題を考える視点を与え，また女性が研究者になることを勇気づけたことです。こうした彼の人となりは，彼が中等学校の英語教師の妻（キャシー）とともに 3 人の娘を，教師や医師に育てあげた父親であり，その生活歴から生まれた「女子教育と女性の職業選択に対する信念」に根ざしているように思われます。

また彼との研究交流は，バーミンガム大学で客員研究員（文部科学省「大学教育の国際化加速プログラム」，2008 年 10 月～2009 年 1 月）をしていた梶井一暁と同大学で客員研究員（科学研究費若手 B，2008 年 10 月～2009 年 1 月）をしていた土井貴子との間でもさらに確かなものになりました。梶井と土井は，バーミンガムに住む彼の指導助言を絶えず得て，研究交流を深め友好関係を築いてきました。そして，両名の帰国後は，添田晴雄代表の「深層構造としての教育文化解明のための比較教育文化（「モノ」「コト」）史研究」（科学研究費補助金，基盤研究 B）での研究交流

に引き継がれてゆきました。こうした研究者間のある種の必然のネットワークによって，本書の翻訳に取り組むメンバーが編成されたのです。著者が「日本の読者のみなさまへ」で述べていますように，教師の自律性と独立性が失われていく歴史的・政治的状況を理解し，「進歩主義教育」が真に意味するものを洞察することに本訳書が役立つならば訳者一同，望外の喜びです。また，読者のなかから，教育の政治的状況を問い直す動きが出るようになれば，これまた大変うれしく思います。

著者には，何度かの翻訳会議や多数のメールを通じて多くの指導や助言を得ました。改めまして，ここで心よりお礼を申し上げます。なお，原著で発見されました誤植などは，著者の了解を得て修正しましたので，原註を含めて原著と異なっている表現があります。お含みいただきますようお願いいたします。

翻訳を決心して出版社に赴いたのが 2007 年 8 月末，そして，翻訳分担を決めて翻訳作業を開始したのが 2009 年 2 月でしたので，それから長い歳月が過ぎてしまいました。ここ 1 年余りは，月に数回，時には毎週，深夜まで長時間のスカイプ翻訳会議を開き，専門用語の確認，訳語統一，読解，日本語表記，イングランド学校体系図や本書事項年表，索引の収録語など，訳書刊行に向けた研究知見の交流と意見交換をして参りました。それにもかかわらず，思わぬ誤訳や間違いなどがあるかもしれません。忌憚のないご意見をいただければ幸いです。訳者それぞれの能力をいかしながら協働し，刊行までの長い道のりをともに過ごすことができ，ここにようやく刊行する運びとなりましたこと，このことを訳者一同，素直に喜びたいと思います。奇しくも，本日，サッチャー元首相死去のニュースが世界中に飛び交い，多様なサッチャー評価がマスコミを賑わしました。本訳書がこうしたマスコミ報道の内容を洞察し考察する一端を担うことができれば，光栄に思います。

本書の刊行は，これまで二度にわたり訳書の刊行をお引き受けいただきました知泉書館にお願いいたしました。出版事情の悪い状況にもかかわらず，「人びとが真に豊かな生活を享受し，同時に世界の平和や福祉に貢献するためには，学術文化のいっそうの発展と交流こそが有効な道」であり，出版社の真の役割は，「知的探究に向けた研究書を世に問い世界に開かれた教養形成に資することである」との信念のもと，本書

の出版に向け，数限りない修正依頼に応えていただき，根気よく私たちの訳書完成にお付き合いくださいました．知泉書館の崇高な信念に私たちの研究が近づいているかと問われれば心許ない限りですが，教育という営みの史的変遷において，「陰に陽に存在するポリティクス」や「巧妙に行使されるポリティクス」に着目することの重要性については，読者のみなさまにご理解いただけるのではないかと思います．

　ここで改めまして，小山光夫社長とスタッフのみなさまに衷心よりお礼を申し上げます．

2013年4月8日

訳者を代表して
山﨑　洋子

原　註

第1章　イングランドの民衆教育

1) 全文は次の著作を参照。R. Lowe (ed.), *History of Education: major themes*, Routledge Falmer, London, 2000, vol. 2, pp. 9-31.
2) *Hansard*, vol. ix,798, 13 July 1807.
3) *Report of the commissioners appointed to enquire into the state of popular education in England (the Newcastle Report)*, London, 1861, chapter 4, p. 243.
4) J. S. Maclure, *Educational documents: England and Wales, 1816-1967*, Methuen. London, 1965, p. 79.
5) Ibid., p. 159.
6) 次の著作を参照。K. J. Brehony, 'From the particular to the general, the continuous to the discontinuous: progressive education revisited', *History of Education*, 20, 5, September 2001, pp. 413-32.
7) H. Kliebard, *The struggle for the American curriculum, 1893-1958*, 2 Edn, London, Routledge, 1995. また，次の著作も参照。P. Cunningham, 'Innovators, networks and structures: towards a prosopography of progressivism', *History of Education*, 30, 5, 2001, pp. 433-51.
8) J. Latham, 'Pestalozzi and James Pierrepoint Greaves: a shared education philosophy', *History of Education*, 31, 1, January 2002, p. 63.
9) 次の著作を参照。K. D. Nawrotzki, 'Froebel is dead; long live Froebel! The National Froebel Foundation and English education', *History of Education*, 35, 2, March 2006, pp. 209-23.
10) W. E. Marsden, 'Contradictions in progressive primary school ideologies and curricula in England', *Historical Studies in Education*, 9, 2, 1997, reprinted in R. Lowe, *History of education: major themes*, Routledge Falmer, London, 2000, vol. 3, pp. 142-55.
11) K. J. Brehony, 'Montessori, individual work and individuality in the elementary school classroom', *History of Education*, 29, 2, 2000, pp. 115-28.
12) Ibid., p. 116.
13) Ibid.
14) 次の著作を参照。H. Silver, *Robert Owen on education*, Cambridge University Press, Cambridge, 1969, and H. Silver, *The concept of popular education*, McGibbon & Kee, London, 1965.

15) B. Simon, *Studies in the history of education, 1780-1870*, Lawrence & Wishart, London, 1960, pp. 241-42.
16) W A. C. Stewart, *Progressives and radicals in English education, 1750-1970*, Macmillan, London, 1912, pp. 67-72.
17) R. J. W. Selleck, 'The scientific educationist, 1870-1914', *British Journal of Educational Studies*, 15, 2, 1967, reprinted in R. Lowe, op. cit., vol. 3, pp. 239-57.
18) 次の著作を参照。P. Cunningham, 'The nature of primary education: early perspectives, 1944-1977', 原典は次の著作に所収。N. Proctor (ed.), *The aims of primary education and the national curriculum*, Falmer Press, London, 1990 and reprinted in R. Lowe, op. cit., vol. 3, pp. 124-41.
19) E. Holmes, *What is and what might be*, Constable, London, 1911, p. 9.（松本源太郎・葛西又次郎共訳『現代教育主義の弊及其救済法』東京寳文館、1913年。市來市二『束縛の教育より解放の教育へ』育英書院、1923年）。また、次の著作も参照。C. Shute, *Edmond Holmes and 'the tragedy of education'*, Education Heretics Press, Stapleford Nottingham, 1998.
20) Ibid., p. 53.
21) Ibid., p. 117.
22) A. J. Lynch, *Individual work and the Dalton Plan*, George Philip, London, 1924.
23) これに関しては、上記の註の18) の著作を参照。P. Cunningham, op. cit., p. 125.
24) Report of the Consultative Committee of the Board of Education, *The Primary School*, Her Majesty's Stationery Office（以下、HMSOと略記）, London, 1931, recommendation 30.
25) R. J. W. Selleck, *The new education: the English background, 1870-1914*, Pitman, London, 1968; R. J. W. Selleck, *English primary education and the progressives, 1914-1939*, Routledge & Kegan Paul, London, 1978.
26) P. Cunningham, *Curriculum change in the primary school since 1945: dissemination of the progressive ideal*, Falmer Press, Lewes, 1988.（山崎洋子・木村裕三監訳『イギリスの初等学校カリキュラム改革──1945年以降の進歩主義的理想の普及』つなん出版、2006年）
27) K. Brehony, 'What's left of progressive primary education?' in A. Rattansi and D. Reeder (eds), *Rethinking radical education*, Lawrence & Wishart, London, 1992; K. Brehony (ed.). 'Special issue: progressive and child-centred education', *History of Education*, 29, 2, March 2000; K. Brehony, 'From the particular to the general, the continuous to the discontinuous: progressive education revisited', *History of Education*, 30, 5, September 2001.
28) W. E. Marsden, *Educating the respectable: a study of Fleet Road Board School, Hampstead, 1879-1903*, Woburn Press, London, 1991; W. E. Marsden, 'Contradictions in progressive primary school ideologies and curricula in England: some historical perspectives', *Historical Studies in Education*, 9, 2, 1997.

第2章 第二次世界大戦後の教育事業

1) Board of Education Consultative Committee, *The primary school*, HMSO, London, 1931.
2) A. D. Lindsay, 'A plan for education', *Picture Post*, 4 January 1941, pp. 27-31.
3) これに関しては次を参照。P. Cunningham, *Curriculum change in the primary school since 1945*, Falmer Press, London, 1988, pp. 48-66.
4) Cunningham, ibid., p. 49.
5) Isobel Irons, Former headmistress of Blaby Infants School, quoted by D. K. Jones. また, 次の著作も参照。'Planning for progressivism' in R. Lowe (ed.), *The changing primary school*, Falmer Press, London, 1987, p. 36.
6) *Times Educatioral Supplenent* (以下, *TES* と略記), 28 October 1949, p. 748.
7) S. Maclure, *Educational development and school building; aspects of public policy, 1945-73*, Longman, Harlow, 1984, pp. 37-60.
8) J. Gagg, *Common sense in the primary school*, Evans, London, 1951.
9) *TES*, 26 July 1947, p. 391.
10) M. Atkinson, *Junior school community*, Longman, London, 1949, p. 54.
11) W. K. Richmond, *Purpose in the junior school*, Redman, London, 1949.
12) M. V. Daniel, *Activity in the primary school*, Basil Blackwell, Oxford, 1947.
13) N. Catty, *Learning and teaching in the junior school*, Methuen, London, 1941.
14) *TES*, 3 November 1950, p. 847.
15) Ministry of Education, *The new secondary education*, HMSO, London, 1947.
16) Public Record Office (以下, PRO と略記), files Ed. 147/21, Ed. 147/22 and Ed. 147/23.
17) B. Simon, *Education and the social order, 1940-1990*, Lawrence & Wishart, London, 1991, pp. 121-25.
18) PRO, file Ed. 147/22.
19) Ibid.
20) PRO, files Ed. 147/22 and Ed. 147/23.
21) PRO, file Ed. 147/23.
22) Ibid.
23) Ibid.
24) Ibid.
25) Ibid.
26) *TES*, 11 January 1947, p. 23.
27) *TES*, 31 May 1947, p. 267.
28) *TES*, 18 January 1947, p. 36.
29) *TES*, 11 October 1947, p. 541.
30) *TES*, 5 January 1946, p. 3 and 19 January 1946, p. 27.
31) G. H. Bantock, 'Some cultural implications of freedom in education', *Scurutiny*, XV, 2, Spring 1948, p. 83.

32) Ibid., p. 89.
33) Ibid.
34) Ibid., p. 95.
35) *TES*, 16 June 1950, p. 470.
36) *TES*, 23 June 1950, p. 493.
37) *TES*, 2 March 1946, p. 123.
38) *TES*, 30 March 1946, p. 147.
39) Ibid.
40) *TES*, 30 May 1952, p. 481.
41) L. Kemp. 'Environmental and other characteristics determining attainment in primary schools', *British Journal of Educational Psychology*, XXV, February 1955, pp. 67-77.

第3章 黄金期だったのか

1) B. Simon, *Education and the social order; 1940-1990*, Lawrence & Wishart, London, 1991, pp. 388-90.
2) Ibid., pp. 446-51.
3) C. Chitty, *Towards a new education system: victory for the New Right?*, Falmer Press, Brighton, 1989, pp. 135-6.
4) *TES*, 4 October 1963, p. 449.
5) *Forum*, 1, 2, Spring 1959, p. 52.
6) *Forum*, 2, 2, Spring 1960, p. 45.
7) *Forum*, 3, 3, Summer 1961.
8) C. Daniels, 'Research on streaming in the primary school', *Forum*, 4, 3, Summer 1962, p. 83.
9) *Forum*, 7, 1, Autumn 1964, pp. 3-14.
10) J. W. B. Douglas, *The home and the school*, Macgibbon and Key, London, 1964.
11) Central Advisory Council (England), *Children and their primary schools*, HMSO, London, 1967, chapter 20, pp. 287-91.
12) Simon, op. cit., p. 370.
13) R. Dottrens, *The Primary school curriculum*, UNESCO, 1962. また，次の著作を参照。*Forum*, 6, 1, Autumn 1963, p. 29.
14) S. Marshall, *An experiment in education*, Cambridge University Press, Cambridge, 1963.
15) L. G. W. Sealy, *Communication and learning in the primary school*, Blackwell, London, 1962.
16) *TES*, 26 February, 1965, pp. 579-86.
17) *TES*, 2 December, 1960, p. xxiv.
18) P. Cunningham, *Curriculum change in the primary school since 1945*, Falmer Press, Lewes, 1988, pp. 155-60.

19) Ibid., p. 87.
20) B. Simon, op. cit., p. 313.
21) Ibid., p. 317.
22) *Forum*, 1, 1, Autumn 1958, p. 5.
23) *Forum*, 5, 1, Autumn 1962, p. 13.
24) D. Hargreaves, *Social relations in a secondary school*, Routledge and Kegan Paul, London, 1967.
25) C. Benn and B. Simon, *Halfway there*, McGraw Hill, London, 1970.
26) C. Benn and C. Chitty, *Is comprehensive education alive and well or struggling to survive?*, David Fulton, London, 1996, p. 253.
27) W. Taylor, 'Changing concepts of the modern school', *Forum*, 2, 2, Spring 1960, p. 62.
28) *Forum*, 6, 3, Summer 1964, p. 90.
29) *TES*, 17 January 1964, p. 106.
30) *Forum*, 8, 2, Spring 1966, p. 61.
31) Consultative Committee of the Board of Education, *Secondary education (the Spens Report)*, HMSO, London, 1938, pp. 352-3.
32) N. A. Flanders, 'Introduction', in E. J. Amidon and J. B. Hough (eds), *Interaction analysis: theory, research and application*, Addison-Wesley, Reading, Mass., 1967. (次の箇所を参照。pp. 103-17.)
33) *Oxford Review of Education*, 13, 1, 1987, pp. 3-12.
34) *TES*, 20 May 1960, p. 1045.
35) *TES*, 27 May 1960, p. 1090.
36) *TES*, 14 October 1960, p. 486.
37) *TES*, 6 January 1961, p. 11.
38) *TES*, 13 January 1961, p. 53.
39) *TES*, 23 June 1961, p. 399.
40) *TES*, 27 October 1961, p. 570.
41) *TES*, 31 August 1962, p. 217.
42) B. Cox, *The great betrayal: memoirs of a life in education*, Chapman, London, 1992, p. 21.
43) C. B. Dyson, 'Culture in decline', *Critical Quarterly*, Summer 1970, pp. 99-104.
44) B. Martin, 'Progressive education versus the working classes', *Critical Quarterly*, 13, 1, 1971, pp. 297-320.
45) B. Simon, op. cit., p. 390.
46) *Forum*, 4, 3, Summer 1962, p. 92.
47) R. Lowe, *Schooling and social change*, Routledge, London, 1987, pp. 80-95.
48) M. Galton 'Change and continuity in the primary school: the research evidence', *Oxford Review of Education*, 13, 1487, pp. 81-94.
49) Ibid.

50) Ibid.

第4章 教師の指導力の消失

1) 次の著作を参照。M. Dintenfass, *The decline of industrial Britain, 1870-1980*, Routledge, London, 1992, and B. W. E. Alford, *British economic performance, 1945-1975*, Macmillan, Basingstoke, 1988.
2) E. Reimer, *School is dead: alternatives in education*, Doubleday, New York, 1971, and I. Illich, *Deschooling society,* Harper & Row, New York, 1971. (松居弘道訳『学校は死んでいる』晶文社，1985年と東洋・小澤周三訳『脱学校の社会』東京創元社，1977年)
3) Centre for Contemporary Cultural Studies, *Unpopular education: schooling and social democracy in England since 1944*, Hutchinson, London, 1981, p. 211.
4) 次の著作を参照。R. Lowe (ed.), *The changing primary school*, Falmer Press, London, 1987, pp. 1-16.
5) *TES*, 26 July 1974, p. 16.
6) *TES*, 14 November 1975, p. 4a.
7) *TES*, 10 October 1975, p. 5.
8) *TES*, 21 November 1975, p. 2.
9) *TES*, 28 November 1975, p. 3.
10) The Layfield Report, *Local government finances: report of the committee of enquiry,* HMSO, London, 1976.
11) *TES*, 1 November 1974, p. 14.
12) *The Times*, 18 July 1914.
13) B. Simon, *Education and the social order 1940-1990*, Lawrence & Wishart, London, 1991, pp. 445-6.
14) James Britten, *The development of writing abilities (11-18)*, published by Macmillan/the Schools Council, 1975.
15) Committee of Inquiry into Reading and the Use of English, *A language for life: report of the Committee of Inquiry under the chairmanship of Sir Alan Bullock*, HMSO, London, 1975.
16) *TES*, 2 January 1976, p. 1.
17) *TES*, 16 January 1976, p. 1.
18) *TES*, 23 January 1976, p. 2.
19) *TES*, 15 October 1976, pp. 16-9.
20) *TES*, 3 September 1976, p. 1.
21) *TES*, 1 October 1916, p. 1.
22) Ibid.
23) *TES*, 8 October 1976, p. 1.
24) *TES*, 15 October 1976, pp. 16-9.
25) *Guardian*, 13 October 1976, p. 1.

26) *TES*, 15 October 1976, pp. 16-9.
27) C. Chitty, *Towards a new education system the victory of the New Right?*, Falmer Press, London, 1989, p. 73.
28) *TES*, 5 November 1976, p. 3.
29) *TES*, 12 November 1976, p. 1.
30) *TES*, 19 November 1976, p. 1.
31) Ibid.
32) *TES*, 3 December 1976, p. 1.
33) *TES*, 14 January 1977, p. 1.
34) *TES*, 21 January 1977, p. 1.
35) *TES*, 27 October 1978, p. 6b.
36) *TES*, 19 May 1978, p. 12b.
37) B. Simon, op. cit., pp. 453-61.
38) National Union of Teachers, *Education in schools: the NUT's response to the recommendations in the 1977 Green Paper,* NUT, London, 1977.
39) *TES*, 6 January 1978, p. 4.
40) *TES*, 14 January 1977, p. 1.
41) *TES*, 23 January 1976, p. 88a.
42) PRO, EJ 1/62.
43) PRO, EJ 3/12.
44) Ibid.
45) *TES*, 4 December 1977, p. 4.

第 5 章　変革の 10 年間

1) M. Morris and C. Griggs (eds), *Education: the wasted years? 1973-1986*, Falmer Press, London, 1988, pp. 9−10.
2) J. I. Goodlad, *A place called school: prospects for the future*, McGraw Hill, New York, 1984.
3) M. Rutter, *Fifteen thousand hours: secondary schools and their effects on children*, Open Books, London, 1979.
4) S. Maclure, *The inspectors' calling: HMI and the shaping of educational policy, 1945-1992*, Hodder & Stoughton, London, 2000, p. 205.
5) R. Scruton, *The meaning of conservatism*, Macmillan, London, 1984.
6) M. Thatcher, *The Downing Street years*, Harper Collins, London, 1993, p. 51.（石塚雅彦訳『サッチャー回顧録──ダウニング街の日々〈上・下〉』日本経済新聞出版社，1993 年）
7) 次の著作を参照。Centre for Contemporary Cultural Studies, *Education limited*, Unwin Hyman, London, 1991, p. 47.
8) Department of Education and Science（以下，DES と略記），*Better schools*, HMSO, London, 1985, pp. 11-12.

9) K. Baker, *Turbulent years: my life in politics*, Faber, London, 1996, p. 172.
10) S. Maclure, op. cit., p. 225.
11) DES, *A new partnership for our schools: the Taylor Report*, HMSO, London, 1977.
12) DES, *Education Act (No. 2)*, HMSO, London, 1986.
13) DES, *Local authority arrangements for the curriculum*, DES, London, 1979.
14) Morris and Griggs, op. cit., p. 14.
15) Ibid., p. 221.
16) DES, *A framework for the school curriculum: proposals for consultation by the Secretaries of State for Education and Science and for Wales*, DES, London, 1980, and DES, *The school curriculum*, HMSO, London, 1981.
17) DES, *Better Schools*, HMSO, London, 1985.
18) DES, *School education in England: problems and initiatives*, HMSO, London, 1976.
19) N. Trenamen, *Review of the schools council*, DES, London, 1981.
20) Baker, op. cit., p. 168.
21) Centre for Contemporary Cultural Studies, op. cit., pp. 66-67.
22) Maclure, op. cit., pp. 283-84.
23) Morris and Griggs, op. cit., p. 20.
24) DES, *Better Schools*.
25) Centre for Contemporary Cultural Studies, op. cit., p. 126.
26) Ibid., p. 138.
27) 次の著作を参照。Morris and Griggs, op. cit., p. 21. Centre for Contemporary Cultural Studies, op. cit., p. 56.
28) Centre for Contemporary Cultural Studies, op. cit., p. 75.
29) *Daily Mail*, 13 May 1987, p. 1.
30) D. Graham, *A lesson for us all*, Routledge, London, 1993, p. 30.
31) J. Woodhouse, 'Towards central control: government directives on the primary curriculum', in R. Lowe (ed.), *The changing primary school*, Falmer Press, Lewes, 1978, p. 137.
32) D. Jones, 'Planning for progressivism: the changing primary school in the Leicestershire Authority during the Mason era, 1947-71', in Lowe, op. cit., p. 47.

第6章 「教育に関する新しい共通認識の構築」
1) *TES*, 18 September 1992, p. 5.
2) *TES*, 20 January 1989, p. 4.
3) *TES*, 6 January 1989, p. 16.
4) *TES*, 2 June 1989, p. 16.
5) *The Times*, 24 March 1990, p. 5.
6) *TES*, 6 April 1990, p. 1.
7) *TES*, 29 June 1990, p. 6.
8) *TES*, 22 February 1991, p. 13.

原　　註

9) *TES*, 10 December 1993, p. 6.
10) *TES*, 29 September 1989, p. 16.
11) *TES*, 22 December 1989, p. 11.
12) *TES*, 24 July 1989, p. 3.
13) 校長の給与についての記事は，次を参照。*TES*, 29 March 1991, p. 1.
14) *TES*, 24 April 1992, p. 6.
15) *TES*, 3 January 1990, p. 5.
16) *TES*, 20 July 1990, p. 21.
17) *TES*, 5 January 1990, p. 21.
18) *TES*, 4 December 1992, p. 25.
19) *TES*, 6 January 1989, p. 16.
20) *TES*, 24 July 1989, p. 3.
21) *TES*, 15 December 1989, p. 15.
22) *TES*, 13 April 1990, p. 6.
23) *TES*, 25 May 1990, p. 1.
24) *The Times*, 1 May 1989, p. 23.
25) *TES*, 2 June 1989, p. 1.
26) *TES*, 23 June 1989, p. 2.
27) *TES*, 22 September 1989, p. 8.
28) *TES*, 2 June 1989, p. A4.
29) *TES*, 13 July 1990, p. 8.
30) *TES*, 8 February 1991, p. 5.
31) Department for Education, *Choice and diversity: a new framework for schools*, HMSO, London, 1992.
32) *TES*, 31 July 1992, p. 6.
33) *TES*, 31 July 1992, p. 6.
34) *TES*, 25 December 1992, p. 6.
35) *TES*, 23 June 1989, p. 3.
36) *TES*, 9 November 1990, p. 12.
37) *TES*, 8 November 1991, p. 15.
38) *TES*, 13 December 1991, p. 16.
39) *TES*, 18 September 1992, p. 5.
40) Ibid.
41) *TES*, 8 March 1996, p. 2.
42) *TES*, 4 February 1994, p. 22.
43) *TES*, 22 January 1993, p. 11.
44) *TES*, 22 December 1989, p. 13.
45) *TES*, 2 March 1990, p. 2.
46) *TES*, 13 April 1990, p. 5.
47) *TES*, 17 August 1990, p. 11 and 14 September 1990, p. 1.

48) *The Times*, 16 April 1990, p. 3 and 17 April 1990, p. 13.
49) *TES*, 9 November 1990, p. 19.
50) *TES*, 4 January 1991, p. 12.
51) *TES*, 22 February 1991, p. 20.
52) R. J. Alexander, J. Rose and C. Woodhead, *Curriculum organisation and classroom practice in primary schools*, HMSO, London, 1992.
53) *Guardian*, 23 November, 1992, p. 1.
54) *TES*, 5 February, 1993, p. 6.
55) *TES*, 9 June 1995, p. 144.
56) *TES*, 31 July 1992, p. 1.
57) *TES*, 21 January 1994, p. 20.
58) *TES*, 6 December 1996, p. 1.
59) *TES*, 1 December 1989, p. 21.
60) *TES*, 29 September 1989, p. 21.
61) *TES*, 17 November 1989, p. 1.
62) *TES*, 16 November 1990, p. 21.
63) *TES*, 24 September 1990, p. 3.
64) *TES*, 6 April 1990, p. 16.
65) *TES*, 8 May 1992, p. 18.
66) *The Times*, 24 December 1990, p. 18.
67) *TES*, 1 January 1993, p. 1.
68) Ibid.
69) *TES*, 8 January 1993, p. 3.
70) *TES*, 22 January 1993, p. 18.
71) *TES*, 5 March 1993, p. 2.
72) *TES*, 5 March 1993, p. 1.
73) *TES*, 5 March 1993, p. 23.
74) *TES*, 9 April 1993, p. 1.
75) *TES*, 1 October 1993, p. 3.
76) *TES*, 20 January 1994, p. 20.
77) *TES*, 20 January 1994, p. 4.
78) *TES*, 25 August 1989, p. 7.
79) カローデン校についての記事は，次を参照。*TES*, 29 March 1991, p. 1.
80) *TES*, 5 March 1993, p. 23.
81) *TES*, 26 March 1993, p. 22.
82) *TES*, 7 June 1996, p. 7.
83) *TES*, 6 September, 1996, p. 2.
84) *Sunday Times*, 23 April 1989, p. 8.
85) *TES*, 6 September 1991, p. 9.
86) *TES*, 22 January 1993, p. 18.

87) S. Maclure, *The inspectors' calling: HMI and the shaping of educational policy, 1945-1992*, Hodder & Stoughton, London, 2000, p. 308.
88) *TES*, 27 January 1995, p. 16.
89) ウッドヘッド発言に対する反応についての記事は，次を参照。*TES*, 3 February 1995, p. 10.
90) *TES*, 29 September 1989, p. 16.
91) *TES*, 24 April 1992, p. 5.
92) *TES*, 3 February 1995, p. 10.
93) *TES*, 31 May 1996, p. 1.
94) *TES*, 29 June 1996, p. 23.

第7章　新労働党と1997年以降のカリキュラム

1) *TES,* 22 July 2005, p. 20.
2) *Daily Telegraph,* 12 September 2006, p.1 and p. 23.
3) B. Levin, 'An epidemic of educational policymaking: what can we learn from each other？', *Comparative Education*, 34, 2, 1998, pp. 131-142.
4) *TES,* 9 May 1997, p. 1.
5) Ibid., p. 5.
6) *The Times,* 30 March 2001, p. 16.
7) Ibid.
8) *TES,* 31 October 1997, p. 6 and p. 18.
9) *TES,* 24 March 2000, p. 14.
10) *Sunday Times,* 7 January 2001, p. 1.
11) *TES,* 2 August 2002, p. 9.
12) *TES,* 6 September 2002, p. 18.
13) *TES,* 2 July 2004, p. 14.
14) *TES,* 16 July 2004, p. 6.
15) *TES,* 4 March 2005, p. 2.
16) *TES,* 30 September 2005, p. 14.
17) *The Times,* 25 November 2005, p. 1.
18) *TES,* 23 May 1997, p. 1.
19) *TES,* 5 December 1995, p. 17.
20) *The Times,* 14 January 1998, p. 10.
21) Ibid.
22) *Observer,* 19 August 2001, p. 5.
23) *The Times,* 14 January 1999, p. 8.
24) *TES,* 15 January 1999, p. 17.
25) *TES,* 23 July 1999, p. 19.
26) *TES,* 9 May 1997, p. 5.
27) *TES,* 5 September 1997, p. 3.

28) *Sunday Times,* 4 June 2000, p. 1.
29) *The Times,* 30 March 2001, p. 16.
30) Ibid.
31) *Observer,* 18 February 2001, p. 1.
32) *The Times,* 7 January 2001, p. 24.
33) *Observer,* 2 December 2001, p. 29.
34) *Observer,* 14 October 2001, p. 13.
35) *Observer,* 11 November 2001, p. 14.
36) *TES,* 4 December 2004, p. 3.
37) *TES,* 13 January 2006, p. 16.
38) *Education Guardian,* 15 August 2006, p. 1.
39) *TES,* 4 October 2002, p. 16.
40) *TES,* 27 January 2004, p. 12.
41) *Guardian,* 1 March 2006, p. 24.
42) *Sunday Times,* 22 January 2006, p. 16.
43) *TES,* 3 February 2006, p. 26.
44) *The Times,* 22 October 1998, p. 17.
45) *The Times,* 21 October 1999, p. 1
46) *TES,* 21 January 2000, p. 1.
47) *TES,* 7 January 2000, p. 1.
48) *TES,* 9 March 2003, p. 2.
49) *TES,* 23 May 2003, p. 23.
50) *TES,* 27 January 2004, p. 8.
51) *Observer Business Supplement,* 11 February 2001, p. 5.
52) 以下の資料を参照。Audit Commission, *PFI in schools*, Audit Commission, London, 2003.
53) Ibid.
54) http://www.zyen.com
55) http://www.zyen.com
56) *Daily Telegraph,* 18 August 2006.
57) 'Public service: private profit', Channel Four TV programme, 14 August 2006.
58) *TES,* 9 March 2003, p. 10.
59) *TES,* 15 April 2005, p. 5.
60) *TES,* 3 October 2003, p. 10.
61) *TES,* 21 May 2004, p. 17.
62) *TES,* 14 January 2005, p. 28.
63) *TES,* 28 January 2005, p. 25.
64) *Sunday Times,* 22 June 1997, p. 2.
65) *The Times,* 8 July 1997, p. 21.
66) *TES,* 31 October 1997, p. 6.

67) *TES,* 8 May 1998, p. 17.
68) *TES,* 26 November 1999, p. 21.
69) *TES,* 12 June 1998, p. 15.
70) *TES,* 26 May 2006, p. 12.
71) *TES,* 27 February 2004, p. 13.
72) N. Davies, *The school report; why Britain's schools are failing*, Vintage Press, London, 2000, pp. 83-101.
73) *Observer,* 7 January 2001, p. 24.
74) *TES,* 4 January 2002, p. 16.
75) Ibid.
76) Ibid.
77) *The Times,* 29 April 1998, p. 7.
78) Ibid.
79) Ibid.
80) *The Times,* 25 June 1998, p. 15.
81) *TES,* 12 February 1999, p. 1.
82) *TES,* 7 January 2000, p. 5.
83) *TES,* 14 July 2000, p. 11.
84) Ibid.
85) *Sunday Times,* 5 November 2000, p. 1.
86) *TES,* 1 March 2002, p. 28.
87) *TES,* 16 January 1998, p. 5.
88) *TES,* 29 October 1999, p. 6.
89) *The Times,* 30 March 2001, p. 16.
90) Mark Seddon, 'Interests at the heart of New Labour?', *Society Guardian*, 17 August 2001, p. 1. (http://www.guardian.co.uk/society)
91) *TES,* 9 May 1997, p. 8.
92) Ibid.
93) *TES,* 5 September 1997, p. 1.
94) Ibid., p. 3.
95) Ibid., p. 22.
96) *TES,* 31 October 1997, p. 18.
97) *TES,* 5 December 1997, p. 17.
98) *TES,* 8 January 1999, p. 19.
99) *TES,* 29 October 1999, p. 14.
100) *TES,* 18 February 2000, p. 19.
101) *Sunday Times,* 7 January 2001, p. 15.
102) *Observer,* 7 January 2001, p. 1.
103) *Observer,* 21 January 2001, p. 18.
104) *Observer,* 11 November 2001, p. 7.

105) *TES*, 6 September 2002, p. 6.
106) *Observer*, 29 April 2001, p. 11.
107) *The Times*, 22 October 1999, p. 14.
108) *The Times*, 30 October 1999, p. 23.
109) *TES*, 14 June 2002, p. 1.
110) *TES*, 9 May 2003, p. 20.
111) *TES*, 9 January 2004, p. 1.
112) *TES*, 11 February 2005, p. 2.
113) *TES*, 5 November 2004, p. 21.
114) *TES*, 12 November 2004, p. 13 and p. 22.
115) *TES*, 12 May 2006, p. 4.
116) *TES*, 23 May 1997, p. 1.
117) *TES*, 3 July 1998, p. 23.
118) *TES*, 13 May 1999, p. 4.
119) *TES*, 25 June 1999, p. 11.
120) *TES*, 2 June 2000, p. 15.
121) *Sunday Times*, 8 October 2000, p. 11.
122) *TES*, 5 July 2002, p. 3.
123) *TES*, 21 March 2003, p. 4.
124) *TES*, 11 April 2003, p. 26.
125) *TES*, 9 March 2003, p. 1.
126) *TES*, 30 January 2004, p. 24.
127) *TES*, 9 January 2004, p. 24.
128) Ibid.
129) *TES*, 27 February 2004, p. 25.
130) *TES*, 30 January 2004, p. 24.
130) *TES*, 20 February 2004, p. 25.
132) *TES*, 26 November 2004, p. 29.
133) *TES*, 19 June 1998, p. 18.
134) *TES*, 28 May 1999, p. 14.
135) *The Times*, 25 October 1999, p. 19.
136) *TES*, 27 October 2000, p. 20.
137) *The Times*, 13 January 2003, p. 13.
138) *Sunday Times*, 26 January 2003, p. 19.
139) *TES*, 10 January 2003, p. 19.

主な参考文献

以下は，本書で取り扱われた論題に関わる主な著作です。これら以外の文献は，本文や各章の原註で確認してください。なお，（ ）内は日本語訳書の書誌情報です。

P. Addison and H. Jones (eds), *A companion to contemporary Britain, 1939-2000*, Blackwell, Oxford 2005.

M. Bassey, *Teachers and government*, Association of Teachers and Lecturers, London, 2005.

C. Benn and B. Simon, *Halfway there: a report on the British comprehensive school reform*, McGraw Hill, London, 1970.

C. Benn and C. Chitty, *Thirty years on: is comprehensive education alive and well or struggling to survive?* David Fulton, London, 1996.

Centre for Contemporary Cultural Studies, *Unpopular education: schooling and social democracy in England since 1944*, Hutchinson, London, 1981.

C. Chitty, *Towards a new education system: the victory of the new right?* Falmer Press, Lewes, 1989.

Cultural Studies, University of Birmingham, *Education limited: schooling, training and the New Right in England since 1979*, Unwin Hyman, London, 1991.

P. Cunningham, *Curriculum change in the primary school since 1945*, Falmer Press, Lewes, 1988. (山﨑洋子・木村裕三監訳『イギリスの初等学校カリキュラム改革――1945年以降の進歩主義的理想の普及』つなん出版, 2006年)

N. Davies, *The school report: why Britain's schools are failing*, Vintage, London, 2000.

K. Jones, *Right turn: the Conservative revolution in education*, Hutchinson, London, 1989.

K. Jones, *Beyond progressive education*, Macmillan, London, 1983.

K. Jones (ed.), *English and the national curriculum*, Bedford Way Series, Institute of Education, London, 1992.

A. C. Kerkhoff, K. Fogelman, D. Crook and D. Reeder, *Going comprehensive in England and Wales: a study of uneven change*, Woburn, London, 1996.

C. Knight, *The making of Tory education policy in post-War Britain, 1950-1986*, Falmer Press, Lewes, 1990.

D. Lawton, *The Tory mind on education, 1979-1994*, Falmer Press, London, 1994.

R. Lowe, *Education in the post-War years*, Routledge, London, 1988.

R. Lowe, *Schooling and social change, 1964-1990*, Routledge, London, 1997.

R. Lowe (ed.), *The changing primary school*, Falmer Press, Lewes, 1987.

R. Lowe (ed.), *The changing secondary school*, Falmer Press, Lewes, 1989.

S. Maclure, *The inspectors' calling: HMI and the shaping of educational policy, 1945-1992*, Hodder & Stoughton, London, 2000.

G. McCulloch, *Educational reconstruction: the 1944 Education Act and the Twenty-First century*, Woburn, London, 1994.

G. McCulloch, *Failing the ordinary child?: the theory and practice of working-class secondary education*, Open University Press, Buckingham, 1998.

G. McCulloch, *The secondary technical school: a useable past?* Falmer Press, Lewes, 1989.

G. McCulloch, *Philosophers and kings: education for leadership in modern England*, Cambridge University Press, Cambridge, 1991.

M. Morris and C. Griggs (eds), *Education: the wasted years? 1973-1986*, Falmer Press, Lewes, 1998.

R. J. W. Selleck, *The new education: the English background, 1870-1914*, Pitman, London, 1968.

R. J. W. Selleck, *English primary education and the progressives, 1914-1939*, RKP, London, 1972.

B. Simon, *Education and the social order, 1940-1990*, Lawrence & Wishart, London, 1991.

B. Simon, *Bending the rules: the Baker 'reform' of education*, Lawrence & Wishart, London, 1988.

N. Thomas, *Primary education from Plowden to the 1990s*, Falmer Press, Basingstoke, 1990.

S. Tomlinson, *Education in a post-welfare society*, Open University Press, Maidenhead, 2005.（後洋一訳『ポスト福祉社会の教育――学校選択, 生涯教育, 階級・ジェンダー』学文社, 2005年)

本書事項年表

年月	事項
1833.8	下院で学校建設に対する国庫補助金支出の決定*
1862	1862年改訂教育令制定，出来高払い制導入（1895年終了）
1870	1970年基礎教育法（フォスター法）制定*
1902.12	1902年教育法（バルフォア法）制定，地方教育当局創設
1904.6	1904年中等学校規程制定
1905	教育院『教師の学習指導手引書（Handbook of suggestions）』刊行
1918.8	1918年教育法（フィッシャー法）制定*
1922	労働党，経済学者リチャード・トウニィら主導で「すべての者に中等教育」をマニフェストにする。ハドゥ報告書（1926）と1944年教育法に影響を与える。
1926.12	教育院教育諮問委員会，ハドゥ報告書『青年期の教育（Education of the Adolescent）』刊行*
1931	教育院教育諮問委員会，ハドゥ報告書『初等学校（The Primary School）』刊行
1933	教育院教育諮問委員会，ハドゥ報告書『幼児・保育学校（Infant and Nursery Schools）』刊行*
1938.11	教育院教育諮問委員会，スペンス報告書『中等教育——グラマー・スクールとテクニカル・ハイ・スクール（Secondary Education with Special Reference to Grammar Schools and Technical High Schools）』刊行，三分岐システム提言
1943.6	教育院教育諮問委員会，ノーウッド報告書『中等学校におけるカリキュラムと試験（Curriculum and Examinations in Secondary Schools）』刊行
1944.8	1944年教育法（バトラー法）制定
1944.8	教育院から文部省へ改組
1945.4	1944年教育法第2部（Part Ⅱ）すべての者に中等教育を無償提供する考えを導入
1947	文部省『新中等教育（The new secondary education）』刊行
1948	文部省『国民の学校（The nation's schools）』刊行
1951	中等教育修了資格試験導入
1954.10	ディヴィッド・エクルス文部大臣に就任
1962	中等学校修了基礎資格試験導入
1963.8	イングランド中央教育審議会，ニューザム報告書『我々の後半生（Half Our Future）』刊行
1963.10	高等教育委員会，ロビンズ報告書『高等教育（Higher Education）』刊行
1964.4	文部省から教育科学省へ改組
1964.10	学校審議会設置
1967	イングランド中央教育審議会，プラウデン報告書『子どもと初等学校（Children and their Primary Schools）』刊行
1969.3	ブライアン・コックスとトニー・ダイスン，教育黒書『教育への闘い（Fight for Education: A Black Paper）』刊行
1972.12	教育科学省，教育白書『教育——拡大のための枠組み（Education: a framework for expansion）』刊行
1974	成績評価部設置
1975	英語教育に関する調査委員会，ブルック報告書『生活のための言語（A language for life）』刊行
1975.夏	ウィリアム・ティンデル事件勃発

1976.5	フランク・レイフィールドを議長とする地方自治体財政調査委員会，報告書刊行，教育費について提言
1976.10	『教育黄書』の内容が漏えい（『イングランドの学校教育――課題と取り組み（School education in England: problems and initiatives）』として刊行）
1976.10	ジェームス・キャラハン首相ラスキン・カレッジで演説，「大論争」が巻き起こる
1977.7	教育科学省，教育緑書『学校教育――参考資料（Education in Schools : A Consultative Document）』刊行
1983	中等教育試験審議会，学校カリキュラム開発委員会設置
1983	職業準備教育修了資格導入
1985.3	教育科学省，教育白書『より良い学校』刊行
1988.7	1988年教育改革法制定，ナショナル・カリキュラム，リーグ・テーブルおよび地域学校経営導入
1988	中等教育修了一般資格試験導入
1989.3	学校試験・評価審議会，ナショナル・カリキュラム審議会設置
1992.3	1992年教育法制定
1992	教育水準局設置
1992.4	教育科学省から教育省へ改組
1992.7	教育省，教育白書『選択と多様性――新しい学校の枠組み』刊行
1993.10	学校カリキュラム・評価局設置
1994.7	1994年教育法制定
1995	労働党『多様性と卓越性』刊行
1995.7	教育省と雇用省を統合，教育雇用省へ改組
1997.5	労働党の政権奪還，トニー・ブレア首相「教育，教育，教育」と演説，ディヴィッド・ブランケット教育雇用大臣に就任
1997.5	ディヴィッド・ブランケット教育雇用大臣，読み書き計算能力目標を公表
1997.7	教育雇用省，教育白書『学校に卓越さを』刊行
1997.8	教師離職者数 21,300人（前年の40パーセント増）
1997.10	資格・カリキュラム局設置
1999.1	一般教育審議会設置
1998.1	初等段階ナショナル・カリキュラムの弾力的運用
1998	シュア・スタート導入
1998.11	教育アクション・ゾーン拡張
1999.1	教育水準局『初等学校における学級内能力グループ別指導』刊行
1999.10	トニー・ブレア首相，学校の「言い訳体質」を批判
1999.11	トニー・ブレア首相，「保守主義の闇の軍団」と演説
1999.5	改訂版ナショナル・カリキュラム案発表
1999.10	教員養成評議会，教員志望者全員に数学の試験を義務づけ
2000.10	サンディ・タイムズ紙，「整列座席の方が子どもはよく学ぶ」という記事を掲載
2000.11	クリス・ウッドヘッド教育雇用大臣辞任
2001.10	キヴィタス『教育における信仰』刊行
2001.6	教育雇用省から教育技能省へ改組
2002.2	クリス・ウッドヘッド元教育雇用大臣『クラス闘争』刊行
2002.7	モーリス・ゴルトゥン教授ら，初等学校実態調査結果公表
2002.10	労働党大会において，ブレア首相「総合制中等学校の次の時代」に言及
2002.11	保守党と労働組合が民間資金主導政策に反対意見
2003.1	監査委員報告書，民間資本主導学校の問題点を指摘
2003.3	教師転職防止のための「特別待遇」措置導入
2003.3	初等教育連絡会結成

2003.10	労働党大会において,「個に応じた学習」を「経年到達度分析」に関連づけて議論
2004.7	教育5カ年計画発表
2004.12	ルース・ケリー教育技能大臣に抜擢
2005.1	ルース・ケリー,演説で保護者の尊重を強調
2005.4	労働党選挙マニュフェストに「個に応じた学習」の重視が記載される
2005.5	ルース・ケリー更迭,アラン・ジョンソン教育技能大臣に就任

(＊印を付した事項は本書で取り上げられていないが,重要と思われるので収録した。また,事項の年月に関しては,本文では月の記述のない場合が多いが,可能な限り他の文献等を参照して書き入れた。)

イングランドの学校系統図 *1

年齢	学年	カリキュラムのステージ	
17	13	A・レヴェル	シックス・フォーム・カレッジ
16	12		
15	11	キーステージ4	GCSE
14	10		
13	9	キーステージ3	
12	8		
11	7		
10	6	キーステージ2	
9	5		
8	4		
7	3	キーステージ1	
6	2		
5	1		
4	レセプション	ステップ・デアライアンス基礎段階	
3	ナーサリー		

中等教育：シックス・フォーム・カレッジ／総合制中等学校（コンプリヘンシヴ・スクール）／シックス・フォーム／スペシャル・スクール／ストライバー・スクール／スペシャル・スクール／スペシャル・スクール／ミドル・スクール／ストライバー・スクール／プレップ・スクール／ストライバー・スクール

初等教育：継続教育カレッジ／ジュニア・スクール *3／モンテ・スクール／初等プライマリー・スクール

就学前教育：幼児学校（インファント・スクール）*2

公立セクター *4　　私立セクター *5

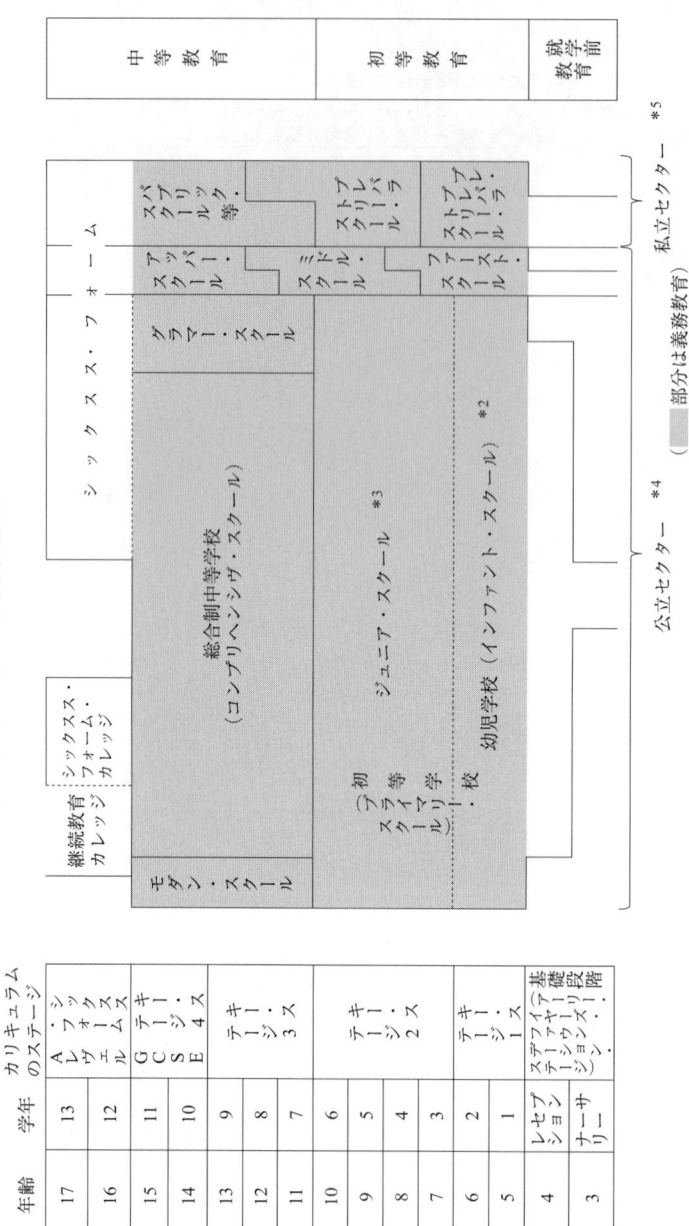

（　　）部分は義務教育

*1) 本書で主に取り上げられている3歳から17歳までの学校系統図（2006年頃）について示した。本図は文部科学省編『教育指標の国際比較』（2011年版）所収の「イギリスの学校系統図」（67頁）を参照して作成した。
*2) 幼児学校は、5～6歳については幼児部と称することがある。
*3) ジュニア・スクールは、下級部と称することがある。
*4) 公立セクターとは、公立学校あるいは公営学校を指す。
*5) 私立セクターとは、私立学校あるいは独立学校を指す。

人名索引

ア行

アーザ，バート Aza, Bert　46
アーノット，エリザベス Arnott, Elizabeth　123
アール，フランク Earle, Frank　66
アイヴァーズ，ワルター Ivers, Walter　185
アイヴァンズ，ケイティ Ivens, Katie　201
アイザック，エレノア Isaac, Eleanor　59
アイザックス，スーザン Isaacs, Susan　64
アダムズ卿，ジョン Adams, Sir John　19
アトキンスン，メアリー Atkinson, Mary　39, 299
アドニス卿，アンドリュー Adonis, Andrew (Lord)　237, 248
アトレー，クレメント Attlee, Clement　282
アナン，ノエル Annan, Noel　131
アミドン，E. J. Amidon, E. J.　94, 301
アレグザンダー，ロビン Alexander, Robin　188, 196, 230, 306
アレグザンダー伯爵，ビル（ウィリアム）Alexander, Bill (Lord)　136
アンダスン，キース Anderson, Keith　215
イリイチ，イヴァン Illich, Ivan　109
ヴァーノン，P. E. Vernon, P. E.　93
ウィッグ，ジョージ Wigg, George　45
ウィニクロフト，エレン Winnicroft, Ellen　44

ウィリアムズ，シャーリー Williams, Shirley　88, 124, 129, 130, 131, 134, 159
ウィルキンスン，エレン Wilkinson, Ellen　44, 51, 63
ウィルキンスン，トマス Wilkinson, Thomas　45, 98
ウィルスン，パーシー Wilson, Percy　99
ウィルスン，ハロルド Wilson, Harold　116
ウィルスン，ロビン Wilson, Robin　203
ウィルビー，ピーター Wilby, Peter　246, 258
ウィンターズ，ドン Winters, Don　132
ウーリック，ウォルター Ulrich, Walter　203
ウォーカー，G. R. Walker, G. R.　199
ウォーカー，ルイーザ Walker, Louisa　18
ウッドハウス，ジェーン Woodhouse, Jane　167, 304
ウッドヘッド，クリス Woodhead, Chris　196, 203, 206, 210, 212–15, 217, 225, 230, 231, 251–55, 274, 306, 307, 314
エイヴィス，ジェームス Avis, James　161
エヴァンス，ロン Evans, Ron　270
エガー，ティム Eggar, Tim　176
エクルス，ディヴィッド Eccles, David　5, 85, 313
エッジワース，マリア Edgeworth, Maria　17
エディンバラ公 Edinburgh, Duke of　71

人名索引

オウエン，ロバート Owen, Robert 17-19
オウエン，ロバート・デイル Owen, Robert Dale 19
オウエン卿，ディヴィッド Owen, David (Lord) 256
オゥレイガン，ケヴィン O'Regan, Kevin 238
オーリアリー，ジョン O'Leary, John 230
オズボーン，マリリン Osborne, Marilyn 187

カ　行

カー，アラン Kerr, Alan 276
カー，クライヴ Carre, Clive 173
ガードナー，ドロシー Gardner, Dorothy 40
カーライル，マーク Carlisle, Mark 145, 146, 150, 159
ガッグ，J. C. Gagg, J. C. 38, 39, 81, 299
カニンガム，ピーター Cunningham, Peter 25, 34, 64, 82, 291, 298-300
ガメッジ，フィリップ Gammage, Philip 210
ガレット，ジョン Garrett, John 63, 64, 281
キッド，ルイーズ Kidd, Louise 206
ギディ，ディヴィス Giddy, Davies 12
キャティ，ナンシー Catty, Nancy 39, 40, 299
キャラハン，ジェームズ Callaghan, James 6, 72, 121, 122-25, 127-29, 132, 135, 136, 314
キャンベル，アラスター Campbell, Alastair 234
キング，クリス King, Chris 177
クーパー，ゲーリー Cooper, Gary 175
クームス，モリス．H．ドゥ．L Coombs, Murice H. de L. 54

グッドラッド，ジョン Goodlad, John 139
クラーク，H．ベセマー Clark, H. Bessemer 55
クラーク，ケネス Clarke, Kenneth 188, 189, 194-97, 201, 202, 204, 205, 208, 213, 214
クラーク，チャールズ Clarke, Charles 244, 277, 278
クラスウォール，ディヴィッド Krathwohl, David 88, 95
グラハム，ダンカン Graham, Duncan 166, 200, 201, 203, 211, 212, 304
クランチー，ジョーン Clanchy, Joan 205, 206
グリーヴス，ジェームズ・ピアポイント Greaves, James Pierrepoint 18
グリックス，クライヴ Griggs, Clive 160, 303, 304, 312
グリフィス伯爵 Griffiths (Lord), of Forestfach 190
グリン，ドロシィー Glynn, Dorothy 81
グルーチー，ナイジェル・ドゥ Gruchy, Nigel de 246, 262
クレイエヴォン伯爵，ジェームズ・クレイク Craigavon, James Craig (Lord) 58
クレッグ，アレック Clegg, Alec 34, 36-38
クロール，ポウル Croll, Paul 95
クロスランド，アンソニー Crosland, Anthony 96
ケイヴ，R. H. Cave, R. H., Mrs 97
ケインズ，J. M. Keynes, J. M. 138
ケラウェイ，ケイト Kellaway, Kate 235
ケリー，ルース Kelly, Ruth 236, 237, 265, 315
ケンウェイ，ピーター Kenway, Peter 256
ケンプ，レズリィー Kemp, Leslie 69,

人名索引

300
コーベット，アン Corbett, Anne　114
ゴーマン，テレサ Gorman, Theresa　146
コックス，キャロライン・バロニス Cox, Caroline, Baroness　141, 142, 278
コックス，ブライアン Cox, Brian　99, 102, 204, 206, 301, 313
コブ，F. A. Cobb, F. A.　53
コフィールド，フランク Coffield, Frank　244
ゴルトゥン，モーリス Galton, Maurice　95, 104, 269, 314

サ　行

サイムズ，H. G. Symes, H. G.　44
サイモン，ブライアン Simon, Brian　53, 73, 74, 78, 85, 90, 93, 102, 119, 131, 135, 237, 298-303, 311, 312
サザランド，スチュアート Sutherland, Stewart　176, 213
サッチャー，マーガレット Thatcher, Margaret　6, 97, 98, 102, 105, 112, 118, 123, 124, 134, 136-38, 140, 142-46, 148, 150-52, 162-66, 168, 171, 193, 194, 256, 289, 294, 303
サミュエル，ジェフェリー Samuel, Geoffrey　202
シーリー，L. G. W. Sealey, L. G. W.　81, 84, 300
シェパード，ジリアン Shepherd, Gillian　197, 217
ジェンキンス，サイモン Jenkins, Simon　237
シップマン，R. Shipman, R.　51
ジム，キャンベル Jim, Campbell　175
ジャーヴィス，フレッド Jarvis, Fred　127, 133
ジャイルス，G. T. C. Giles, G. T. C.　57, 62
ジャクソン，ブライアン Jackson, Brian

93
ジャックス，マーティン Jacques, Martin　256
シュアマン，バリー Sheerman, Barry　253
ショー，ジョージ・バーナード Shaw, George Bernard　46
ジョージ6世 George VI　56
ジョセフ，キース Joseph, Keith　138, 146-48, 154, 159, 163
ジョーンズ，ドン Jones, Don　167
ジョンソン，アラン Johnson, Alan　265, 315
ジョンソン，リチャード Johnson, Richard　11, 146, 155, 164
シラー，クリスティアン Schiller, Christian　36-38
シンクマン，グレゴリー Shenkman, Gregory　275
シンプスン，J. H. Simpson, J. H.　37
スキデルスキー，ロバート Skidelsky, Robert　256
スクートン，ロジャー Scruton, Roger　140, 141
スタンホープ，アール Stanhope, Earl　57
スチュアート，W. A. C. Stewart, W.A.C.　21, 298
スチュアート，ニック Stuart, Nick　166
スティーヴァス，ノーマン・セントジョン Stevas, Norman St John　129, 134
ストロー，ジャック Straw, Jack　216, 217
スペンサー，A. H. Spencer, A. H.　49
スミス，ピーター Smith, Peter　215, 252
スミディズ，フレッド Smithies, Fred　208
スレイター，ジョン Slater, John　246

セクストン，スチュアート Sexton, Stuart
　142, 146
セルダン，アーサー Seldon, Arthur
　141
セレック，ディック Selleck, Dick　22,
　25

　　　　　タ　行

ターナー，マーティン Turner, Martin
　189
ダイスン，トニー Dyson, Tony　99,
　100, 102, 313
ダウニング，ジョン Downing, John
　77
ダグラス，J. W. B. Douglas, J. W. B.
　79, 93, 300
タナー，ロビン Tanner, Robin　37, 38
ダニエル，M. V. Daniel, M. V.　39,
　64, 299
ダニエルス，J. C. Daniels, J. C.　78,
　300
ダフィー，マイケル Duffy, Michael
　194
ダンフォド，ジョン Dunford, John
　181, 250
チティ，クライド Chitty, Clyde　74,
　91, 129, 135, 300, 303
チャーチル，ウィンストン Churchill,
　Winston　56, 59
チャールズ，プリンス・オブ・ウェール
　ズ Charles, Prince of Wales　27
ディーンズ，ゾルタン・ポール Dienes,
　Zoltan Paul　78
ディヴィス，ニック Davies, Nick　249,
　309
ディキンズ，R. C. Dickins, R. C.
　48
ディクスン，アンディ Dixon, Andy
　177
テイト，ニック Tate, Nick　231
テイラー，ウィリアム Taylor, William

　91, 149, 301
デヴリン，ティム Devlin, Tim
　117
デーリング，ロン Dearing, Ron
　206, 207
トゥーリー，ジェームス Tooley, James
　269
ドーズ，リチャード Dawes, Richard
　20, 21
ドットレンズ，R. Dottrens, R.　80
ドナヒュー，バーナード Donoghue,
　Bernard　122, 123
トマス，W. D. Thomas, W. D.　45
トンプソン，G. Thompson, G.　67

　　　　　ナ　行

ナットォール，デスモンド Nuttall,
　Desmond　186
ナン，パーシー Nunn, Percy　25, 36
ニコルスン大尉，R. N. R. Nicholson,
　Lt., R. N. R.　44
ニューザム，ジョン Newsom, John　6,
　35, 36
ネイスミス，ドナルド Naismith, Donald
　184
ネーラー，フレッド Naylor, F.　142

　　　　　ハ　行

ハーヴェイ，E. Harvey, E.　78
パーカースト，ヘレン Parkhurst, Helen
　24
パークス，ディヴィッド Perks, David
　264
ハーグリーヴス，ディヴィッド Hargreaves,
　David　90, 268, 301
バート，シリル Burt, Cyril　66
ハート，ディヴィッド Hart, David
　181, 188, 189, 215, 257
ハードゥル，マイケル Hurdle, Michael
　274

人名索引

ハードマン-ジョーンズ海軍中将, E. J. Hardman-Jones, E. J., Admiral 59
バーバー, マイケル Barber, Michael 202, 225, 254
パーマー, ガイ Palmer, Guy 256
パーマー, スー Palmer, Sue 223, 263
バイアース, スティーヴン Byers, Stephen 226
ハイエク, フリードリヒ Hayek, Friedrich 137, 138, 140
ハイム, アリス Heim, Alice 93
パイル, ウィリアム Pile, William 123
ハウトゥン, P. D. Houghton, P. D. 78, 116
パスカル, ディヴィッド Pascall, David 190
バック, アンディ Buck, Andy 244
バッシィ, マイケル Bassey, Michael 95
パッテン, ジョン Patten, John 189, 196, 197, 206, 237
バット, ロナルド Butt, Ronald 117
バトラー, R. A. Butler, R. A. 12, 48, 98
ハフ, J. B. Hough, J. B. 94
ハミルトン, ジェームズ Hamilton, James 123
ハムリー, H. R. Hamley, H. R. 64
ハルゼー, A. H. Halsey, A. H. 40, 93, 96
ハワス, アラン Howarth, Alan 146
ハワス, トム Howarth, Tom 107
バングス, ジョン Bangs, John 270
バントック, G. H. Bantock, G. H. 63, 64, 65, 97, 281, 299
ピアジェ, エミール Piaget, Emile 75, 76
ピーチ, R. Peach, R. 142
ピジョン, ジャネット Pidgeon, Janet 260
ピットマン, ジェームズ Pitman, James 76

ヒューズ, ロイ Hughes, Roy 273
ヒル, メアリー Hill, Mary 211
ヒルズ, グライアム Hills, Graham 262
ピンク・フロイド Pink Floyd 109, 110
ファロン, マイケル Fallon, Michael 188
フィールズ, グレイシー Fields, Gracie 46
フィスク, ダドリィ Fiske, Dudley 115
ブース, チャールズ Booth, Charles 94
ブースフィールド, メアリー Bousefield, Mary 265
フォーテスキュー, ウェンディ Fortescue, Wendy 247
ブッチャー, N. F. H. Butcher, N. F. H. 98
ブラウン, ゴードン Brown, Gordon 227
ブラウン, シーラー Browne, Sheilah 120, 123
ブランケット, ディヴィッド Blunkett, David 190, 217, 224-27, 230, 234, 245, 249, 250, 253-55, 266, 271, 314
フランダース, N. A. Flanders, N. A. 94, 301
フリードマン, ミルトン Friedman, Milton 138, 140
フリーマン, ローランド Freeman, Roland 115
ブリッグハウス, ティム Brighouse, Tim 201
ブリトゥン, ジェームズ Britten, James 119, 302
フルー, アンソニー Flew, Anthony 141
ブルーム, ベンジャミン Bloom, Benjamin 88, 95
ブルーム, ヘンリー Brougham, Henry 17

ブルックス，マイケル Brookes, Michael 266
ブレア，トニー Blair, Tony 124, 136, 217, 218, 222, 225, 227, 229, 234, 236-39, 248, 255, 256, 262, 263, 275, 290, 314
フレイザー，ジェームズ Fraser, James 12, 15
フレイレ，パウロ Friere, Paulo 109
フレーベル，フライドリッヒ・ウィリヘルム・オーグスト Froebel, Friedrich Wilhelm August 18, 19, 22, 34, 81
ブレオニー，ケヴィン Brehony, Kevin 17-19, 25, 297, 298
プレスコット，ジョン Prescott, John 234
フレミング，ドロシア Fleming, Dorothea 35
プレンティス，デイヴ Prentis, Dave 118
プレンティス，レッジ Prentice, Reg 114, 118
ブロードフート，パトリシア Broadfoot, Patricia 187
フロッド，ジン Floud, Jean 93
ベイカー，ケネス Baker, Kenneth 148, 149, 155, 156, 164, 171, 172, 174, 181, 182, 192, 193, 195, 197, 204, 237, 304
ヘイグ，ウィリアム Hague, William 253
ヘイスティングス，ナイジェル Hastings, Nigel 269
ペスケット，ティム Peskett, Tim 272
ペスタロッチ，ヨハン・ハインリヒ Pestalozzi, Johann Heinrich 17-19
ペドリー，ロビン Pedley, Robin 78
ベネット，ネヴィル Bennett, Neville 95, 104, 173
ベル，アンドリュー Bell, Andrew 17
ベル，ディヴィッド Bell, David 264, 271, 272

ベン，キャロライン Benn, Caroline 90, 91, 301, 311
ヘンク，ディヴィッド Hencke, David 126, 127
ボイスン，ローズ Boyson, Rhodes 127, 129, 141, 145, 146, 278
ホイットブレッド，サミュエル（ジュニア）Whitbread, Samuel (jr.) 12
ホースブラ，フローレンス Horsburgh, Florence 56
ホームズ，エドモンド Holmes, Edmund 23, 24, 287, 298
ホール，T. W. Hall, T. W. 178
ボール，スティーヴン Ball, Stephen 267
ボグドノール，ヴィンセント Bogdanor, Vincent 142
ホッジ，マーガレット Hodge, Margaret 247
ホフキンズ，ダイアン Hofkins, Diane 267, 268, 278
ポラード，アーサー Pollard, Arthur 190
ポラード，スティーヴン Pollard, Stephen 277
ポラック，アリスン Pollock, Alison 256
ボルトン，エリック Bolton, Eric 175, 176, 196, 213, 215
ホワード，マイケル Howard, Michael 242

マ　行

マークス，ジョン Marks, John 141, 142, 190, 278
マーシャル，シビル Marshall, Sybil 80, 81, 300
マースデン，デニス Marsden, Dennis 93
マースデン，ビル Marsden, Bill 25
マーティン，バニース Maretin, Bernice

101, 301
マーテル卿，クリフォード（陸軍中将）Martell, Sir Clifford, Lt.-Gen.　57, 58
マウアー，E. A.　Mawer, E. A.　49
マクミラン，ハロルド Macmillan, Harold　71
マクルーア，スチュアート Maclure, Stuart　36, 140, 148, 303, 304, 307, 312
マクレガー，ジョン MacGregor, John　176, 185, 192-194
マッカヴォイ，ダグ McEvoy, Doug　202, 263
マッキントッシュ，ヘンリー Mackintosh, Henry　88
マクビース，ジョン McBeath, John　269
マルンボン，ジョン Marenbon, John　190
マン，ジョン Mann, John　134
マンデヴィル，バーナード・ドゥ Mandeville, Bernard de　141
ミリバンド，ディヴィッド Milliband, David　217
メイジャー，ジョン Major, John　190, 194, 209, 240, 256
メイズ，J. B. Mays, J. B.　93
メイスン，スチュアート Mason, Stewart　34, 98
メイヨー牧師，チャールズ Mayo, Charles, Rev.　18
モアハウス，イディス Moorhouse, Edith　37, 84
モーガー，ピーター Mauger, Peter　92
モーガン，ジェフ Mulgan, Geoff　256
モーティマー，ピーター Mortimore, Peter　257
モラント，ロバート Morant, Robert　16, 28
モーリー，フレッド Mulley, Fred　114, 118, 121, 122, 130
モリス，エステール Morris, Estelle　228, 247, 250, 251, 261
モリス，ヘンリー Morris, Henry　36
モリス，マックス Morris, Max　160, 303, 304, 312
モンテッソーリ，マリア Montessori, Maria　18, 19

ヤ・ラ 行

ヤング男爵 Young (Lord)　151
ライアン，コナー Ryan, Conor　250, 254
ライマー，エベレット Reimer, Everett　109
ラウントゥリー，シーボゥム Rowntree, Seebohm　94
ラッグ，テッド Wragg, Ted　173, 176, 197, 248
ラッセル，ジェニー Russell, Jenni　277
ラット，ロゥリー Rat, Roly　47
ラパポート，バーバラ Rapaport, Barbara　81
リアー，ビル Lear, Bill　272
リー，M. コーディリア Leigh, M. Cordelia　51
リスター，イアン Lister, Ian　109
リッチモンド，W. K. Richmond. W. K.　39, 299
リプトン卿，ステュアート Lipton, Sir Stuart　241
リンゼイ，A. D. Lindsay, A. D.　viii, 32, 299
リンゼイ，ジョージ Lindsay, George　57
リンチ，A. J. Lynch, A. J.　24, 298
ルソー，ジャン・ジャック Rousseau, Jean-Jacques　10
ルター，マイケル Rutter, Michael　140
レイ，ジョン Rae, John　132

レイノルズ, ディヴィッド Reynolds, David　209
レイバーン, K. Laybourn, K.　81
レザーズ, ニィル Leathers, Neil　180
レルトン, L. N. Relton, L. N.　54
ロウ, ロイ Lowe, Roy　4, 14, 15, 67, 75, 82, 85, 89, 103, 292-94, 297, 299, 301, 312
ロウ, ロバート Lowe, Robert　13
ロッズ, セシル Rhodes, Cecil　45
ローズ, ジム Rose, Jim　196, 306

ローラ, シーラ Lawlor, Sheila　189
ロング, バーサ・メイヤー Ronge, Bertha Meyer　18

　　　　　　ワ　行

ワーズワース, ウィリアム Wordsworth, William　viii, 9, 10, 190
ワインズトック, アーノルド Weinstock, Arnold　121
ウィンド, アン Wind, Anne　102

事項索引

1. 複数の原語に対して1つの訳語をあてている場合、原語のあとに「など」と表記した。
   例えば、「暗記学習」は 'learning by rote' と 'rote learning' を訳出したものである。
2. 訳者が補った〔 〕内の文章および訳註も対象とした。

あ 行

アカデミー校 Academy　　228, 236
『ある晴れた日に』On a clear day　　255
暗記学習 learning by rote など　　28, 78, 107, 275
「言い訳体質」'culture of excuse'　　239, 255, 262, 314
イギリス海軍予備隊 Royal Naval Reserve（RNR）　　44
イギリス産業連盟 Confederation of British Industry（CBI）　　134
イギリス一般労働組合 Britain's General Trade Union　　241
一般教育審議会 General Teaching Council　　226, 314
「ヴィクトリア時代の価値」'Victorian values'　　144
ウィリアム・ティンデル事件 William Tyndale affair　　118, 313
ウォルヴァリー・ハイスクール Wolverley High School　　238
内ロンドン教育当局 Inner London Education Authority（ILEA）　　118, 119, 155, 166
英国バレエ団 British Ballet Association　　45
エクィオン Equion　　242
エマニュエル学校財団 Emmanuel Schools Foundation　　236
王立技芸協会 Royal Society of Arts　　213, 215
オープン・エンド型 open-ended　　267
オールド報告書 Auld Report（1976）　　110, 119
オゥプス・デイ Opus Dei　　236
「教える時間」'time to teach'　　263

か 行

改訂教育令 Revised Code　　13, 14, 313
革新局 Innovation Unit　　228
掛け算の九九、九九 times table など　　28, 78, 101, 271
学級一斉教授 whole-class teaching　　18, 24, 104, 117, 187, 188, 199, 210, 217, 230, 245, 274, 275
学級規模 class size など　　5, 14, 28, 57, 213, 224, 246
学級教授 class teaching　　19, 175
学級内能力グループ別指導 setting　　91, 188, 217, 218, 232
学校改善運動 school improvement movement　　140
学校カリキュラム開発委員会 School Curriculum Development Committee　　154, 314
学校カリキュラム・評価局 School Curriculum and Assessment Authority（SCAA）　　203, 206, 314
学校教育支援推進センター Advisory Centre for Education　　103, 206
学校教育修了証明 School Certificate　　15
学校効果運動 school effectiveness movement　　139
学校財団 Funding Agency for Schools　　199, 233
学校試験・評価審議会 Schools Examinations and Assessment Council

(SEAC) 156, 160, 179, 203, 205, 314
学校審議会 Schools Council 6, 85, 86, 88, 128, 130, 131, 133–35, 154, 159, 163, 313
『学校に卓越さを』Excellence in Schools 246, 314
学校理事会 school governing body 149, 150, 173, 179, 185, 208
監査委員会報告書 Audit Commission report 241
官僚制化 bureaucratisation 178
キヴィタス Civitas 235
基金学校 trust school 237
技術・職業教育イニシャティヴ Technical and Vocational Education Initiative 146, 160
基礎基本 basics など 17, 62, 126, 144, 167, 208, 229–31, 266, 281
基礎基本（の）カリキュラム core curriculum 120, 127–129, 132, 133, 227, 230, 254, 266, 270, 272
基礎基本（の）教科 core subject 128, 135, 153, 180, 190, 192, 193, 207, 272
基礎学校 elementary school 12, 14–20, 22, 24, 27, 28, 31, 55, 99, 182
「基礎に戻る」'back to basics' 206, 245
北イングランド教育会議 North of England education conference 121, 130, 147, 163, 227
基盤教科 foundation subject 200, 272
キャピタル・ストラテジー社 Capital Strategies 240
急進右派 radical right 50, 60, 68, 97, 131, 140–42, 189, 190, 194, 198, 201, 204, 207, 209–11, 213, 255, 269, 276, 279, 289
教育アクション・ゾーン Education Action Zones（EAZs） 227, 256, 314
教育院 Board of Education 22, 30, 57, 61, 313

教育ヴァウチャー voucher 146, 147, 166
教育黄書 Yellow Book 122, 123, 125–27, 154, 314
教育改革法（1988年）Education Reform Act（1988） 6, 28, 155, 156, 158, 160, 165, 166, 171, 172, 174, 176, 178, 185, 186, 189, 193, 197, 200, 202, 207, 213, 216, 218, 219, 237, 289, 314
教育改善センター Centre for Educational Renewal 140
教育科学省（大臣）Department of Education and Science（DES）, Secretary of State for 73, 85, 96, 112, 114, 118, 120–24, 127, 128, 130–34, 136, 145–48, 150, 152–56, 161, 165, 166, 174, 176, 179, 185, 187, 188, 193–96, 200, 203–05, 208, 213, 266, 289, 313, 314
教育技能省（大臣）Department for Education and Skills（DfES）, Secretary of State for 7, 228, 236, 251, 263, 265, 314, 315
「教育，教育，教育」'education, education, education' 221, 314
教育現場 chalk face など 226, 245, 252, 257, 259, 262, 267, 268, 270, 273, 275
教育黒書，黒書 Black Paper 50, 73, 99, 100, 111, 145, 167, 204, 207, 210, 278, 281, 288, 313
教育雇用省（大臣）Department for Education and Employment（DfEE）, Secretary of State for 196, 225, 249, 250, 255, 259, 314
教育諮問委員会 Consultative Committee 30, 61, 136, 313
教育省（大臣）Department for Education, Secretary of State for 191, 192, 196–98, 217, 224, 234, 244, 247, 250, 314
教育（の）水準，スタンダード standards 50, 73, 111, 122, 123, 129–32, 135, 167, 187, 209, 211, 214, 217, 224, 230,

事項索引　　　327

232, 234, 235, 250, 258, 259, 271, 274
教育水準局 Office of Standards in
　Education（OFSTED）　　143, 190,
　210, 213, 214, 221, 225, 226, 228, 232,
　238, 246, 252, 261, 270-72, 289, 314
教育水準効果部 Standards and
　Effectiveness Unit　　224, 226
教育水準担当大臣 Educational Standards
　Minister　　226
教育政策，教育（の）ポリティクス
　politics of education　　69, 73, 109, 136
教育正常化運動 Campaign for Real
　Education　　141
教育長 Chief Education Officer（CEO）
　34, 36, 98, 115, 134, 184, 215, 233
教育調査研究所 Institute for Educational
　Enquiry　　140
『教育における信仰』Faith in education
　235, 314
『教育の現状と可能性』What is and What
　might be　　23
教育法（1944年）Education Act（1944）
　など　　4-5, 12, 14, 16, 27, 29, 41, 43,
　72, 93, 313
教育緑書 Green Paper　　132, 314
教員給与・労働条件法（1987年）
　Teachers' Pay and Conditions Act（1987）
　164
教員養成 teacher training など　　5, 22,
　28, 30, 39, 75, 127, 148, 155, 176, 177,
　209-11, 217, 227, 260
教員養成課程認証審議会 Council for
　the Accreditation of Teacher Education
　（CATE）　　147, 153
教員養成カレッジ teacher training college
　15, 17, 21, 39, 75, 209, 245, 277
教員養成志願大卒者登録機関 Graduate
　Teacher Training Registry（GTTR）
　259
教員養成評議会 Teacher Training Agency
　（TTA）　　260, 314
教科横断的，横断カリキュラムによる

cross-curricular　　200, 252, 267, 276
共産主義（者）communism, communist
　50, 53-58, 67, 144
教師・講師協議会 Association of Teachers
　and Lecturers（ATL）など　　175,
　215, 252
教場 schoolroom　　11
教職員協議会 Professional Association of
　Teachers　　169, 193
「金賞」教師 'gold star' teacher　　176,
　290
組合 union　　17, 19, 45, 48, 51, 55, 57,
　61, 62, 111, 124, 130, 132, 133, 149,
　155, 164, 175, 199, 203, 231, 241, 242,
　246, 250, 265
クラウザー報告書（1960年）Crowther
　Report（1960）　　5
『クラス闘争』Class war　　254, 314
グラマー・スクール grammar school
　4, 5, 15, 28, 29, 31, 34, 40-42, 62-65,
　67-69, 82-84, 86, 87, 89, 90, 98, 99,
　101-03, 112, 141, 142, 144, 235, 316
グローバル化 globalisation　　223
経済・社会調査審議会 Economic and
　Social Research Council（ESRC）
　187
経済道具主義 economic instrumentalism
　230
経済連盟 Economic League　　141
経年到達度分析 pupil achievement tracker
　244, 315
現職研修，現職教育 in-service education
　など　　37, 38, 85, 124, 153, 163, 168,
　173-75, 178
建築都市環境委員会 Commission for
　Architecture and the Built Environment
　241
現代カルチュラル・スタディーズ・セン
　ター Centre for Contemporary Cultural
　Studies　　110
合格率による目標設定 pass rate targets
　230

公教育 state education など　126, 128, 168, 231
公教育促進協会 Association for the Advancement of State Education　102
公共政策研究所 Institute for Public Policy Research (IPPR)　217, 256
公共政策研究センター Centre for Public Policy Research　267
公民科 civics　50, 54
公文書館 Public Record Office (PRO)　xi, 43, 46, 59, 133
公立学校 state school, community school　19, 36, 200, 201, 224, 233, 234, 238, 257, 260, 316
公立セクター state sector, public sector　19, 62, 145, 149, 209, 240, 241, 257, 260, 316
国際通貨基金 International Monetary Fund (IMF)　121
国際連合 United Nations　51
国立教育管理職養成カレッジ National College for School Leadership　239
国会制定法 Acts of Parliament　224
国庫維持学校 grant-maintained school など　185, 198, 233
子ども研究学会 Child Study Society　22
子ども中心(の)教育 child-centred education など　20, 96, 118, 138, 140, 149, 161, 167, 169, 187, 189, 210, 212, 214, 252, 275, 277
「個に応じた学習」'personalised learning'　243, 244, 315
個別指導 individual instruction　18
小文字のcで始まる守旧派, 保守主義 'small c' conservatives, conservatism　125, 255

さ　行

「三賢者」の報告書 (1992年) 'three wise men' Report (1992)　196, 214
三分岐システム tripartite system など　41, 62, 93, 288, 313
参与観察・学習実験プロジェクト Observation and Classroom Learning Evaluation (ORACLE) project　104, 167
GMTV局 Good Morning Television Programme (GMTV)　253
恣意的な情報操作 spin　248, 249
資格・カリキュラム局 Qualification and Curriculum Authority (QCA)　231, 264, 271, 314
視学官, 視学局, 査察 inspector, Inspectorate など　6, 11, 13, 14, 19, 23, 34, 36–39, 81, 86, 99, 119, 120, 122, 123, 127, 128, 134, 136, 143, 145, 147, 151, 155–58, 166–68, 175, 176, 196, 208, 213, 215, 216, 218, 221, 228, 230, 231, 244, 246, 251–54, 258, 261, 264, 270–74, 289
私学就学援助計画 Assisted Places scheme　145, 226
自己表現 self-expression　81, 97
実物教授 object lessons　17, 28
シティ・テクノロジー・カレッジ City Technology College　147, 182, 216
シティズンシップ citizenship　135, 267
児童生徒受入施設 pupil referral units　228
社会科学研究評議会 Social Science Research Council (SSRC)　134
社会資本基金 Social Market Foundation　256
社団法人校長協議会 Incorporated Association of Head Masters (IAHM)　98
シャドー・キャビネットの大臣 Shadow Chancellor　242
シュア・スタート sure start　222, 314
11歳試験 eleven plus など　32, 78, 82,

事項索引　　329

99, 235, 268
宗教 religion　　11, 20, 39, 143, 144, 190
宗教学校 faith school　　235, 236
宗教教育 Religious Education（RE）230
自由協議会 Freedom Association　　141
授業，学習課題（GCE など）coursework　　87, 88, 153, 158, 159, 202, 263
集産主義（者）collectivism, collectivist　　68, 137, 149
首相官邸内の政策室 Policy Unit など　　122, 123, 205, 225, 256
出生率 birth rate　　33, 41, 113, 124
準上級レヴェル試験 Advanced Subsidiary（A/S）examination　　153
消費者主義 consumerism　　218
情報操作長官 spinner in chief　　250
職業訓練 vocational training　　62, 124
職業準備教育修了資格 Certificate of Pre-Vocational Education（CPVE）153, 160-62, 314
初等学校長協議会 Primary Headteachers' Association　　270
『初等学校における学級内能力グループ別指導』Setting in primary schools　　232, 314
初等教育国家戦略 Primary National Strategy　　273
初等教育戦略 Primary Strategy　　271
初等教育用アルファベット Initial Teaching Alphabet（ITA）　　76, 77
初等教育連絡会 Primary Education Alliance　　270, 314
初等教員組合 Primary National Trust　　270
初等教育カリキュラムの厳選の仕方を示した待望の指導書 long-awaited guidance on how to slim down the primary curriculum　　266
私立学校 private school, independent school など　　19, 36, 37, 145, 224, 228, 316

私立セクター private sector, independent sector など　　63, 69, 117, 145, 209, 241, 259, 260, 281, 316
新教育連盟 New Education Fellowship　　24, 25, 34, 40, 64
人材開発委員会 Manpower Services Commission（MSC）　　124, 146, 151, 160
新自由主義 neo Liberalism　　137, 138
新政策研究所 New Policy Institute　　256
進歩主義（者）Progressivism, progressives　　vii, viii, 1, 3, 7, 16-18, 25, 33, 34, 36-38, 43, 61, 64, 81, 82, 91, 97, 101, 119, 140, 155, 161, 162, 186, 213, 214, 216, 245, 258, 269, 274-78, 287, 288, 290
新ヨーロッパ・センター Centre for the New Europe　　277
スコットランド教育審議会 Scottish Advisory Council　　61
スペシャリスト・スクール specialist school　　144, 183, 217, 228, 234, 237
「すべての者に中等教育」'Secondary Education for All'　　31, 41, 313
スペンズ報告書（1938年）Spens Report（1938）　　93, 313
『成果をあげる初等学校のカリキュラム』The curriculum in successful primary schools　　271
性教育 sex education　　44, 150
政策問題研究センター Centre for Policy Studies（CPS）　　138, 141, 190, 205, 206, 209
「成績指標」'performance indicators'　　157
成績評価部 Assessment of Performance Unit（APU）　　136, 152, 186, 187, 313
青年職業訓練計画 Youth Training Scheme（YTS）　　162
石油輸出国機構 Organisation of Petroleum Exporting Countries（OPEC）　　108
説明責任 accountability など　　72, 74,

119, 144, 158, 207, 218, 247, 253, 265
全英 PTA 連合 National Confederation of Parent Teacher Associations　197
全英学校教師組合・女性教師組合 National Association of Schoolmasters and Union of Women Teachers（NASUWT）　174, 202, 207, 208, 246
全英学校理事・経営者協議会 National Association of Governors and Managers　203
英国教育学会 British Education Research Association（BERA）　212
全英教育研究財団 National Foundation for Educational Research（NFER）　79, 131, 134
全英教育水準審議会 National Council for Academic Standards　141, 142
全英教師組合 National Union of Teachers（NUT）　57, 85, 116, 117, 125, 127, 132, 133, 175, 177, 202, 207, 253, 263, 270
全英校長協議会 National Association of Head Teachers（NAHT）　61, 175, 181, 185, 188, 202, 215, 217, 253, 257, 260
全英初等教育協議会 National Association for Primary Education　270
全英読み書き計算プログラム national literacy and numeracy programme　267
全英読み書きプロジェクト National Literacy Project　199
『選択と多様性—新しい学校の枠組み』 Choice and diversity: a new framework for schools　186, 197, 314
全年齢学校 all-age school　4, 28
総合制中等学校（化）comprehensive school など　4, 5, 41, 50, 82-84, 88-94, 101, 103, 112, 118, 130, 181, 184, 217, 218, 229, 233-35, 237, 242, 316
「総合制中等学校の次の時代に向けて」 'Towards a Post-comprehensive Era'　233, 314
「総合人間学習」'Integrated Humanities'　92

た 行

大卒後教員資格取得コース Postgraduate Certificate in Education（PGCE） course　76
体罰 corporal punishment　82, 89
大論争 Great Debate　130, 132, 133, 314
大ロンドン州議会 Greater London Council（GLC）　115
『卓越性と楽しさ―初等学校のための戦略』Excellence and enjoyment: strategy for primary schools　271
多国籍企業 multinational corporation　282, 283
『多様性と卓越性』Diversity and Excellence　233, 314
男女別 single-sex　89, 103
地域学校経営 Local Management of Schools（LMS）　173, 181, 314
チェックマーク・リスト tick-list　180, 199, 207
地方教育当局 Local Education Authority（LEA）　6, 15, 56, 62, 72, 74, 77, 84, 85, 112-16, 119, 122, 124, 130-32, 134, 136, 142, 145, 147, 149-53, 155, 156, 160, 163, 164, 166, 168, 173, 177, 179, 181, 183, 185, 195, 199, 201, 214, 218, 224, 228, 229, 233, 238-41, 243, 252, 255, 260, 262, 289, 313
地方税徴収率上限規程 rate-capping　145, 151
地方補助学校 foundation school　185, 228, 233
チャンネル・フォー Channel Four　205, 243
中等学校規程（1904 年）Secondary School Regulations（1904）　16, 28, 313

中等学校修了基礎資格試験 Certificate of Secondary Education（CSE）examination　87, 88, 159, 313
中等学校長協議会 Secondary Heads Association（SHA）　177, 181
中等教育試験審議会 Secondary Examinations Council　154, 314
中等教育修了一般資格試験 General Certificate of Secondary Education（GCSE）examination　159, 202, 263, 277, 314, 316
中等教育修了資格試験 General Certificate of Education（GCE）examination　5, 88, 158, 159, 313
中等教師協議会 Assistant Masters' and Mistresses' Association（AMMA）　175, 192
中等（の）モダン・スクール secondary modern school など　5, 42, 84, 87, 90, 217
ディーモス（シンクタンク）Demos　256
テイラー報告書（1977年）Taylor Report（1977）　149
出来高払い制 payment by results　14, 22, 287, 313
テクニカル・スクール technical school　5, 41, 42, 62, 151, 183
デザイン・テクノロジー design and technology　174, 258
到達目標 Attainment Target（AT）など　165, 187, 192, 207, 244, 270, 277
「特別待遇」措置 'golden handcuffs' scheme　227, 239, 314
「都市の卓越性」'Excellence in Cities'　229
トニー・ゾフィス Zoffis, Tony　248
ドルトン・プラン Dalton Plan　24
トレナマン報告書（1981年）Trenamen Report（1981）　154

な　行

ナショナル・カリキュラム national curriculum　6, 28, 45, 126, 128, 143, 146, 147, 158, 159, 165-67, 171-74, 176, 178, 180-82, 184, 186-203, 205-07, 211, 212, 219, 227, 228, 230, 245, 246, 254, 260, 261, 266-68, 276, 289, 314
ナショナル・カリキュラム審議会 National Curriculum Council（NCC）　156, 166, 179, 191, 196, 200, 201-06, 211, 212, 314
ナッフィールド財団 Nuffield Foundation　78, 86, 163
ニューキャッスル委員会 Newcastle Committee　12
ニューザム報告書（1963年）Newsom Report（1963）　6, 313
ノーウッド報告書（1943年）Norwood Report（1943）　30, 41, 313
能力給 performance-related pay　177, 178, 288
能力別学級編成 streaming など　78-80, 83, 90, 91, 184, 188, 210, 217, 232, 288

は　行

ハーヴァード教育委員会 Harvard Committee　65
ハウトゥン委員会 Houghton Committee　116
発見学習 discovery learning など　22, 268
ハドゥ報告書（1931年）Hadow Report（1931）　25, 28, 313
BBC British Broadcasting Corporation（BBC）　31, 208, 209, 223, 253
ビロー報告書（1960年）Beloe Report（1960）　159

必修細目 detailed requirement　230
評価・試験専門部会 Task Group on Assessment and Testing（TGAT）　201
標準到達目標 Standard Attainment Target（SAT）　160, 206
フェビアン協会 Fabian Society　92, 256
『フォーラム』Forum　78, 79, 90, 91, 102
フォニックス phonics　245, 246
不寛容（ゼロ・トレランス）zero tolerance　246
「フライ・オン・ザ・ウォール」'fly on the wall'　208
プラウデン報告書（1967年）Plowden Report (1967)　6, 34, 50, 76, 79, 82, 96, 118, 125, 210, 268, 269, 276, 293, 313
ブリオー報告書（1980年）Briault Report (1980)　139
ブルック委員会／報告書（1975年）Bullock Committee/Report (1975)　110, 120, 313
フレーベル協会 Froebel Society　18
平常点加算評価 continuous assessment　159, 163
ベインズ報告書（1972年）Bains Report (1972)　113, 115
ベネット報告書（1975年）Bennett Report (1975)　110, 120
保育学校 nursery school　50
保育学校協会 Nursery School Association　34
保護者教育選択連絡会 Parental Alliance for Choice in Education　141
「保守主義の闇の軍団」'dark forces of conservatism' など　262, 275, 314
保守党 Conservative Party　6, 52-54, 56, 57, 76, 91, 97, 98, 102, 103, 114, 115, 125, 129, 131, 137, 138, 140, 141, 145-48, 155, 182-86, 192, 217, 218, 224, 233, 237, 242, 249, 253, 256, 257, 277, 289, 314
ポリテイア（シンクタンク）Politeia　252
本づくり real books　275

ま　行

「マグネット」・スクール 'magnet' school　183, 217
民営化 privatisation など　149, 177, 213, 218, 239, 240, 255
民間資金主導政策 Private Finance Initiative(PFI)　239-43, 256, 314
メディア，マスメディア，マスコミ media, mass media など　45, 71, 110, 135, 146, 172, 173, 208, 209, 228, 238, 248, 249, 251-53, 258, 260, 262-64, 282, 283, 285
目標設定 target setting など　7, 135, 246, 263, 267, 268, 274, 276
門戸開放政策 open door policy　224
問題解決学習 problem-solving tasks　230
文部省（大臣）Ministry of Education, Secretary of State for　32, 36, 41-48, 50-54, 56, 58, 59, 65, 313

や　行

有志団体立補助学校 aided school　233
ユナイテッド・ラーニング・トラスト United Learning Trust　236
ユニゾン Unison　241
ユネスコ United Nations Educational, Scientific and Cultural Organisation (UNESCO)　24, 80
幼児学校 infant school　4, 17, 39, 80, 98, 191, 316
幼児学校協会 Infant School Society　18
読み書き計算 three R's など　14, 21,

事項索引　333

23, 27, 61, 245-47, 266-68, 270, 276, 278
読み書き能力／計算能力 literacy/numeracy　12, 68, 77, 97, 119, 167, 224, 226, 229-32, 266, 276, 314
『より良い学校』Better schools　147, 153, 161, 314

　　　　ら　行

ラジオ・フォー Radio 4　197, 223, 248
ラスキン演説 Ruskin speech　6, 72, 73, 122-25, 129, 154, 314
リーグ・テーブル league tables など　7, 135, 146, 166, 186, 224, 258, 268, 273, 278, 314
リーヴァーヒューム報告書（1990年）Leverhulme Report（1990）　179
離学年齢引上げ学校建築増大事業 Hutting Operation for the Raising of the School-Leaving Age（HORSA）　36
リベラルな権力層 liberal establishment　253
臨時教員養成コース Emergency Training Scheme　30
レイノル報告書（1983年）Raynor Report（1983）　151
レイフィールド委員会／報告書（1976年）Layfield Committee/Report（1976）　114-16, 122, 314
歴史協会 Historical Association　273
歴史的正統性 historical orthodoxy　4, 276
レッドクリフ・モード委員会 Redcliffe Maud Commission　112, 113
労働党 Labour Party　6, 31, 33, 45, 50-53, 57, 72, 88, 109, 112, 114, 116, 120, 124, 128, 129, 136, 152, 177, 185, 216-19, 221, 224-30, 233-35, 237-41, 243-51, 253, 255-58, 262, 265-67, 275, 277, 278, 289, 290, 313-15
ロビンズ報告書（1963年）Robbins Report（1963）　75
ロンドン大学教育学研究所 Institute of Education, London　xi, 25, 37, 40, 64, 77, 79, 186, 257, 267
ロンドン全日制教員養成カレッジ London Day Training College　19

監訳者・分担訳者略歴

山﨑洋子(やまさき・ようこ)　日本の読者のみなさまへ,原著者謝辞,序章,第1章,第2章,結論と展望
1948年兵庫県生まれ。武庫川女子大学文学部教育学科教授。大阪市立大学大学院生活科学研究科後期博士課程修了，博士（学術）。教育学・教育思想史専攻
〈主要業績〉『ニイル「新教育」思想の研究――社会批判にもとづく「自由学校」の地平』大空社，1996年。監訳『教育史に学ぶ――イギリス教育改革からの提言』知泉書館，2009年。「バーフィールド言語論における言葉・実在・経験――イギリス新教育運動の基底としての人間観の解明に向けて」平野正久編著『教育人間学の展開』北樹出版，2009年。監訳『幸せのための教育』知泉書館，2008年。「歴史と教育――教育史の世界へ」『講義　教育原論－人間・歴史・道徳』成文堂，2011年。

添田晴雄(そえだ・はるお)　第7章，索引作成
1958年，兵庫県生まれ。大阪市立大学大学院文学研究科准教授。大阪市立大学大学院文学研究科後期博士課程単位取得退学，教育学修士。比較教育文化史専攻
〈主要業績〉「江戸時代の寺子屋教育」，大阪市立大学文学研究科「上方文化講座」企画委員会編『上方文化講座,菅原伝授手習鑑』和泉書院，2009年。「文字から見た学習文化の比較」「筆記具の変遷と学習」，石附実編著『近代日本の学校文化誌』思文閣出版，1992年。

梶井一暁(かじい・かずあき)　第5章，第6章，「イングランドの学校体系図」，索引作成
1972年，岐阜県生まれ。鳴門教育大学大学院学校教育研究科准教授。広島大学大学院教育学研究科博士課程後期修了，博士（教育学）。教育学・教育史専攻
〈主要業績〉「19世紀末における外国人の日本見聞――イギリス人旅行写真家ベンジャミン・ストーンの場合」『比較教育風俗』12，2011年。「近世僧侶の庶民教育へのかかわり――伊予国の手習塾を中心に」『宗教研究』85-2，2011年。翻訳：ロイ・ロウ「イングランドにおける学校建築の歴史と意義」『比較教育風俗』11，2010年。

土井貴子（どい・たかこ）　第3章，第4章，「本書事項年表」作成
1975年広島県生まれ。比治山大学短期大学部幼児教育科講師。広島大学大学院教育学研究科博士課程後期単位取得満期退学，修士（教育学）。教育学・教育史専攻
〈主要業績〉「19世紀末イギリスにおける生活協同組合の教育活動――オックスフォード大学拡張委員会との連携を中心に」『日本社会教育学会紀要』44，2008年。「アルバート・マンスブリッジの大学成人教育実践――労働者教育協会の設立を中心に」『比治山大学短期大学部紀要』48，2013年。

| 〔進歩主義教育の終焉〕 | ISBN978-4-86285-157-4 |

2013年6月15日　第1刷印刷
2013年6月20日　第1刷発行

監訳者　山﨑　洋子
　　　　添田　晴雄

発行者　小山　光夫

製　版　ジャット

発行所　〒113-0033 東京都文京区本郷1-13-2
　　　　電話03(3814)6161 振替00120-6-117170
　　　　http://www.chisen.co.jp
　　　　株式会社 知泉書館

Printed in Japan

印刷・製本／藤原印刷